西南民族地区

农村的社会治理

XINAN MINZU DIQU NONGCUN DE SHEHUI ZHILI

（1949—1966）

李飞龙 著

人民出版社

目　　录

第一章　西南民族地区农村社会治理概论………………………… 1

　第一节　西南民族地区农村社会治理的研究意义……………… 1

　第二节　西南民族地区农村社会治理的研究进程……………… 5

　第三节　西南民族地区农村社会治理的研究视角……………… 17

　第四节　西南民族地区农村社会治理的基本概念和研究对象 … 27

第二章　近代西南农村社会的基本面貌………………………… 33

　第一节　社会发育水平的差异…………………………………… 34

　第二节　经济发展水平的不均与差异…………………………… 39

　第三节　复杂交错的政治格局…………………………………… 45

　第四节　长期形成的民族隔阂…………………………………… 50

第三章　农村社会组织化的推进………………………………… 55

　第一节　农村政权组织模式的变迁……………………………… 55

　第二节　乡村群众的动员与制度整合…………………………… 71

　第三节　乡村干部的培养与思想改造…………………………… 89

第四章　农村社会稳定机制的构建……………………………… 100

　第一节　稳定体系的构建与防控实践…………………………… 100

　第二节　少数民族上层人士与国家认同的建构………………… 118

　第三节　民族纠纷的解决与社会控制…………………………… 134

第五章　农村基本公共服务的建设 …………………………………… 147

　第一节　底线生存服务的建设 ………………………………… 148

　第二节　基本发展服务的建设 ………………………………… 162

　第三节　基本环境服务的建设 ………………………………… 180

第六章　农村社会法治的探索 …………………………………… 200

　第一节　国家法律的表达与实践 ………………………………… 200

　第二节　民族习惯与国家政策的冲突与调适 ……………………… 214

　第三节　民族地区的婚姻纠纷调解机制 ………………………… 229

第七章　民族地区农村社会治理的历史经验 ………………………… 243

　第一节　推进社会组织化的历史经验 …………………………… 243

　第二节　社会稳定机制构建的历史经验 ………………………… 251

　第三节　基本公共服务建设的历史经验 ………………………… 260

　第四节　法治探索的历史经验 ………………………………… 267

结语:民族地区农村社会治理的主线 ………………………………… 275

参考文献 ……………………………………………………………… 287

后　　记 ……………………………………………………………… 318

第一章　西南民族地区农村社会治理概论

新中国成立以后,中国共产党即在西南民族地区进行了艰苦的探索,试图将长期以来游离于中央政府之外的西南地区纳入国家治理的范畴,其中既有成功的经验,又有错误的决策。本书即是新中国成立十七年中国共产党对西南民族地区农村社会治理实践和经验的研究。在讨论农村社会治理的实践和经验之前,需要对学术史、理论与方法、基本概念与研究对象等问题进行梳理。为了在一个更宏大的场域下进行分析,笔者将其纳入整个民族地区治理史的研究框架之中。

第一节　西南民族地区农村社会治理的研究意义

在以往的民族地区治理史研究中,学界一般只集中于古代和近代的讨论,对于当代民族地区治理史研究(包括新中国成立十七年西南民族地区农村社会治理的研究)则相对较少。[①] 实际上,仅从中国民族多样性和复杂性的特点,以及当代中国在世界民族历史发展的地位来看,民族地区治理史的研究就不可或缺。

---

① 方素梅:《最近十余年的中国民族史研究》,《民族研究》2005 年第 2 期。

一、当代民族发展在整个历史发展过程中地位关键,其研究具有不可忽视的学术价值

历史的发展涵盖了政治、经济、文化、社会等诸多方面,相应的历史研究也包罗万象,可以说一切发生过的事件都是历史,都是历史学研究的范畴。但并不是所有的历史现象都具有研究价值。为此,判断研究对象的价值就显得尤为重要,当然这也是分歧所在。即便存在这种判断和选择上的分歧,研究者仍不约而同地认为重大历史转变是影响或决定一个国家历史命运和走向的关键,当然这也是历史研究的主要内容之一。那么,什么才是重大历史转变呢? 要寻找这种重大历史转变,一个简单的办法,就是对中国通史类的教材进行梳理。近代百年,新中国的成立无疑是最为重要的历史转折之一,甚至没有之一,纷繁复杂的少数民族就是在新中国成立以后才发生了重大改变。因此对民族地区治理史,尤其是新中国成立十七年民族地区社会治理的研究就有了重要的学术意义。

比如,针对近年来历史研究中"碎片化"现象的讨论,民族地区社会治理史的研究也可以作出贡献。目前,学界对于"碎片化"的讨论还存在不小的分歧。有的学者提出,"近几年史学研究'碎化'的呼声越来越高","有的甚至一味逐新猎奇,完全失去了历史研究的严肃态度。这一倾向,在年轻一代学者身上表现得尤其严重,似乎忽视主流,追求边缘成为一种时尚。倘此趋势继续蔓延和扩张,人们对中国社会长期趋势和重大问题的了解将愈益模糊,深陷一堆乱麻而不能自拔"①。不过,也有相反意见。王笛指出:"中国学者研究的'碎片'不是多了,而是还远远不够。"他比较了中国和日本的城市史研究后认为:"我们在日本的大学图书馆里,可以看到一排排书架上,叠放着一层层关于东京城市史的作品,

---

① 李金铮:《向"新革命史"转型:中共革命史研究方法的反思与突破》,《中共党史研究》2010 年第 1 期。

大到宏观城市发展,小到社区街道、上水下水、吃喝拉撒等等,我们就会深切感触到我们对历史的研究不是细了,而是太粗犷了。"①面对这种截然相反的认识,民族地区社会治理史研究可以一定程度上实现整体史和"碎化"研究的整合,因为上到国家政策的推行、革命理念的灌输,下到民族地区的衣食住行、农民的日常生活,都可以融入民族地区社会治理史研究的范畴。在整体史的研究中借助微观的典型案例进行论证,在吃穿住行的日常生活史研究中呈现问题意识,最大限度地避免研究过程中或只关注重大历史问题,或趋于细枝末节的"碎片化"现象。

二、新中国成立以来中国共产党对民族关系的处理在整个世界民族发展史中堪称典范

时至今日,民族问题仍是困扰世界发展的核心问题之一。科恩克甚至指出:"族际冲突最有可能成为 21 世纪的政治问题。民族自决的教义作为 20 世纪的典型诉求之一,将成为 21 世纪的咒语。"②因而,寻求一种合理处理民族问题的模式一直都是研究世界民族问题的重要内容。纵观整个世界,各国处理民族问题的模式一般有四种类型,即同化模式、多元文化模式、联邦制模式和种族主义模式。同化模式因强调民族间的联系和社会一元化而得到部分研究者的认同,比如辛普森就认为:"不管在哪里,只要具有不同文化传统的民族群体生活在一起,处于次要地位的群体中的某些成员(不论他们是否构成数量上的少数)就会被同化。"③不过,因为民族利益和权利的不均,被某些研究者称为"变相的殖民"。多元文化主义是目前世界上多民族国家解决国内民族问题比较成功的模式,不

---

① 王笛:《不必担心"碎片化"》,《近代史研究》2012 年第 4 期。
② [德]曼·科恩克:《世界很可能面临一个打内战的世纪》,德国《世界报》1993 年 1 月 11 日。转引自包茂宏:《论非洲的族际冲突》,《世界民族》1998 年第 4 期。
③ [美]辛普森:《民族同化》,见马戎:《西方民族社会学的理论与方法》,天津人民出版社 1997 年版,第 408—419 页。

过多元文化政策或多或少阻碍或推迟了社会整合和文化融合,使得社会因语言被分割成小群体而导致公开辩论和内在团结的缺失。联邦制是苏联和南斯拉夫用来解决民族问题的治理模式,从其实践来看,多以不成功的形象出现在世人面前。种族主义模式毋庸置疑更不可取。

与此形成对比的是,中国的民族区域自治制度却是解决民族问题的一种成功尝试。早在革命战争年代,中国共产党就在内蒙古实施了民族区域自治政策,用以缓和民族矛盾。新中国成立后,中国共产党借鉴和发展了苏联的自治模式,赋予的内容更多地反映了 20 世纪 20 年代温和的苏联道路,而不是 1929 年以后斯大林时期的同化主义方式。中共的政策是设法将少数民族逐步纳入国家发展的主流,在尽量保持民族习俗的基础上,达到对其根本性的改造。可以说,中华人民共和国在少数民族地区比以前任何一个政权都赢得了更坚实的立足点。① 由此,学术研究应立足于全球视野,对各地区民族治理模式进行比较,充分挖掘中国民族地区社会治理的独特性和世界价值,为人类各民族的社会治理实践提供具体实证和理论价值。

三、西南民族发展的独特性也决定着其必将成为多个学科关注的重点

早在民国时期,西南民族的发展就引起了早期民族研究者的重视。"由民国成立到 1949,中国政、学界领导人物大多只注意中华民族中的五个民族:汉、满、蒙、回、藏。所谓'五族共和'。中国南疆与西南等地,一些被视为'非汉蛮夷'的人群,他们或生活习俗与汉人相似,或被认为或自称与汉族有密切的历史渊源,因而或被概括在界限模糊的'苗'之中,或被认为终将汉化而成为汉族。无论如何,这是中华民族建构中最模糊

---

① [美]费正清、麦克法夸尔主编:《剑桥中华人民共和国史》(1949—1965),王建朗等译,上海人民出版社 1990 年版,第 108—109 页。

而亟待解决的一个'边缘'。因此,许多中国早期民族研究者的田野,都集中在中国南方与西南地区。"①也就是说,由于西南民族在近代中国未能得到国家认同,使其概念十分模糊,关注程度不高。新中国成立后,国家通过派遣访问团、邀请民族上层外出观光、民族识别、帮助少数民族创立文字等多项措施,尤其是20世纪五六十年代民族地区广泛的社会历史调查,都表明了国家对西南民族地区的重视。时至今日,西南民族地区已快速步入社会主义现代化建设的快车道,更迫使我们去了解西南民族地区发展背后的逻辑与动因。

同时,西南民族地区的重要地位也决定着其应该成为学界关注的焦点。西南地区民族众多、关系复杂。目前,西南地区居住着藏缅语系的17个民族,壮侗语系的9个民族,苗瑶语系的3个民族,南亚语系的3个民族。此外还有部分回族、满族、蒙古族。从省份上来看,四川有14个世居少数民族,云南有24个世居少数民族,贵州有17个世居少数民族,重庆有7个世居少数民族,总计有36个世居少数民族5000万人,占全国世居少数民族人口总数的一半。② 同时,西南地区因地处边疆的特殊地理位置,致使其历来是国家战略安全的重要组成部分。因此,民族问题是国家制定各项政策的重要依据,妥善处理好西南民族关系对中国的政治稳定、经济发展、文化繁荣、社会和谐、国防安全都有着重要的现实价值。

第二节　西南民族地区农村社会治理的研究进程

问题意识是科学研究的起点和归宿。纵观各个学科的发展史,如果

---

① 王明河:《〈川西民俗调查记录〉导读》,见黎光明、王元辉:《川西民俗调查记录1929》,"中央研究院"历史语言研究所,2004年,第17—18页。

② 李绍明:《西南民族研究的回顾与前瞻》,《贵州民族研究》2004年第3期。

这个学科仅仅是为了个人,或极少数人组成的学术利益团体,即便能在特定环境下一时轰动,也不会长久;只有以整个社会和全人类为思考对象,才是真正的学术研究。要做到这一点,就必须要有问题意识。因此,新中国成立十七年中国共产党对西南民族地区农村社会治理的研究也必须以问题意识为起点和归宿,才能得到历史的认可和后世的推崇。

进入 21 世纪,随着党史、国史和民族史研究的不断深入,新中国成立十七年中国共产党对西南民族地区农村社会治理的研究也得到一定程度的重视,涌现出了一批具有代表性的成果。为了后续研究的需要,这里试图在梳理新中国成立十七年西南民族地区发展脉络的基础上,对现有成果进行整理,以求强化学术研究中的问题意识。关于这段历史研究所涉猎的范围和问题十分广泛,笔者仅就基层政权、社会制度、民族经济、社会治理和宗教文化等方面进行讨论。

一、基层政权的建立

传统的中国社会,国家主要通过乡绅与农民之间的稳定关系来实现基层社会的治理。新中国成立以后,随着人民解放军进军大西南,西南社会就与国家权力紧密相连,正如黄宗智所言:"随着中共党政机构直接深入自然村和每家每户,每个农民都直接地感受到了国家权力。"[①]不过,西南地区与黄宗智所研究的长江三角洲是否一样? 国家权力深入乡村是否受到了阻力? 在西南地区,中共的建政是一帆风顺,还是血与火的岁月? 杰瑞米·布朗和王海光的两篇文章揭示了一个共同的历史事实:随着贵州解放,中国共产党在建政初期还是经受了相当困难的执政考验。杰瑞米·布朗从收集的 147 份战俘审讯记录入手,认为中国人民解放军对西南地区的战略并非一帆风顺,为了保障军队供给而采取过度征粮和征税

---

① [美]黄宗智:《长江三角洲小农家庭与乡村发展》,程洪等译,中华书局 1992 年版,第 194 页。

的政策,导致了这一地区农民的不满,一部分人甚至参加了对新政权的武装抵抗。新政权在实施武力镇压的过程中,将部分的抵抗者改造成为中国人民志愿军,实现了这部分群体由反抗共产党人到反抗美国人的转变。① 王海光则从高层决策的角度,给予了相似的结论。他认为新政权的重税、禁银和禁烟等多项政策,推进时过于激进,做法简单粗糙,使得新政权与当地民众和地方传统政治势力的关系骤然紧张,因而形成了以贵州为代表的匪乱。新政权通过"剿""抚"并举,调整政策、化解矛盾,分化敌人、争取群众,最终在西南的土地上站稳了脚跟。②

围绕政权接管和制度问题,黄亦君以贵阳为考察对象,以接管和建设政权的历史演变为基本叙事,围绕政权、经济和社会三个方面进行讨论,进而总结了新中国成立初期中国共产党建政的经验和教训。③ 王海光重点考察了贵州省接管初期征收 1949 年公粮的问题。④ 宋月红讨论了新中国成立初期民族自治地方的行政建制。他认为,新中国成立以后初步形成并延续至今的"自治区、自治州和自治县"治理模式,是以维护国家集中统一和实现民族平等为根本,是民族自治与区域自治、政治因素与经济因素的有机结合。⑤ 可以肯定的是,中国共产党对西南地区最初接管和民族治理的成效还是相当显著的。由于"山高路远、地广人稀"的西南地区属于新解放区,国家对乡村社会改造的时间比较短,所以土地改革后

---

① 〔美〕杰瑞米·布朗:《从反抗共产党人到反抗美国:中国西南地区的内战与朝鲜战争(1950—1951 年)》,《中国当代史研究》(第 1 辑),九州出版社 2009 年版,第 177—200 页。

② 王海光:《征粮、民变与"剿匪"——以中国建政初期的贵州为中心》,《中国当代史研究》(第 1 辑),九州出版社 2009 年版,第 201—236 页。

③ 黄亦君:《中共对贵阳的接管与政权建设(1949—1952)》,上海大学博士学位论文,2011 年。

④ 王海光:《贵州接管初期征收一九四九年公粮问题初探》,《中共党史研究》2009 年第 3 期。

⑤ 宋月红:《新中国成立初期民族自治地方行政建制研究》,《中共党史研究》2012 年第 11 期。

乡村干部的"松劲"思想明显。因此,国家需要通过乡村干部的思想改造,以达实践合作化之目的。孙耐雪讨论了土改后乡村中普遍出现的乡村干部和农民群众的"松劲""换班"思想,即"丰斯云思想",反映了农民在国家权力和自身利益之间的艰难选择。①

二、社会制度的变革

在社会制度层面,新中国成立初期西南地区最为重要的事件无疑是土地改革与民主改革。在土地改革中,由于西南大部分为民族地区,因而土改的方式多样。比如协商土改,常明明利用云南德宏的档案资料,重点分析了该地区土地改革的和平协商方式。他认为,这种温和的改革方式,避免了民族隔阂和宗教纠纷,团结了少数民族上层,减少了民主改革的阻力,较好地保护了生产力,有利于该地区的经济发展;同时,维护了民族地区和边疆的稳定,促进了各民族和谐发展,树立了党和人民政府在民族地区的威信。② 也有论者对西南地区《土地改革法》的实施情况进行了考察。如陈翠玉在利用档案资料的基础上,从制度建设和实践运作两个层面对新中国成立初期土改在西南地区的执行情况进行了分析,试图反思新中国成立初期土地改革及其政策法令的历史命运。③ 郎维伟等从整体史的角度考察了西南民族地区实现土改的历史过程,并分别就贵州、四川、云南土地改革的实际情况进行分析,试图说明这是一次按照"慎重稳进"的方针,从民族地区实际出发,行之有效的土地制度变革。④

---

① 孙耐雪:《建国初期中共西南局对"丰斯云思想"讨论的研究》,西南大学硕士学位论文,2013年。

② 常明明:《云南德宏傣族景颇族自治州傣族地区和平协商土地改革研究》,《中国经济史研究》2011年第4期。

③ 陈翠玉:《西南地区实施〈土地改革法〉研究》,西南政法大学博士学位论文,2008年。

④ 郎维伟、张朴、罗凉昭:《试论西南民族地区实行土地改革的实践》,《贵州民族研究》2004年第4期。

土改的绩效如何？土改引起了社会结构如何变化？也有论者涉及。范连生以苗族、侗族为主的黔东南地区为考察对象,指出黔东南地区的土地改革使得农村土地产权发生了深刻变化,不仅保证了农村土地制度的多变性,有效抑制了土地占有结构的畸形化,而且使农村经济结构和生产面貌发生了深刻的变化,由此产生的经济绩效,为黔东南地区的政权巩固和经济发展发挥了积极的效用。[1] 洪鉴等以四川的土地改革作为切入点,主要讨论了土地改革以后所引起的乡村社会变动,包括乡村经济格局的发展、政治格局的变动、基层组织建设的加强和农民组织化程度的提高,并充分肯定了这场土地产权关系变革所带来的影响。[2]

民主改革是新中国成立十七年西南民族地区研究又一个核心问题。郑长德等通过对四川彝族、藏族和羌族民主改革的考察,较为详细地展示了少数民族农民日常生活与国家政策之间的关系。他们的研究成果由四部分组成,其中"民主改革历史资料"从社会调查、文献资料、基本措施及主要历程来反映四川民主改革的由来、方式、经过及后果。"民主改革口述历史"是通过对四川民主改革的领导者、参与者、民族宗教上层人士及普通群众的多次采访,搜集了120余万字口述资料,在此基础上,整理及选编具有代表性的部分。"民主改革与四川民族地区的经济发展"是依据相关资料及调查数据,就民主改革对四川彝族地区、藏族地区及羌族地区的经济发展进行研究,说明民主改革的必要与必须,在于改变了民族地区旧的不合理的生产关系,解放了生产力,极大地促进了经济的发展。"民主改革与四川民族地区的社会文化变迁"是从制度层面、思想观念及文化变迁等方面认识民主改革对四川彝族、藏族及羌族等社会变革、思想解放的重要作用及广泛影响,揭示民主改革实现了四川民族地区的制度

---

[1] 范连生:《黔东南少数民族地区土地改革及其经济绩效》,《当代中国史研究》2013年第3期。

[2] 洪鉴、徐学初:《建国初期四川的土地改革与乡村社会变动——当代四川农村现代化变革之个案分析》,《西南民族大学学报》(人文社会科学版)2010年第12期。

统一、思想解放及文化发展等。① 从总体看,早期的民主改革积极作用突出,到农业集体化和"大跃进"时期逐渐发生偏离。王海光以1956年春夏贵州省望谟县麻山地区少数民族发生的武装骚乱为考察中心,考察了农业集体化运动背景下的民族政策调整。②

秦和平以新中国成立初期傈僳族地区民族工作为切入点,考察了"直接过渡"政策的发展和演变,他指出这种扎实、稳妥进入社会主义的路径很快被"跑步进入共产主义社会,完成社会形态的大跨越"浪潮所淹没。③ 郎维伟的研究发现康区具有社会问题的复杂性、民族和宗教问题的敏感性、阶级对立明显但被民族问题所掩盖等特征。中国共产党在康区工作时确定了"慎重稳进"的方针,通过一系列民族政策的实施,使康区藏族社会在政治制度、所有制结构、社会管理系统、民族关系等方面实现了社会的初步转型,为此后的民主改革奠定了基础。④ 此外,他还对1955—1960年四川康区的民主改革与社会结构变迁进行了讨论,认为四川康区在民主改革前虽已初步实现了社会转型,不过严重阻碍社会发展的封建农奴制度仍旧存在,在社会制度变革条件成熟的情况下,康区经历

---

① 西南民族大学西南民族研究院:《川西北藏族羌族社会调查》,民族出版社2008年版;秦和平:《四川民族地区民主改革资料集》,民族出版社2008年版;秦和平、冉琳闻:《四川民族地区民主改革的大事记》,民族出版社2008年版;杨正文:《四川民族改革口述历史集》,民族出版社2008年版;杨正文:《四川民主改革口述历史资料选编》,民族出版社2008年版;郑长德:《民主改革与四川彝族经济发展研究》,民族出版社2008年版;郑长德、周兴维:《民主改革与四川藏族经济发展研究》,民族出版社2008年版;郑长德、刘晓鹰:《民主改革与四川羌族经济发展研究》,民族出版社2008年版;蒋彬:《民主改革与四川羌族地区社会文化变迁研究》,民族出版社2008年版;根旺:《民主改革与四川藏族地区社会文化变迁研究》,民族出版社2008年版;蒋彬、罗曲、米吾作:《民主改革与四川彝族地区社会文化变迁研究》,民族出版社2008年版。

② 王海光:《农业集体化运动背景下的民族政策调整:以贵州省麻山地区"闹皇帝"事件的和平解决为例》,《中共党史研究》2013年第2期。

③ 秦和平:《关于怒江傈僳族社会"直接过渡"的认识》,《民族学刊》2012年第3期。

④ 郎维伟:《1950—1955年在民族政策治理下的四川康区社会》,《西藏研究》2008年第3期。

了长达 5 年的民主改革,最终使得社会发生了结构性变迁。① 马玉华以威宁彝族回族苗族自治县的社会改革为个案,对威宁民族杂居区社会改革涉及的干部培养、政权建设、经济贸易、文化教育等问题进行了讨论,重点分析了民族的优惠政策和过分强调民族性所带来的社会问题。②

此外,研究者还涉及社会改革思想和少数民族地区的分类指导。嘉日姆几从民主改革思想演变的角度,分别讨论了"共同纲领"时期和"五四宪法"时期的改革观念。他认为,从"土地改革"到"社会改革",再到"民主改革",最后到"和平协商改革",民主改革的思想随着中国少数民族地区社会改革的发展而完善。③ 张晓琼以云南少数民族地区的民主改革作为个案,讨论了新中国成立初期中国共产党对少数民族分类指导的思想与实践,重点分析了内地坝区和低山区的汉民族相似政策,缓冲地区的相对缓和方式,边疆民族地区的和平协商,部分边疆民族地区的"直接过渡"等四类地区的民主改革。这种分类指导的民主改革不仅得到党中央和中央西南局的充分肯定,也为当今社会提供了借鉴。④

三、经济发展和社会问题治理

与政权建设和社会制度紧密相连,新中国成立初期西南地区的经济发展也是中共领导下的一项重要工作。比如在农田水利的建设上,李安峰在梳理贵州省农田水利工程建设及管理的基础上,强调新中国成立初期贵州省的农田水利虽然存在经济、技术和思想观念较东部落后等诸多

---

① 郎维伟:《1955—1960 年四川康区民主改革与社会结构变迁》,《西藏研究》2009 年第 1 期。

② 马玉华:《建国初期贵州威宁民族杂居区的社会改革》,《云南师范大学学报》(哲学社会科学版)2011 年第 5 期。

③ 嘉日姆几:《民主改革的思想历程——20 世纪中叶中国共产党少数民族社会改革思想研究》,《思想战线》2011 年第 2 期。

④ 张晓琼:《建国初期中国共产党分类指导少数民族地区民主改革略论——以云南为个案的历史考察》,《满族研究》2011 年第 2 期。

问题,但能在农田水利工程质量管理中取得较大成绩,还是应该肯定。①
涉及民族地区经济发展的还有农业税问题。范连生在考察新中国成立初
期黔东南地区农业税的推行情况后,认为农业税的征收基本上贯彻了
"查实田土、评实产量、依率计征、依法减免"的方针,圆满地完成了税收
任务。虽然农业税征收过程中还存在着一些弊端,但不能否认新中国成
立初期农民的平均税负减轻了,税收政策日趋合理,从而提升了党和政府
对乡村的动员能力和号召力。②

　　与经济的发展极为密切的是社会问题的治理。黄赌毒是旧中国最为
棘手的社会问题之一,尤其是烟毒在西南地区更为严重。齐霁等认为,新
中国成立以后云南种植、制造、贩运、吸食烟毒活动仍有蔓延之势,严重影
响着人民的健康、国民经济的恢复、政权的巩固和社会的安定。最终,在
政策打击和群众参与的双重推动下,云南从源头上堵住了烟毒的泛滥。③
宋春苓分别从新中国成立前后四川娼妓问题概况、娼妓改造过程及特点
等方面加以讨论,进而将娼妓改造与国家控制力结合起来。④ 实际上,这
一运动的突出特点就是"把妓女都拘留在一个妇女劳动教养所中。虽然
不许任意离开,但她们在那里并没有受到惩罚性的待遇,市政府公开宣布
的政策是给她们治疗性病及其他疾病,让她们掌握一定的工作技能,与家
人团聚或给她们找一个合适的丈夫"⑤。黄赌毒的治理展示了中国共产
党树立良好国家形象的决心。

① 李安峰:《论建国初期贵州农田水利工程的质量与管理》,《重庆科技学院学报》(社会科学版)2012年第7期。
② 范连生:《建国初期新解放区农业税征收的历史考察(1949—1952)——以黔东南地区为例》,《党史研究与教学》2013年第4期。
③ 齐霁、马晓丹:《建国初期云南的禁毒斗争及其成功经验》,《学术探索》2009年第5期。
④ 宋春苓:《建国初期四川娼妓改造运动述评》,《重庆文理学院学报》(社会科学版)2013年第7期。
⑤ [美]贺萧:《危险的愉悦——20世纪上海的娼妓问题与现代性》,韩敏中、盛宁译,江苏人民出版社2003年版,第316页。

在社会风气的变革中,1950 年《婚姻法》无疑起到了重要的推动作用。范连生根据黔东南地区的档案资料,梳理了《婚姻法》在黔东南地区的宣传贯彻情况,他强调《婚姻法》的推行在一定程度上促进了妇女的解放,为黔东南地区政治、经济和社会生活等方面的巨大变革奠定了基础。不过,少数民族地区传统的婚姻习俗并非一纸法令就能完全改变,社会风俗的变化也不可能完全靠行政的手段来实现。[①] 伍小涛考察了贵州解放前妇女在生产生活中所占地位、少数民族的婚姻自由、同宗不婚或同姓不婚、通婚禁忌与婚姻审批,以及解放后离婚案件趋势、政府处理婚姻问题的权力、女性的解放等问题。通过比较,他认为少数民族地区的婚姻由此纳入了国家预设的轨道,完成了由传统婚姻向现代婚姻的变迁。[②]

研究者还涉及灾荒救助、公共卫生治理和扫盲教育。范连生考察了黔东南地区的灾荒救助。新中国成立初期,为了战胜灾荒,恢复发展农业生产,黔东南地方政府推行设仓积谷、生产救灾、发放救灾物资、以工代赈等措施,取得了明显的成效。通过党和政府对灾民经济上的帮助和政治上的动员,增加了他们对党和政府的信任,巩固了新生的人民政权。[③] 伍小涛考察了新中国成立初期贵州公共卫生的发展情况,通过对比新中国成立前后卫生整体状况的差别,他认为新中国成立以后卫生建设的成就,特别是基层妇幼保健组织、巡回医疗队、防疫站等基层机构的成立,以及对少数民族实行的减免政策,体现了国家对贵州卫生建设的重视。[④] 范

---

① 范连生:《构建与嬗变——新中国成立初期〈婚姻法〉在黔东南民族地区的推行》,《当代中国史研究》2012 年第 6 期。

② 伍小涛:《冲突与回应:建国初少数民族地区婚姻问题研究——以贵州省为例(1949—1956)》,《湖北民族学院学报》(哲学社会科学版)2009 年第 2 期。

③ 范连生:《新中国成立初期黔东南地区的灾荒及其应对》,《党史研究与教学》2011 年第 2 期。

④ 伍小涛:《新中国成立初期民族地区公共卫生工作——以贵州省为例(1949—1956)》,《中共党史资料》2009 年第 4 期。

连生考察了新中国成立初期黔东南少数民族地区农村的两次扫盲高潮，所不同的是这种扫盲运动是在革命的语境下进行的，文化知识与政治话语完全联系起来，使得扫盲运动带有浓厚的革命化色彩和泛政治化倾向。①

四、国家与宗教的调适

西南地区是典型的多民族地区，而宗教和国家关系的调适又是研究的中心问题，为此，研究者不可避免地要涉入其中。秦和平近年致力于新中国成立初期西南地区的宗教研究，发表了一系列的论文。比如他将澜沧拉祜族基督教的发展分为四个阶段：从新中国成立前在澜沧扎下根，得到发展；到新中国成立初期在永文生等人挑动糯佛、东岗部分撒拉及教徒发动叛乱的不利背景下，政府根据当时形势，采取积极措施，引导基督教和新社会调适，取得了良好效果；再到1958年完全放弃了"慎重稳进"的工作原则，突出并强调了阶级观点，导致澜沧等地发生混乱；最后1959年云南省委根据中央指示，纠正"大跃进"做法，澜沧县部分拉祜族村寨基督教活动得以恢复，整个过程贯彻着国家权力与基层社会组织之间的调适。② 他在考察甘孜州民主改革中，还梳理了新中国成立初期国家对佛教制度"暂时不动"到"四反"运动实施了全面改造的政策演变，强调对藏传佛教中不合理剥削制度的改造，是宗教信仰保护和藏区民主改革发展的必然产物。③ 他还以怒江峡谷的泸水、碧江、福贡及贡山四县作为考察对象，讨论了1952年底怒江的"三自革新"运动对怒江基督教的影响，分析了20世纪50年代怒江基督教快速发展的内外原因，以及政府所采取的种

---

① 范连生：《革命语境下的文化翻身——评建国初期黔东南少数民族地区农村的扫盲运动》，《贵州社会科学》2008年第11期。

② 秦和平：《建国初澜沧拉祜族基督教的调适活动》，《西南民族大学学报》(人文社科版)2008年第7期。

③ 秦和平：《区别对待宗教信仰和宗教社会制度——甘孜州民主改革中对藏传佛教制度的认识》，《西南民族大学学报》(人文社会科学版)2010年第1期。

种措施。① 此外,邓杰以中华基督教会边疆服务运动为例,考察了新中国的宗教政策与基督教教会之间的博弈关系,由于新中国意识形态的规定性及中美关系的恶化,基督教在川康边地的工作难以为继,最后基督教将在华从事的工作逐步停办或移交政府接办。②

民族关系和无国籍人口也有论者涉及。杨昌儒从沟通民族关系的角度,梳理了新中国成立初期贵州民族关系构建的多元路径,强调民族间的互访、民族贸易、民族教育等措施都是中国共产党能够在较短时间内消除民族之间隔阂,提升各民族之间相互信任的重要因素。③ 范连生以黔东南地区为个案,分别讨论了大规模的访问团、慰问团,平等、团结、互助的新型民族关系形成,区、县、州三级民族区域自治机关的建设等问题,梳理新中国成立初期构建新型民族关系实践的主要过程。④ 曹维盟讨论了新中国成立初期中缅边界云南省境内怒江州福贡县的无国籍人口,作者认为,历史上的政治运动、自然灾害和疾病是导致无国籍人口产生的最主要原因。他们先是栖居于缅甸,后回流,目前已成为云南省基层社会和沿边侨务治理所面临的重大问题。⑤

通过对新中国成立十七年西南民族地区社会治理研究现状的梳理,我们发现学界对此领域的研究虽然涌现出了不少成果,但仍有较大的提升空间。目前研究所面临的问题是宏观政策梳理或微观政策执行的静态叙述过多,民族地区政策实践的动态演进亟须加强。为此,新中

① 秦和平:《关于 20 世纪 50 年代云南怒江基督教活动的认识》,见方铁:《西南边疆民族研究》,云南大学出版社 2003 年版,第 20—42 页。

② 邓杰:《新中国的宗教政策与基督教教会的因应——以中华基督教会边疆服务运动为例》,《世界宗教研究》2012 年第 3 期。

③ 杨昌儒:《20 世纪 50 年代贵州民族关系构建的路径选择》,《贵州社会科学》2009 年第 11 期。

④ 范连生:《新中国成立初期构建新型民族关系的实践——以黔东南地区为例》,《党的文献》2010 年第 5 期。

⑤ 曹维盟:《中缅边界少数民族无国籍人口问题研究——以建国初期云南省福贡县外流边民群体为中心》,《八桂侨刊》2013 年第 3 期。

国成立十七年西南民族地区农村社会治理的研究需要新的增长点和切入点。

第一,加强民族地区治理史与乡村史的链接。

民族地区治理史与乡村史之间的联系并非主观臆断,而是由两者之间的关系所定。新中国成立以来,尤其是改革开放以前,少数民族居住的地区大部分为乡村,聚居在城市之中的规模很小。因而民族地区的大部分民众实际上就是农民,即便不是农民(在奴隶制社会可能是奴隶,不过民主改革以后,他们都成为农民或社员),也和土地息息相关。由此联系,就可以将当代乡村史研究的视角引入到新中国成立十七年西南民族地区农村社会治理的研究之中。目前,当代乡村史研究已经呈现出繁荣景象,不仅有从事近代史研究的知名学者涉猎其中,给当代乡村史研究带来规范和指导;而且更多地从事国史、党史、近代史,甚至是政治学、社会学的年轻人亦积极投身其中,给当代乡村史研究带来了生机和活力。鉴于民族地区治理史与当代乡村史的天然联系,就可以将两者结合起来思考。比如对地权关系的讨论,是土地占有高度集中、残酷的阶级压迫、经济的停滞不前,还是土地占有相对分散、阶级关系缓和、经济有所发展,不同民族之间的具体情况还未有清晰的考察。这就需要将乡村发展的停滞论(珀金斯)、陷阱论(伊懋可)、过密化(黄宗智)、内卷化(杜赞奇)、中心—边缘(施坚雅)、增长论(马若孟、布兰德、罗斯基)、现代化(赵冈、张五常)、共同体(秦晖)、革命范式、学科交叉等论点与民族地区社会治理史研究结合起来,以增强与前人研究的争鸣与对话。

第二,民族地区国家与社会关系的重新构建。

近年来,随着微观研究的不断深入,研究者所关注的问题越来越细小,这也给民族地区社会治理研究提供了更为丰富的内容,譬如衣食住行、风俗习惯等。不过,要实现民族地区社会治理史研究的真正突破,还应该在思维和视角上实现创新。在这一点上,国家与社会的视角可以提供借鉴。新中国成立以后,随着国家政策在民族地区的推行,国家权力也随着政策下乡而不断强化,如果说国家权力在中国现代化的启动和最初运转中扮演了指挥、管理的重要角色,那么国家政策的推行过程,也就是国家权力从中央到基层得到强化的过程。[①] 即便少数民族地区具有相当的自治权,这种民族地区国家与社会的关系也十分明确,就是"强国家、弱社会"。国家权力在推行过程中不断侵蚀民族地区固有的社会权力,使得原有的宗族、家支权力不断丧失,最终为民主改革和合作化运动创造了条件。在此背景下,国家与社会之间的良性互动关系逐渐形成。在理论界出现的"市民社会"理论,就批判那种"自上而下"的一元性"国家"分析范式,并着力于构建一种"自下而上"和"自上而下"的双轨性"国家和社会"互动范式。[②]

第三节　西南民族地区农村社会治理的研究视角

中国共产党民族地区治理史作为政治学中党史、民族学中民族史,以及历史学中当代史的交叉学科,涉及民族地区的政治、经济、文化、科技、教育、卫生、社会、人口、宗教、地理、灾害、气候、生态、资源等各个层面,可以说是内容庞杂,本应成为包括党史在内的各学科研究者关注的焦点。不过,该领域至今还未得到学界的充分重视。论者在谈及西南民族史时,也给予了较为相似的结论:"即使进入 20 世纪 90 年代,研究仍偏重于旧有论题,许多领域或不深入,或尚待开发,如社会经济、文化方面的专题研究就比较薄弱,缺乏有分量的宏观研究和理论探讨,近现代民族史研究不

---

① 孙晓莉:《中国现代化进程中的国家与社会走向》,《教学与研究》2000 年第 8 期。
② [美]亚历山大、邓正来主编:《国家与市民社会》,上海人民出版社 2006 年版,第 2 页。

多,当代民族史几乎是空白。"①即便是诸多学者已经给予足够关注的党史、当代中国史研究,研究者仍认为其"作为严格意义上的历史学科,还没有形成完备的研究方法和独立的学科理论"。②

考虑到学术性和科学性仍是民族地区治理史研究的学科取向,这就要求民族地区治理史研究必须建立自己的学科理论与方法论。中国共产党民族地区治理史研究属于党史、民族史和当代史的一个交叉学科,应该遵循政治学、民族学和历史学的基本理论与方法。同时,由于民族地区社会治理史具有跨学科的特点,涉及经济学、社会学、环境学等多个学科,就决定其亦可借鉴一些新的视角和方法。

就解读民族地区社会治理史资料而言,也需要文献资料分析、调查问卷、口述访谈等研究方法。因此,民族地区治理史研究应该打破学科划分过细的研究壁垒,用开放的学术视野进行学术探讨,借鉴其他学科的理论和方法,从新的视角或以新的路径进行考察。

一、话语—权力

话语—权力理论源于结构主义对知识本身的持续反思,福柯将其发展成为一套理论体系,该理论对"新历史主义"和"后殖民主义"的形成产生了重要影响,表达与实践就是在其影响下对底层社会领域的拓展和延伸。比如在土地改革的研究中,黄宗智不仅从阶级斗争的视角对土改中"表达性实现"和"客观性事实"的关系进行了论证,而且将新中国成立以后包括土改和"文革"在内的诸多事件联系起来。③ 张小军从土地的象征

---

① 王文光:《中国西南民族史研究的回顾与展望》,见中国史学会、云南大学编:《21世纪中国历史学展望》,中国社会科学出版社 2003 年版,第 201 页。

② 王海光:《他山之石的启示:关于中国治史理路的认识》,《党史研究与教学》2005年第 1 期。

③ [美]黄宗智:《中国革命中的农村阶级斗争——从土改到"文革"时期的表达性实现与客观性显示》,见[美]黄宗智主编:《中国乡村研究》(第 2 辑),商务印书馆2003 年版。

资本化、划阶级的象征权力、群众运动的象征资本生产和乡民阶级习性四个角度,探讨了"阶级"生产中不同资本之间相互转换和象征资本再生产的逻辑,指出象征资本理论对理解中国社会的重要意义。① 李放春认为"革命"与"生产"是有着复杂关联的话语和历史实践,其中的关系并非协调一致,而是充满紧张、错位乃至"斗争",这一关联所蕴含的结构化张力深刻地影响了中国革命现代性的实践形态。② 对于民族地区治理史研究,同样可以采用话语—权力分析。比如在分析民族识别的过程中,就需要考虑到话语权力的倾斜性;在研究民主改革中,就需要考察话语权力的妥协和让步;在考察民族救助中,就需要考察话语权力的效能。实际上,目前在中国近现代乡村史研究中使用广泛的"国家—社会"视角就是话语权力的发展和变异。新中国成立以后,中国共产党开始利用强有力的国家权力全面控制了乡村社会(包括民族地区),形成了典型的"强国家、弱社会"关系。这种国家社会关系的持续推力导致了后来国家政策的贯通无阻,其中不乏错误的决策。直到改革开放以后,这种国家社会关系才得到扭转。

二、日常生活史

何为日常生活? 雷颐认为:"所谓'日常生活'就是以'常识'为基础,不过'常识'因太平常、普通而常为各路英豪所不屑,所以他们往往不顾常识地要压制甚至消灭(如有可能)'日常生活'。"③日常生活具有三个基本特征:第一具有重复性,是以重复性思维和重复性实践为基础的活动领域;第二具有自在性,是以给定的规则和归类模式而理所当然、自然而

---

① 张小军:《阳村土改中的阶级划分与象征资本》,见[美]黄宗智主编:《中国乡村研究》(第2辑),商务印书馆2003年版。

② 李放春:《北方土改中的"翻身"与"生产"——中国革命现代性的一个话语——历史矛盾溯考》,见[美]黄宗智主编:《中国乡村研究》(第三辑),社会科学文献出版社2005年版。

③ 雷颐:《日常生活与历史研究》,《史学理论研究》2000年第3期。

然地展开的活动领域;第三具有经验性和实用性。① 而日常生活史就是研究历史上普通民众的日常消费活动、日常交往活动、日常观念活动。目前日常生活史已经成为底层社会研究的重要视角,为多学科研究者所重视。美国学者怀特认为:"要理解惊人的事件,就必须联系日常的生活模式来认识它。"②黄宗智特别强调,要到最基本的事实中去寻找最强有力的分析。③ 孙立平也指出:"我们对日常生活的强调……不是将普通人的日常生活看作是一个完全自主的领域,而是看作普通人与国家相遇和互动的舞台。因此,我们……强调自上而下和自下而上两种视角的均衡和整合。"④在民族地区治理史研究中,需要将此视角应用其中。这种视角在考察乡村社会时,重视研究对象的微观化,采取"目光向下"的观察角度,它的研究对象包括吃穿住行等各个方面,并且强调在研究中采用"他者"立场。⑤ 比如在研究新中国成立以后民族地区宗教文化的异同中,就需要考察新中国成立前后日常生活变化与宗教文化的关系。也只有通过对民族地区日常生活史的考察,才能从现象的背后寻找到民族地区乡村原有的规范、限制与约束,研究者也只有关注"小人物"生活和事件背后的故事,从"走向民间""走向民族"的角度,才能细致地考察民族地区农村社会的本相。

三、过程—事件

在底层社会的研究中,由于受科学主义为核心思想的结构化文本表

---

① [匈]阿格妮丝·赫勒:《日常生活》,衣俊卿译,重庆出版社 1990 年版。
② [美]怀特:《街角社会——一个意大利贫民区的社会结构》,黄育馥译,商务印书馆 1994 年版,第 7 页。
③ [美]黄宗智:《认识中国——走向从实践的社会科学》,《中国社会科学》2005 年第 1 期。
④ 孙立平:《实践社会学与市场转型过程分析》,《中国社会科学》2002 年第 5 期。
⑤ "他者"立场,即站在历史当事人的位置上,"设身处地地感觉和体会"。强调研究历史最重要的是理解,理解了古人也就理解了自己。见刘新成:《日常生活史:一个新的研究领域》,《光明日报》2006 年 2 月 14 日第 12 版。

述的影响,研究者在展示和还原经验的复杂性时常遭遇方法论的局限,使得我们还在有意无意地讲述"规范的故事"①。人类学民族志叙事文本和作为研究立场而凸显的"地方性知识"视角的引入,无疑对结构化方法与田野经验的融合起到了很好的推动作用。由此,在对乡村日常生活的描述中,学界有意识地将经验分析方法由结构分析转向故事叙事。近年,《邻村的故事》和《大河移民上访的故事》都是属于这种类型的叙事文本。孙立平将此类方法总结为"过程—事件"分析,他认为过程本身已经成为一种独立的解释变项和解释源泉,也成了对社会事实本身的一种新的假设,即对作为社会事实而存在的动态的过程和事件中去寻找静态结构中无法显现的因素与出人意料的变化,去探求过程本身对影响事件走向和结果的不可预知的作用。因此,要求将研究对象的呈现由一种结构化表述转化为一种故事文本的叙事,在对这一故事的本身表述性建构中去建立起理解和分析,在动态的、历时性的情景呈现中去把握研究对象之复杂的、随机的和充满偶然的因果序列。② 这一视角正可尝试去应用到民族地区治理史中。新中国成立初期,新政权面对民族地区各种复杂的局面,采取了多种灵活多样的政策,目前学界还未能有细致的梳理,比如民族地区的各种纠纷,就可以利用"过程—事件"的分析视角去还原民族地区历史本来的面貌。

四、民族国家认同

由于社会成员隶属于不同的社会组织和群体,继而拥有多种身份和角色,由此决定了社会成员归属感和认同感的差异。在传统社会,"皇权不下乡",国家权力对基层社会的控制力有限,民族认同和国家认同还很

---

① 吴毅:《小镇喧嚣:一个乡镇政治运作的演绎与阐释》,生活·读书·新知三联书店 2007 年版,第 598 页。

② 孙立平:《"过程—事件"分析与当代中国国家—农民关系的实践形态》,见《清华社会学评论》(第 1 辑),鹭江出版社 2000 年版。

难产生尖锐的矛盾。进入民族国家时代后,"内部的行政调解依赖于那些能反思性地予以监控并具有国际行政的条件"①,社会成员的心理和行为层面都发生了显著变化,民族认同和国家认同的冲突在所难免。加拿大学者威尔·金里卡在谈到两者的关系时认为,少数群体向国家发动挑战的背后是国家对少数群体的施压。少数民族一旦认为他们的利益无法在现存国家中得到安排,他们就会考虑分离,从而威胁到国家的统一,因而国家需要调适民族文化差异,在协商之中实现和谐共生。② 实际上,这就是民族认同和国家认同的统一。围绕两者的关系,有两种截然不同的认知。民族认同和国家认同的矛盾和张力成为苏联解体后民族主义运动兴起背景下的一种主要论调,他们认为民族的自我意识及其对现有国家统治的不认同往往会导致民族独立运动,尤其是跨境民族中有些人在国家观念与民族观念发生冲突时,民族观念往往超过国家观念。③ 因而周平提出,要淡化族际界限,采取区域主义的边疆治理方式来促进族际政治整合,加强公民的国家认同。④ 其实,在民族认同和国家认同对立冲突的过程中,也有和谐共生的一面。费孝通曾指出,"中华民族是 56 个民族的多元形成的一体,中华民族是高层,56个民族是基层。高层次的认同并不一定取代或排斥低层次的认同,不同层次的认同可以并存不悖,甚至在不同层次的认同基础上可以各自发展原有的特点,形成多语言、多文化的整体"。⑤ 当代民族关系就是民族认同和国家认同相融合的代表。新中国成立以后,国家政权采取了多

---

① [英]安东尼·吉登斯:《民族—国家与暴力》,胡宗泽、赵力涛译,生活·读书·新知三联书店 1998 年版,第 4 页。

② [加]威尔·金里卡:《少数的权利:民族主义、多元文化主义和公民》,邓红风译,上海译文出版社 2005 年版,第 2、90 页。

③ 高永久、朱军:《论多民族国家中的民族认同与国家认同》,《民族研究》2010 年第2 期;申旭、刘稚:《中国西南与东南亚的跨境民族》,云南民族出版社 1998 年版,第 9 页。

④ 周平:《边疆治理视野中的认同问题》,《云南师范大学学报》2009 年第 1 期;周平:《中国的边疆治理:族际主义还是区域主义》,《思想战线》2008 年第 3 期。

⑤ 费孝通:《论人类学与文化自觉》,华夏出版社 2004 年版,第 163 页。

项促进各民族间和谐相处的措施,可视为民族认同和国家认同共生的重要路径。也基于此,民族国家认同也成为民族地区治理史研究中的重要视角。

此外,民族地区治理史研究,方法也尤为重要,科学的方法有助于我们认识事物的本质。在唯物史观中,分析、比较、综合都是较为常用的具体方法。除去这些基本方法外,近年来党史学界将自身的研究与社会学的调查访谈、经济学的计量、心理学的心态分析联系起来,进而产生了口述史学、计量史学和心态史学,亦可以借鉴。

第一,口述史学。对口述史与微观村落的考察,近年已为国内外学者所普遍关注。海外较早访问革命根据地或在当地生活过的海外新闻记者和观察家,如韩丁、贝尔登、克鲁克夫妇等都有相关著作传世。韩丁的《深翻》和《翻身》,以亲历者的角度对山西张庄的土地改革和革命实践给予了高度评价。① 克鲁克夫妇的《十里店(二)》是作者以观察员的身份采访河北十里店村土改复查和整党运动的纪实性作品,该书勾画出了活生生的人物、复杂的事件和动态的历史过程。② 此后,口述史为西方汉学者所秉承,并由此得出了与以往截然不同的观点和论调。比如谈及租佃制度与土改的评判标准时,珀金斯就认为"土地的再分配就不一定会提高生产力"。③ 马若孟也认为"土地改革与其说是促进不如说是阻碍了农民生产力和产出的增长"。④ 弗里曼等人也持相同的观点,认为土地改革不但没有解放农民,给贫困农民以权力,而且使"最具报复心

---

① 〔美〕韩丁:《翻身:中国一个村庄的革命纪实》,韩倞等译,北京出版社 1980 年版;〔美〕韩丁:《深翻:中国的一个村庄的继续革命纪实》,《深翻》译校组译,中国国际文化出版社 2008 年版。

② 〔加〕伊莎贝尔·柯鲁克、〔英〕大卫·柯鲁克:《十里店:中国一个村庄的群众运动》,安强、高建译,北京出版社 1982 年版。

③ 〔美〕德怀特·希尔德·珀金斯:《中国农业的发展(1368—1968)》,宋海文等译,上海译文出版社 1984 年版,第 140 页。

④ 〔美〕马若孟:《中国农民经济——河北和山东的农民发展(1890—1949)》,史建云译,江苏人民出版社 1999 年版,第 2 页。

理的人变成村里新的掌权者"。① 在国内,较早关注口述史和微观村落的是北京大学社会学系,他们对 20 世纪下半期农村社会生活口述资料的收集,主要集中于陕北的骥村和河北的西村,进而形成了一系列成果,如李康的《西村十五年》②,方慧容的《"无事件境"与生活世界中的"真实"》③,李放春的《历史、命运与分化的心灵》④,任道远的《革命形势下的阶级斗争》⑤等。目前,虽然民族学研究已经广泛使用这种口述史与微观村落的方法,但在民族地区治理史研究上,这种方法还比较欠缺。实际上,利用口述资料可以很大程度弥补文献资料的不足,甚至可以修正文献资料中错误。目前,在民族地区广泛使用普通话的语境下,口述资料的收集难度要远小于新中国成立初期的少数民族社会历史调查。

第二,计量史学。20 世纪 50 年代以来,西方史学的一个重要转折就是计量史学的出现,从而为历史学发展追求"科学化的历史"⑥提供了一种崭新的方法。美国历史学家贝林曾认为,计量历史学研究为隐而不见的历史事件和历史事实开拓了道路,构成了对现代史学的一大挑战。⑦

---

① ［美］弗里曼、毕克伟、赛尔登:《中国乡村,社会主义国家》,陶鹤山译,社会科学文献出版社 2002 年版,第 376 页。

② 李康:《西村十五年:从革命走向革命——冀东村庄基层组织机制变迁(1938—1952)》,北京大学博士学位论文,1999 年。

③ 方慧容:《"无事件境"与生活世界中的"真实"——西村农民土地改革时期社会生活的记忆》,北京大学硕士学位论文,1997 年。

④ 李放春:《历史、命运与分化的心灵:陕北骥村土改的大众记忆》,北京大学硕士学位论文,2000 年。

⑤ 任道远:《革命形势下的阶级斗争——从农民行动的角度看土改时期的阶级斗争》,北京大学硕士学位论文,2002 年。

⑥ ［英］劳伦斯·斯通:《历史叙事的复兴:对一种新的老历史的反省》,见陈恒、耿相新主编:《新史学·新文化史》(第 4 辑),大象出版社 2005 年版,第 10 页。

⑦ ［美］贝林:《现代史学的挑战》,见中国美国史研究会:《现代史学的挑战:美国历史协会主席演说集(1961—1988)》,王建华等译,上海人民出版社 1990 年版,第 386—423 页。

巴勒克拉夫更直言道,现代西方史学的突出特征就是"计量革命"。① 可以说,计量史学的出现为历史学和党史学开辟了新的领域。计量史学最初应用于经济史领域中,形成了新经济史。随后,计量研究引入到政治史研究中,形成了新政治史,比如大众选举问题、政党体制演变问题、精英问题等。计量史学后又引入到社会史,更是所谓五花八门,家庭、种族群体、职业团体、移民、普通大众的日常生活都演变为学者的研究重点。由此看来,史学研究从传统的历史叙事到经验分析,再到历史叙事,计量史学发挥着重要的作用。那么,也可以将计量史学应用到民族地区治理史中。在基层政权的研究中,可以利用计量的方法考察民族地区政权建设的规模和绩效;在社会制度的研究中,可以利用计量的方法探讨民族地区制度变革与经济发展的关系;在社会治理的研究中,可以利用计量的方法测量民族地区社会治理的实际效果。随着民族地区治理史研究的进一步推进,会出现更多的将计算机科学、信息理论和数学模型应用到学术研究中的代表性成果。

第三,心态史学。心态史学也被称为心态史,是专门研究历史上群体心态结构及其演变过程和趋势的新兴史学分支。法国年鉴学派第三代代表人物勒高夫认为,心态就是集体心理,即"人们,一个特定的人们集团等等"所特有的思想和感知,后被年鉴学派广泛应用于历史研究之中。② 目前,心态史学已经突破了群体的限制,个体心理研究也被广泛应用在历史学研究中。因此,心态史学是应用现代心理学和精神分析学的理论、方法、手段,通过对历史人物的个体和群体的心理活动及特征的分析,对历史现象作出解释和研究的方法。心态史学的一个重要贡献就是深化和扩大了历史学家对历史的认知,一定程度上纠正了以往历史学研究"无人

---

① ［英］巴勒克拉夫:《当代史学主要趋势》,杨豫译,上海译文出版社 2006 年版,第131 页。

② ［法］雅克·勒高夫、皮埃尔·诺拉主编:《史学研究的新问题、新方法、新对象》,郝名玮译,社会科学文献出版社 1988 年版,第 273 页。

历史"的倾向,使得人类精神活动的研究得到了应有的重视。在民族地区治理史研究中,心态史学涉及了社会文化等一系列问题,包括民族地区民众对生活、死亡、爱情、性、家庭、宗教、政权等诸多问题的认识,尤其是在新中国成立初期,民族地区处于急剧的变动和转型之中,这种心态的转变就更加明显,作为研究对象也就更有意义。比如在死亡史的研究中,死亡史与民族地区的宗教史、民族文化史、民俗史、社会史等形成交叉,从而使得死亡史研究成为民族地区治理史研究的重要内容。目前党史学界对心态史学的研究还比较薄弱,虽然改革开放以来,随着对外学术交流的深入,美国精神分析和法国心态史学的基本方法得以传入,但真正称得上具有相当学术影响力的成果还是西方翻译过来的学术专著,比如美国学者孔飞力的《叫魂:1768 年中国妖术大恐慌》。相比较而言,国内民族地区治理史还缺乏这种具有相当学术影响力的心态史成果。

不过,任何一种理论与方法都不是万能的,既有其存在的优势,也有一定的局限性,关键在于使用者的驾驭能力。对于上述理论与方法在民族地区治理史的应用,本书将努力去整合以往的知识,避免模式化、囫囵吞枣和极端化等倾向。

避免模式化倾向。在民族地区治理史研究中,将其他学科的理论应用于具体问题的讨论中,可以给研究者提供一个解读的视角,但是这种理论的应用也容易走向模式化。模式研究,就是试图通过运用某一种理论模式概括民族地区治理史的一般规律,进而解释普遍的现象,描述事物发展的基本进程,甚至预设必然的发展方向。显然,这种极端化模式的弊端非常明显,容易使得研究者的研究思路和研究对象教条化,使得复杂的问题简单化。比如在分析新中国成立初期民族地区剿匪的研究中,如果使用单线条的"冲击—回应"模式,就会使得新中国成立初期的剿匪缺乏复杂性和真实感,导致对原本包括各类不同价值取向的匪类只作简单化处理。

避免囫囵吞枣倾向。目前中国的社会学、政治学、生态学理论大多是近代以来,特别是改革开放以来西方社会理论传入的产物,是西方学者根据本国的国情总结出来的解释框架和建构体系,有些理论未必适用于中国,我们将其拿来使用时,要注意其实用性。比如权力—话语的视角,新中国成立前后少数民族上层在国家的感召下,可能出现情感认同大于利益认同的情况,或者出于信仰的追求而放弃物质利益,从而使情感和利益的关系变得更加复杂。实际上,权力—话语分析视角下情感和利益的关系原本多样,不同的群体有不同的表现,外部的条件和内部的因素都可能成为重要的影响因子,应具体审视。同时,大量的研究者,尤其是初学者,容易囫囵吞枣的将理论套用于民族地区治理史研究中,并没有彻底理解,从而造成了对研究对象的误读。

避免极端化倾向。民族地区治理史研究终究属于党史学、民族学和历史学范畴,资料的整理与收集、解读与建构是学术研究不可回避的问题,因而不能将民族地区治理史研究过度理论化。在计量史学的应用中,就存在不可克服的弊端,计量的结果"无法由任何方法来检验,因为其资料深埋在私人电脑中,而非暴露在出版的脚注中,无法让人按图索骥"。"这些史料往往以数学深奥的形成表示,对大多数的史学家来说都是无法读懂的。"[①]因此,不能将民族地区治理史研究作为经济学、社会学、生态学的纯理论问题来进行思考,避免民族地区治理史研究走向理论与方法的极端化。

第四节　西南民族地区农村社会治理的基本概念和研究对象

一、基本概念

社会治理来源于西方政治学和社会学领域,最初见于 20 世纪七八十

---

① 〔英〕劳伦斯·斯通:《历史叙事的复兴:对一种新的老历史的反省》,见陈恒、耿相新主编:《新史学·新文化史》(第 4 辑),大象出版社 2005 年版,第 10 页。

年代的相关研究中。其基本的含义通常被概括为"由多元主体共同参与社会管理、解决社会公共事务的一种手段"。[1] 基本特征主要有两个方面,即治理主体的多元化和社会公共事务主体的民主参与。比如Vladimír Benáček(郑宇钦)认为社会治理应该包括三个维度,即市场、阶层以及亲属关系。[2] 之后,安东尼·吉登斯在他的《第三条道路——社会民主主义的复兴》一书中阐述了社会治理的新形式。麦基尔大学法律系教授Colleen Sheppard(谢泼德)认为安东尼·吉登斯的社会治理新形式可以概括为三点:一是从社会福利国家到社会投资国家的转变。换句话说,就是国家从被动地耗费财力物力进行社会保护变为主动投资,创造有主动性的社会和市民。二是从工具主义国家到促进型国家的转变。三是伙伴关系式的国家。[3] 可以说,西方政治学和社会学领域对社会治理的研究要远早于中国。

中国大规模地开展社会治理研究是在党的十八届三中全会以后。在党的十八届三中全会上,中共中央提到要创新社会治理体制、改进社会治理方式,标志着中国共产党试图实现国家与社会关系上的社会管理向社会治理的转变。这种转变主要体现在三个方面:一是主体上由传统政府和国家对社会公共事务进行管理,转变为社会组织、公民参与的多元主体;二是从方式上来看,传统的管理强调的是行政性,而社会治理则从程序、法制和制度着手;三是方向,即从原有的单向的、自上而下的管理转变为政府与社会群体进行沟通、协商的双向互动模式。

虽然新中国成立初期西南民族地区的农村社会治理还很难与当前的"多元主体共同参与社会管理"联系起来,政府与政党在社会治理中发挥

---

① Hirst, P., *Associate Democracy: New Forms of Economic and Social Governance*, UK: Polity Press, 1994.

② Vladimír Benáček, "Three Dimensions of Modern Social Governance", Pracovni Sesity Working Papers, 2005(1).

③ Colleen Sheppard, "Inclusive Equality and New Forms of Social Governance", *Supreme Court Law Review*, 2004(2d), pp.19–25.

着绝对性的作用,但是新中国成立十七年民族地区仍有市场、宗族和社会组织的存在,一定程度上可以理解为多元主体的共治。同时,中国共产党在民族地区不断强化国家意志与法制观念,将民主的思想和法律的程序传播给民族地区的上层与民众,也可视为新中国成立初期过度行政化的补充。最后,民族地区还有大量民族上层人士参与到社会协商和沟通中,这种沟通、协商的双向互动也在一定程度上实现了多元主体的共同参与。

基于上述对社会治理概念的梳理,本书认为农村社会治理就是社会权力机关处理农村社会各种公共事务所进行的活动的总和。而新中国成立十七年民族地区农村社会治理就是以执政党和国家为主体的社会权力机关处理民族地区农村社会各种公共事务所进行的活动的总和,其旨在建立一种新的社会秩序。为此,新中国成立十七年民族地区农村社会治理的主要内容包括四个方面:即基于农村政权的社会组织化推进,基于社会结构的社会稳定机制构建,基于生存发展的农村基本公共服务建设,以及基于国家意志的法治探索。

二、研究区域

本书的研究区域是新中国成立十七年西南民族地区农村,其地域范围包括云南、贵州、四川、西康、重庆和西藏,总面积230余万平方公里,总人口约7650万人。西康和西藏是以少数民族为主体的省份,云南、贵州、四川少数民族众多。整个区域内居住着藏、门巴、珞巴、羌、彝、白、哈尼、傣、傈僳、佤、拉祜、纳西、景颇、布朗、阿昌、普米、怒、崩龙、独龙、基诺、苗、布依、侗、水、仡佬、壮、瑶、回、满、蒙古、土家等31个少数民族。这些少数民族集中在西藏、西康、云南、贵州、四川西北部和东南山区。其中西藏、云南是边疆省区,与外国接壤的国境线超过7000公里。

新中国成立初期,西南地区的四省一市一区与现在的建置及所辖范围有所不同。四川省在新中国成立初期经历了一个由合到分,再由分到合的过程。早在大西南解放前,邓小平在南京主持召开的第二野战军兵团干部会议上,就宣布中共中央决定将四川划为川东、川南、川西、川北四个省级行署区和组建四个区党委的决定,此后四川一分为四。直到1952年8月,中共中央决定撤销四个行署区,统一合并为四川省。重庆在新中国成立初期也是中央人民政府的直辖市。1949年11月30日,中国人民解放军进入重庆,随后重庆成为西南军政委员会驻地,为西南大区代管的中央直辖市,当时西南大区驻地亦设于此。1954年7月,西南大区、北碚市并入重庆,重庆直辖市被撤销,从直辖市降为省级市,并入四川。西康省原为中华民国的一省,是延续清朝所设置的22省之一。1955年7月西康省正式撤销,分别并入四川省和西藏自治区(时称西藏筹备委员会)。贵州、云南与目前的辖区基本相同,西藏变动也不明显。

在上述论及的西南地区四省一市一区中,西康省并入四川和西藏,重庆并入四川,四川虽最初几年频繁出现川东、川南、川西、川北、西康等地域概念,但大部分时期该地区基本以四川代之。西藏的民族问题较之贵州、四川、云南有很大不同,属于典型的单民族自治区。国家近年已经连续批准多项专门研究中国共产党与西藏民族关系的基金项目,包括孙玉华的"中国共产党领导西藏民族团结的实践与经验研究"、刘永文的"近现代传媒与中国西藏的社会变迁研究"、谢忠的"毛泽东经营西藏方略研究"、刘红旭的"西藏社会稳定研究"、杜玉芳的"第一代中央领导集体关于西藏工作的历史经验研究"、美朗宗贞的"中央与西藏地方传统社会经济关系的历史考察研究"、续文辉的"中国共产党维护西藏稳定的历史经验及政策分析"、普布次仁的"中国共产党在西藏工作的决策与实践研究"、续文辉的"党在西藏执政的实现与共产党执政能力的历史考察"、王川的"近现代中国西藏地区的民间宗教与信仰研究"、原思明的"中国共产党西藏工作五十年"等。可以说,目前就西藏问题已经涌现出了不少较为系统的研究成果。广西壮族自治区在近代可属西南地区,不过目前已经比较明确的归属华南地区,固亦不在本书之列。基于上述的思考,本项研究将重点考察多民族聚居区的云南、贵州、四川三省。

在云贵川三省内,有大量的少数民族群体。据 1953 年的人口普查,四川的少数民族人口为 2035935 人,占该区域人口总数的 3.13%;贵州的少数民族人口为 3938879 人,占该区域人口总数的 29.19%;云南的少数民族人口为 5634655 人,占该区域人口总数的 32.89%。三个省份少数民族人口占全国少数民族总人口的 33.13%。[①] 仅从少数民族的数量上也足以说明云贵川少数民族在全国的重要地位。在本项研究中,为了论述的方便和资料选择的集中,将以四川凉山彝族地区、黔南苗族地区、云南西双版纳和德宏傣族地区为重点考察对象,试图在复杂的材料中梳理出一些"中层"经验,以达到"鉴于往事,有资于治道"的目的。

三、资料应用

20 世纪 80 年代以来,国史研究和进展的最根本因素就是档案文献史料的开放与刊布,可以说档案资料已经成为学界研究最为重要的资料来源。除去档案资料以外,国史研究的资料来源还有多个方面,可以是口述史的访谈,也可以是统计的年鉴,还可以是报纸杂志、出版书籍,以及回忆录等。因此,本书利用的核心资料除档案以外,还包括中共中央西南局的机关刊物《西南工作》、20 世纪 50 年代西南地区的民族调查资料(云贵川)、西南地区地方志、各种报纸杂志和回忆录等。

新中国成立初期中共中央西南局的机关刊物《西南工作》,从 1950 年 4 月开始出版第 1 期,到 1954 年 7 月第 230 期结束,《西南工作》基本上涵盖了新中国成立初期西南局所颁发的主要文件,其中涉及民族事务的文件亦有几十期。该文献可为研究提供民族工作的政策发展脉络和线索。

20 世纪 50 年代西南地区的民族调查资料,即《中国少数民族社会历

---

① 国家民委经济司、国家统计局综合司:《中国民族统计》(1949—1990),中国统计出版社 1991 年版,第 43 页。

史调查资料丛书》。本书所使用的《中国少数民族社会历史调查资料丛书》就是国家民委《民族问题五种丛书》之五的云贵川部分,这些资料在20世纪80年代以后由各省、自治区陆续出版。

新中国成立初期参加访问团领导人的回忆录和文集。从1950年到1952年,中央人民政府先后派出有学者和专业人员参加的4个民族访问团和2个民族工作视察组,到西北、西南、中南、东北和内蒙古等地区检查民族工作,调查各少数民族的生产、生活状况及社会制度和风俗习惯。参加西南地区访问团的领导,大多都撰写和出版了回忆录和文集,包括《刘格平文集》《刘春民族问题文集》《费孝通民族研究文集》《王连芳云南民族工作回忆录》《马曜文集》等,这些回忆录和文集也成为研究西南民族地区农村社会治理的重要资料。

西南地区的地方志、报纸、杂志。由于本书所涉及区域包括云南、贵州、四川,以及后被撤销的西康省。因此,在地方志的选择上,就包括三个层级,即省级地方志、民族自治州的地方志、民族县的地方志。报纸包括涉及西南地区的《人民日报》和云贵川的省级报纸。杂志主要是20世纪50年代的《云南政报》等。

即便这样,作为党史研究最为重要的资料仍是档案。近年来,随着档案资料利用度的提升,学者普遍开始关注底层档案资料,尤其是大量博士硕士学位论文也将省市县级档案作为核心资料,他们在谈论区域史或个案研究时,试图将问题意识与所涉研究问题相结合,以便其能在区域和个案讨论中寻求特殊和普遍意义。本书使用的档案资料来源分别是四川省档案馆、黔南州档案馆、贵州省档案馆和德宏州档案馆。需要说明的是,目前云南和贵州的省级档案资料收集难度极大,大量涉及民族问题的文献被长期封存,给本项研究带来了档案资料覆盖度的不足。

第二章　近代西南农村社会的基本面貌

西南地区民族众多,分布区域广泛,且大部分处于边疆地区,除了藏族聚居区(西藏)的居住状况相对单一外,多呈互相交织状态分布。比如西南地区少数民族人口最多的彝族,484万人中约有100万聚居在大小凉山,其余300多万人口均与其他民族杂居。也就是说,西南少数民族的居住特点是你中有我、我中有你。加之历史上民族关系复杂,整个西南地区的民族问题极其严峻。在社会经济发展上,解放前西南民族地区农村社会的发育状况差异很大,经济发展水平总体落后;在格局政治上,各民族政治统治形式区别明显,民族内部结构复杂,部分少数民族上层对新政权的认同度低;在民族关系上,民族之间的矛盾和隔阂难以调节,文化冲突不断。关于这一问题,早在西南解放之前,中共领导人就已认识到了西南民族地区的复杂性,时任二野前委书记邓小平在发布的《关于少数民族工作的指示》中明确指出,"西南少数民族,种类很多,数量亦大,散布地区很广。根据现有不完全可靠的材料,云南少数民族占全省人口的十分之六","贵州约占全省人口的百分之十二;西康估计约在半数左右;四川则散布于周边地区。由于历代统治阶级以大汉族主义对他们残酷统治和压榨的结果,造成了汉族与各个少数民族之间很深的隔阂。"[1]

---

[1]　《二野前委关于少数民族工作的指示》(1949年9月20日),见秦和平编:《四川民族地区民主改革资料集》,民族出版社2008年版,第14页。

第一节　社会发育水平的差异

在西南少数民族中,社会发育水平较高的民族有白族、苗族、布依族、侗族,以及水族。在这些民族的社会结构中,封建地主经济已占绝对优势,部分民族还出现了资本主义萌芽。在傣族和藏族地区,则保持着封建领主制度。大小凉山地区的彝族,属于典型的奴隶制。还有一些民族,比如独龙族、怒族、基诺族等,仍带有原始公社残余的痕迹。

原始氏族公社地区。西南地区由于高山大河的阻碍,到20世纪上半叶,包括居住在高黎贡山和怒江之间的傈僳族、独龙族、怒族,居住在景洪的哈尼族、基诺族,居住在西盟的佤族等,还处于原始公社时期。居住在怒江西岸碧江、福贡的怒族,还保留着较多的原始公社残余。比如怒族,是由若干个有血缘关系的家族聚居在一起形成村寨,每个村寨有一个头人,管理内部事务。碧江县普乐村有188户怒族,分属于"腊老姚"(虎)、"腊蚌姚"(熊)、"腊黑姚"(麂子)、"腊马齐"(蛇)、"腊快姚"(岩缝里钻出来的人)等五个氏族。知子罗村有"米也比""葱有期""陶加"三个氏族(意思未详)。以上氏族的名称,可能是古代氏族的"图腾"。在怒族社会中,每个氏族都有自己的公地,氏族成员可以自由开垦。氏族成员只有土地的使用权,如果变成私人所有,必须向氏族购买。在社会生活中自然产生的氏族头人,一般是作战勇敢、办事公正的人。头人没有特殊的权利,只是在调解纠纷时,当事双方要呈薄礼感谢,头人也会回敬些酒。不过,随着国民党的进入和基督教的传播,氏族组织逐渐解体,尤其是头人被委任为保长、甲长以后,原有的作用基本丧失。[1]

---

[1] 《民族问题五种丛书》云南省编委会编:《怒族社会历史调查》,云南人民出版社1981年版,第14—15页。

　　奴隶制社会地区。聚居在四川和云南交界处的大小凉山彝族则经历了长期的奴隶制社会,直到 20 世纪初,仍处于奴隶制阶段。在这种社会制度中,奴隶主不仅占有大量的生产、生活资料,而且直接占有奴隶的人身,占有奴隶的多少是衡量奴隶主财产的主要标志。凉山地区的奴隶制度还与等级制度紧密相连。奴隶主阶级包括绝大部分的"黑彝"和一小部分富裕的"曲诺"(不超过曲诺等级总户数的 3%),奴隶主阶级约占总人口的 5%。他们占有大量的奴隶和土地、牲畜等生产资料,以强制手段对奴隶和隶属民进行无偿劳役、财物摊派、地租、高利贷等多种形式的剥削。奴隶主对奴隶可以任意施加种种酷刑,甚至虐杀。① 奴隶阶级包括"呷西"和绝大部分"阿加"以及一部分贫困的"曲诺",这部分人口约占总户数的 70%。中间阶层包括一部分"曲诺"和少数"阿加"以及一部分贫困的"黑彝",约占总户数的 25%。从"黑彝""曲诺""阿加""呷西"四个等级的关系看,"黑彝"是主子,"曲诺""呷西""阿加"是娃子②,即黑彝是统治阶级,其他三者为被统治阶级。但是在被统治等级中又有多层占有关系,即曲诺与所属的呷西、阿加之间,曲诺是主子,呷西、阿加是娃子。而对个别阿加与其所属的呷西来说,阿加是主子,呷西是娃子。这样就形成了部分曲诺既是娃子又是主子,个别阿加也是娃子也是主子,于是出现了"娃子的娃子"和"娃子的娃子的娃子"这种复杂的等级占有关系。③

　　封建领主制地区。西南地区的封建领主地区主要集中在藏族聚居区和傣族聚居区。藏族是政教合一的封建领主制,由西藏地方农奴主和藏传佛教的僧侣共同掌握政权。在西藏地区,封建农奴主统治力量较大,社会形态处于封建社会初期,还存在奴隶制的残余。在西康、四川、云南地区的藏区,农奴主的统治力量就弱一些。在傣族地区,西双版纳的封建领

① 《峨边彝族自治县概况》编写组:《峨边彝族自治县概况》,四川民族出版社 1989 年版,第 45—46 页。
② 娃子是四川凉山彝族地区的奴隶。
③ 周自强:《凉山彝族奴隶制研究》,人民出版社 1983 年版,第 16 页。

主制度最为典型。在西双版纳傣族的社会结构中,一切的土地,包括耕地、牧场、荒地和土地上的森林、矿产、水源以及一切生物都是属于最高封建领主"召片领"一人所有。① 土地不能买卖,作为主要生产者的农奴,对主要的生产资料——土地,只拥有一定条件下的使用权。景洪县傣族耕种封建领主的土地是按所耕种面积的大小交实物地租,种 100 纳交谷 30 挑,种 70 纳交谷 20 挑,负担的劳役较轻。② 此外,与藏族与傣族处于同一区域或者与之相邻的不少民族,或受本民族土司统治,或受其他民族土司统治,或处于封建领主制经济状态,如西双版纳和德宏的哈尼族、景颇族、拉祜族、佤族、布朗族、崩龙族,宁蒗、中甸、盐源的纳西族,西藏的门巴族和珞巴族等。

封建地主制地区。在西南地区,最为发达的就是封建地主经济形态,该地区甚至出现了资本主义萌芽。聚居在云南的白族,先后出现"福春恒""兴盛和"等大商行,封建地主经济相当发达。苗族地区大多也已进入封建制社会。解放前,贵州反排苗族大致处于封建社会初期,土地的绝大部分已为私人占有,共有的极少。③ 但土地的集中程度不高,地主占全寨总人口的 1.8%,占有全寨土地的 7.4%,贫农占总人口的 45.3%,占有土地为 26%。④ 可见,反排地区的剥削程度远小于其他苗族地区。此外,与汉族相邻的哈尼族、傣族、傈僳族、佤族、纳西族、拉祜族、布朗族、普米族、怒族、崩龙族等一部分,也都进入了封建地主经济形态。

解放前西南地区呈现出社会形态发育迥然不同的民族互相交织的特

---

① "召片领"在傣语的意思为"广大土地之主",这种称呼就是对土地所有权的体现。

② 纳:田的面积单位,1 纳约四分之一市亩,折合 1.67 公亩。参见《民族问题五种丛书》云南省编辑委员会、《中国少数民族社会历史调查资料丛刊》修订编辑委员会编:《西双版纳傣族社会综合调查》(1),民族出版社 2009 年版,第 89 页。

③ 《民族问题五种丛书》贵州省编辑组、《中国少数民族社会历史调查资料丛刊》修订编辑委员会编:《苗族社会历史调查》(1),民族出版社 2009 年版,第 134 页。

④ 《民族问题五种丛书》贵州省编辑组、《中国少数民族社会历史调查资料丛刊》修订编辑委员会编:《苗族社会历史调查》(1),民族出版社 2009 年版,第 119 页。

点,一是同一区域内拥有不同社会经济形态的多个民族,二是同一民族内的社会发育水平也高低各异。

同一区域内拥有不同社会经济形态的多个民族。由于民族关系、杂居特点、地理条件和民族心理的影响,在同一区域内往往会出现处于不同社会发展阶段和发育水平的多个民族,比如在凉山地区就是如此。由于凉山彝区内部历来没有统一的地方政权,统治彝区的都是各自为政的彝族各家支头人,因而凉山地区缺乏统一发展的内部动力。同时,历代统治者对彝族一般采用限制其对外交往的方式进行控制,外部力量也无法进到彝族内部进行协调和治理,使得凉山地区缺乏发展的外部条件。加之凉山地区拥有天然的地理屏障,使凉山地区处于一个封闭的状态,导致了该地区多种社会形态共存。解放前夕,凉山地区不同程度地保留着原始社会、奴隶社会、封建农奴社会、封建地主经济社会和资本主义社会等多种社会形态。摩梭人地区残留着浓厚的原始母系社会习俗,甚至还保留着母系氏族时代的古规。在氏族内部,完全由母系的后裔组成,由女人主事,因而决定了摩梭人两性间的结合只能是一种松散的关系,所生子女是女方后裔,与男方无关。彝区处于奴隶社会,凉山西部的藏区是封建农奴制社会。而凉山汉族,以及汉彝杂居区或与汉族接壤的部分彝族地区,则已进入封建地主经济社会。在政治经济中心西昌,解放前夕已经出现了银行、发电厂、面粉厂、火柴厂、肥皂厂、卷烟厂、丝厂、纺织厂等具有资本主义经济性质的企业。[1]

同一民族内的社会发育水平也有很大差异。少数民族中,几乎没有一个民族是处于单一的社会发育阶段,同一民族往往处于两种甚至多种社会发育阶段,其中以佤族和傣族最为典型。佤族处于三个不同的社会发展阶段。第一种是保留原始社会残余地区。这类地区以云南省的西盟县为主,包括澜沧、孟连的部分佤族地区。根据 20 世纪 50 年代的统计,

---

[1]　伍精华:《我们是这样走过来的》,民族出版社 2002 年版,第 9—13 页。

这类人口占佤族总人口的 28.6%,约 5 万人,其社会内部还保留有浓厚的原始农村公社的残余。西盟县大马散佤族虽然土地制度已经发展到个体私有阶段,但每个氏族都还保留少量的氏族公地,公地由家庭集体耕种或个体家庭轮流耕种。① 第二种是封建领主经济的地区。这类地区主要是沧源县的班洪、班老等地区,人口约占佤族总人口的 62.8%,约 11 万人,他们已经进入了封建领主经济阶段。第三种是封建地主经济地区。主要是镇康的佤族地区,约占佤族总人口的 8.6%,约 1.5 万人,这类地区已处于封建地主经济阶段。②

　　傣族也分为两种截然不同的社会发育阶段。一类是保留封建领主制的地区,这一类型又可分为三种:一是领主经济保留完整的西双版纳地区,农村公社的躯壳还得以保存;二是孟连、耿马的大部分地区以及德宏的遮放、陇川、瑞丽等地区,领主经济基本保留,但已经产生了地主经济的因素;三是孟连、耿马的另一部分地区和德宏的盈江、潞西、梁河等地区,地主经济已经比较明显,但领主经济残余仍然保留,领主政治制度继续存在,比如潞西县遮放区的蚌哈村傣族就是封建领主制社会,领主拥有土地的所有权,土地不准买卖、典当,农民(农奴)被束缚在土地之上。③ 另一种类型是地主经济完全确立的地区,主要是指景东、景谷、新平、元江等云南内地区域的傣族,占傣族总人口的 30% 以上,由于长期的民族交往,基本已融入当地汉族地主经济之中。④

　　由于西南民族地区社会发育水平差异很大,就决定了解放后进行社会主义改造的艰巨性。对于不同社会发育水平的民族,应采取不同的方

　　① 《民族问题五种丛书》云南省编辑委员会、《中国少数民族社会历史调查资料丛刊》修订编辑委员会编:《佤族社会历史调查》(2),民族出版社 2009 年版,第 127 页。
　　② 《民族问题五种丛书》云南省编辑委员会、《中国少数民族社会历史调查资料丛刊》修订编辑委员会编:《佤族社会历史调查》(1),民族出版社 2009 年版,第 9 页。
　　③ 《民族问题五种丛书》云南省编辑委员会、《中国少数民族社会历史调查资料丛刊》修订编辑委员会编:《德宏傣族社会历史调查》(3),民族出版社 2009 年版,第 89 页。
　　④ 胡绍华:《中国南方民族史研究》,民族出版社 2004 年版,第 186—187 页。

针和策略，即便是同一民族内部也应该有所侧重，最终达到民族地区社会改造的目的。

第二节　经济发展水平的不均与差异

与社会发育水平相似，西南民族地区经济发展水平参差不齐，总体上较为落后。以生产力发展水平作为判断标准，西南民族地区的经济发展可分为三类：第一类是农业生产技术较高，并出现资本主义因素的地区；第二类是农耕技术有所发展的地区；第三类是还存在刀耕火种的原始农业地区。

农耕技术比较发达的地区，一般历史上就比较繁荣，曾经是西南地区重要的政治经济中心，比如白族居住的大理，就是西南地区最早的文化发祥地之一。明代以后，白族的手工业、矿业和商业已经和汉族没有多大的区别。特别是手工业的发展，已经形成了行业协会，比较著名有做鞋、染布、缝纫、制革、木器、金银首饰等。抗日战争时期，布鞋一度畅销保山、腾冲等地，布鞋店铺发展到百余家。①

也并非整个白族地区的农业生产都比较发达，六库地区的白族就比较落后。在以白族为主体的六库地区，白族、汉族、傈僳族都是以农业生产为主，但该地区的农业生产水平较低，手工业尚未从农业中分离出来，带有明显的副业性质。商业并不发达，整个六库地区只有两个很小的集市。不过，该地区产生了一个食利阶层——庄头，他们是农村商业发展的代表，在政治和经济上都拥有特权，主要是通过雇工、放债、经商等活动获利。一般农户已经使用了铁制农具，部分高山和陡坡地带的农民，还使用

---

① 　中国科学院民族研究所云南民族调查组、云南民族研究所编：《云南省白族社会历史调查报告》，内部资料，1963年，第2页。

少量木制农具,如木棍(打土用)等,农具有犁、板锄、条锄、砍刀、镰刀、斧、夺矛等。因土地质量不同,农业生产可分为三类:在比较平坦的谷底和山腰地、部分水田旱地,可以实行小型水渠灌溉;陡坡石头地,由于石头多,坡底大,土层薄,加工困难,这些地区年景好时尚能收获,若雨水不调,收成还不够种子;高山地区,因为气候比较寒冷,土地贫瘠,这类地区以种植苞谷、芥子为主。在陡坡石头地和高山地区,兽害严重,常有猴子、野猪等成群侵袭农作物,对农业生产影响很大。总体上看,六库地区的耕作技术还比较粗放,对施肥极不重视,许多农民无施肥习惯,不用人粪;在兴修水利、土地加工、田间管理等方面,也做得很少。①

　　西南地区还有一部分农民居住在与世隔绝的深山密林中,生产力水平低下,基本还是刀耕火种的原始农业。比如景颇族,刀耕火种和广种薄收的粗放经营是农业生产的普遍现象。潞西县遮放西山景颇族主要的生产工具有铁犁(重4.5公斤,短而窄,犁深仅3—4寸,单牛耕犁)、木耙(无铁耙)、铁板锄(重2市斤,无条锄),此外还有砍刀、铁斧、镰刀等。使用这些简陋工具均需要大量的劳动力投入,不过该地区劳动力显然不足。遮放西山景颇族除了犁地和耙地外,农业上的其他劳动多由妇女担任。大量男子吸食大烟,吸大烟、吸朵把烟的男子占成年男子总数的40%。而且男女老少皆嗜酒,疾病多,对劳动力的破坏很大。在生产技术上,比较同区的崩龙族和傈僳族还要落后,他们挖土浅,不敲土、松土,不选种,不剔苗,不施肥,仅薅一道或不薅,成本就达到总产量的60%,甚至更多。生产停滞的另一个表现是农业与家庭手工业并未分离,解放前景颇族还保留着较为原始的性别和年龄分工的残余。男子狩猎、犁地,妇女薅草、纺织、砍柴、蒸饭,老人制造工具,没有自制的陶器和铁器,没有或很少有从农业分离出来的手工业者。个别寨子有兼营商贩的,但独立的小商贩

---

① 中国科学院民族研究所云南民族调查组、云南民族研究所编:《云南省白族社会历史调查报告》,内部资料,1963年,第18—19页。

很少。除盐、布、铁制农具依靠外人供给外,寨与寨之间,甚至一个寨子内部互相间都很少有交换行为。①

有些民族地区即便与外界存在联系,也非自发的。近代西南少数民族地区经济发展与对外联系带有明显的被动性,比如在鸦片种植方面,就与军阀的引诱和周边的刺激密不可分。民国初年,四川凉山彝族地区和云南西盟佤族地区还不会使用货币,甚至连初级市场的集市贸易都还未形成。不过,辛亥革命以后,鸦片的种植很快蔓延开来。到 20 世纪 30 年代,西南地区种植罂粟面积广泛,大部分集中在少数民族地区。据 1935 年统计,云南罂粟种植面积约为 100 万亩,贵州约为 250 万亩,四川约为 125 万亩。②

具体到普通农民,他们的生活水平更低,条件更加艰苦,可以说这种贫困的状态已经日常化。为了更好地说明解放前少数民族农民生产生活的真实情况,这里以苗族聚集区为考察中心。

生产工具是农村经济发展水平的重要体现,苗家经济在这方面存在明显不足,主要表现为生产工具的缺少和生产水平的低下。虽然费孝通曾经认为:“苗家的生产工具和汉族并没有什么差别。”③所使用的主要工具有犁、耙、挖锄、钉耙、摘刀、镰刀等铁质农具和挞斗、炕笼、箩、粪筐等竹木质农具。灌溉设备有沟、堰、枧;储藏设备有谷仓、粪棚;晾晒设备有晒台、晒席、禾晾;粮食加工设备有水碾、臼、风车等。但苗族地区的农业生产还是受到了生产工具和生产设备的制约。一方面,这些工具更新速度缓慢。比如犁(旧式犁,苗语叫“当堪”)为贵州台江县巫脚交苗寨 80% 的人家所拥有,除铧是铁质以外,其余部分是木质的,式样与外地的相同,铁

---

①　云南省编辑组、《中国少数民族社会历史调查资料丛刊》修订编辑委员会:《景颇族社会历史调查》(1),民族出版社 2009 年版,第 42 页。

②　章有义:《中国近代农业史资料》(第 3 辑),生活·读书·新知三联书店 1957 年版,第 3—4 页。

③　费孝通等:《贵州苗族调查资料》,贵州大学出版社 2009 年版,第 6 页。

铧是由台江城或革东场上买来的,木架由本寨自制。但犁的样式和功能,解放前近五六十年都没有改变,只是在 1935 年将犁泥部分由 4 寸左右,改为 5 寸。① 再如灌溉设备,巫脚交苗寨的主要作物是水稻,约 90% 都在坡上,稻田顺着山势迂回曲折地一层一层像阶梯一样,从海拔 1000 米处绕上 1220 米的高坡。仅有一条小山涧流经山谷,能灌溉涧边的不到 10% 的"冲田"。从坡脚到坡顶的水、旱田,就完全靠泉水灌溉,从泉口挖一条宽一二尺、深 5 寸左右的小沟,把水引到田里去。这里最长的沟,从水源到田里长约 10 里,可以灌溉 1000 度②面积的水旱田。但 1920 年被山洪冲坏,以后 30 年都没起到灌溉的作用。直到 1951 年经干部发动,用了 700 多个人工才把它修复。③ 另一方面,农民家庭的生产工具占有率也不高。解放前,贵州省剑河县久仰乡必下寨苗族只有 10% 的家庭才有草柴刀,砍柴刀只有 30% 的家庭才拥有。④ 巫脚交苗族整个乡的生产设备才有禾晾 1 架、水碾 3 架、风车 4 架、山地犁 1 架、打谷机 1 台。犁、耙、挞斗、镰刀等生产工具和生产设备严重不足。⑤

农家收支是农民生活质量最直接的体现,也是一个地区经济发展水平和基层政权治理水平的重要标尺。苗族整体经济水平较低,生活质量不高,尤其是贫农和佃农。根据 1948 年对贵州省大方县和织金县 5 户家庭的调查,租田收入和支出相抵后,分别亏损 53.58 元、54 元、45 元、78 元、101 元。为了维持生活,他们需要将背煤作为副业,每年工作

① 《民族问题五种丛书》贵州省编辑组、《中国少数民族社会历史调查资料丛刊》修订编辑委员会编:《苗族社会历史调查》(1),贵州民族出版社 1986 年版,第 7 页。

② 贵州苗族用以计算田地的重量单位。折算面积时,各地计算标准不一。如台江县曾规定每六度折合一亩,巫脚交苗寨则 1 度=0.16 亩。

③ 《民族问题五种丛书》贵州省编辑组、《中国少数民族社会历史调查资料丛刊》修订编辑委员会编:《苗族社会历史调查》(1),贵州民族出版社 1986 年版,第 4 页。

④ 《民族问题五种丛书》贵州省编辑组、《中国少数民族社会历史调查资料丛刊》修订编辑委员会编:《苗族社会历史调查》(2),贵州民族出版社 1987 年版,第 149 页。

⑤ 《民族问题五种丛书》贵州省编辑组、《中国少数民族社会历史调查资料丛刊》修订编辑委员会编:《苗族社会历史调查》(1),贵州民族出版社 1986 年版,第 10 页。

时间从 100 天到 200 天不等,几乎终年不得休息,但即使加上副业,这五户家庭还是入不敷出,少的负债 15 元,多的达 30 元以上。在这 5 户家庭的支出中,生产资料的支出极少,一般只占总支出的 2% 左右,多为购买种子和添补小农具。① 反排苗族的农民,特别是贫下中农也是如此。反排苗寨虽然是台江县的产粮区之一,但贫苦农民却连年缺乏口粮。从 1948 年贵州省台江县反排苗寨统计的 15 户家庭收支情况看,只有地主家庭收支相抵后,略有盈余,而包括富农、中农、贫农在内的其他农户家庭都出现了入不敷出的现象。贫农平均每户全年粮食收入为 2254 斤谷,其中各种被剥削支出 968 斤,余 1286 斤,如以五口之家计算,平均每人仅有 257 斤谷,全部用作口粮,也不够维持最低生活。因此,贫苦农民只能出卖劳动力谋生,或采集野菜,或以米糠充饥,甚至讨饭生活。全寨每年都有数十个劳动力外出帮短工或长工,四五人讨饭。②

在家庭支出方面,衣食住行占据了家庭支出的绝大部分。在 15 户贵州反排苗族调查中,地主、富农、中农、贫农的衣食等生活支出分别占总支出的 63.5%、66.5%、85%、76.2%,仅仅是食物消费,地主、富农、中农、贫农的食物支出分别占总支出的 44%、61%、69%、70%。如果用国际上比较通行的计算方法恩格尔系数来衡量苗农的贫困状态,反排苗族的 15 户家庭调查,只有 1 户地主属于小康型消费,其余包括富农在内都属于绝对贫困型。③ 另外,农民的副食品也极其缺乏,特别是食盐,谷贱盐贵。反排苗族盐价最高时,竟要 120 斤谷才能换 1 斤盐,平时也要四五十斤谷换 1 斤盐,中农、贫农大都买不起盐。五口之家的中农户每月能吃四五

---

① 中国科学院民族研究所、贵州少数民族社会历史调查组编:《苗族简志》(第二次讨论稿),内部资料,1959 年,第 20 页。

② 《民族问题五种丛书》贵州省编辑组、《中国少数民族社会历史调查资料丛刊》修订编辑委员会编:《苗族社会历史调查》(1),贵州民族出版社 1986 年版,第 157 页。

③ 《民族问题五种丛书》贵州省编辑组、《中国少数民族社会历史调查资料丛刊》修订编辑委员会编:《苗族社会历史调查》(1),贵州民族出版社 1986 年版,第 156 页。

两盐(十六两秤),贫农户每月最多仅能吃上二三两盐,多数中农、贫农常年用杉木叶、桐子壳烧灰滤水作盐的代用品。[①] 苗族地区的蔬菜品种也较少,种植数量不多。解放前,反排苗族地主张耶记每年秋季种两挑田的菜,是全寨种得最多的一户。春季除了地主和个别中农用一二块干田种辣椒外,大部分人家都只种在屋角和坡上,每家只种几厘地。一般农民全年吃蔬菜不超过四个月,普遍采野菜吃。就是在有蔬菜的季节,也要与野菜掺杂着吃。[②] 贫雇农因为口粮不足,需要采摘各种野果、野菜和捕捉鸟禽来补充。根据典型户调查,1948年巫脚交苗族仅采集的食品类,就占雇农饮食费用的11.9%,占贫农的饮食费用的8.4%,占中农饮食费用的4.9%。[③] 有些农户常年采野菜、捉虫介和鱼虾佐食,"做菜每月无油烹饪,常以酸汤煮和,虫介或鱼,则多用火烧食"。大部分贫农买不起炊事用具,反排苗族全寨都没有菜刀,一户只有二三只土碗,平时就餐没有碗筷,也无桌凳,而是全家人就地围聚火坑旁,用手从饭簸、菜碗里抓食。[④] 实际上,解放前苗家生活的贫困状态已经日常化。

由于经济发展水平的低下,少数民族农民的生活极为困苦,贫困状态已经日常化。在此背景下,对民族地区进行社会治理,发展民族经济,强化民族地区的治理能力,就成为中国共产党实现民族地区现代化建设的必然选择。

---

① 《民族问题五种丛书》贵州省编辑组、《中国少数民族社会历史调查资料丛刊》修订编辑委员会编:《苗族社会历史调查》(1),贵州民族出版社1986年版,第157页。
② 《民族问题五种丛书》贵州省编辑组、《中国少数民族社会历史调查资料丛刊》修订编辑委员会编:《苗族社会历史调查》(1),贵州民族出版社1986年版,第7页。
③ 《民族问题五种丛书》贵州省编辑组、《中国少数民族社会历史调查资料丛刊》修订编辑委员会编:《苗族社会历史调查》(1),贵州民族出版社1986年版,第2页。
④ 《民族问题五种丛书》贵州省编辑组、《中国少数民族社会历史调查资料丛刊》修订编辑委员会编:《苗族社会历史调查》(1),贵州民族出版社1986年版,第157页。

第三节　复杂交错的政治格局

解放前,西南民族地区的政治格局十分复杂,少数民族之间的矛盾和冲突接连不断,民族内部也不和睦。比较典型的政治制度是家支制度和土司制度,具体民族内部的政治组织也大相径庭。此外,还有外国势力的干涉和国民党的破坏,这些都是中国共产党领导民族地区社会治理亟须解决的问题。

民族间和民族内部关系的疏离。由于居住同一区域,不可避免的就会产生对这一区域物产和资源的争夺,从而引发同一区域内不同民族间的隔阂和疏离。在四川省凉山州盐源泸沽湖一侧的左所土司喇宝成自称是蒙古族,在其辖区内,除了本族外,还有四个黑彝家支和藏族属民。他们为了掠夺人力与财富,经常发生冲突。据喇宝成说,他 18 岁起就和黑彝打冤家,曾先后打死彝族 500 多人(其中包括黑彝数十人)。① 由于少数民族之间的冲突与纷争,使得一些弱小的民族长期受到外族的打压,在川南就形成了“山上彝家,坝区汉家,苗家住在石旮旯”的分布格局,苗族处于受压迫和剥削的最底层。民族之间的械斗也是复杂政治格局的表现,他们为了土地、牲畜、财物,为了争夺、包庇和保护娃子,为了婚姻纠纷,为了赌博、酗酒、斗殴等,使械斗事件长期存在,不可调和。尤其近代以后,彝族的鸦片贸易和汉区的枪支交换日渐扩大,造成了彝族社会经济的畸形发展,冤家械斗的程度和破坏性更大了。

少数民族地区政治制度与政治结构复杂,最典型的政治制度是家支制度②和土司制度。家支制度是凉山彝族最主要的社会组织,普遍存在

---

① 云南省编辑组、《中国少数民族社会历史调查资料丛刊》修订编辑委员会:《四川彝族历史调查资料、档案资料选编》,民族出版社 2009 年版,第 49 页。

② 家支一词是沿用汉人的译名。习惯上又简称为“家”,非个体家庭,而是家族之意。

于凉山各地的黑彝中,并一定意义上替代了政权职能。家支制度以父系血缘关系为纽带,将凉山彝族区分为若干个相对独立的社会集团,每个人都是一个家支的成员,或者属于一定的家支。家支是用父子联名的谱系作为一根链条贯串起来的,这种谱系彝族称为"楚次"。传说黑彝是由古侯和曲涅两兄弟繁衍而来,到民主改革前,古侯系已经传了40代,曲涅系已经传了44代。由于传统婚姻制度存在着严格等级内婚和家支外婚的限制,实际的通婚需要使得家支之下的支发展到一定的代数,经过祭祖分家的仪式分成不同的家支后才被允许,因而在约20代人以前黑彝家支较少。比如阿侯家也只是古侯系中的一支,吴奇、井曲、布兹、模史四个黑彝家支原都属于阿侯家的结孜支,但由于没有经过分家仪式,因而不能互通婚姻。① 家支并没有确定的管理机构,每个家支一般都有数目不等的头人。

土司制度是元明清王朝在西南边疆或南方"蛮夷"地区实行的一种统治制度。《明史·土司传》曾记载:"迨有明踵元故事,大为恢拓,分别司郡州县,额以赋役,听我驱调,而法始备矣。然其道在于羁縻。彼大姓相擅,世积威约,而必假我爵禄,宠之以名号,乃易为统摄,故奔走唯命。然调遣日繁,急而生变,恃功怙过,侵扰益深,故历朝征发,利害各半。其要在于抚绥得人,恩威兼济,则得其死力而不足为患。"②此段论述大致概括了土司制度的基本特征和作用。傣族地区就属于较为典型的土司制度,"召片领"是西双版纳景洪傣族地区全境土地的所有者,也是政治、军事、法律上的最高统治者。"召片领"似皇帝,其亲贵如亲王,有的分封到各勐为土司,或加封原大勐领主为土司,犹如诸侯,各大勐土司又封其附属小勐的土司。"召片领"下有"四卡真"和"八卡真",相当于宰相,兼管各寨各勐的家臣则是封疆大吏,他们被称为"波郎"。以下陇(或卡马)、

---

① 中国科学院民族研究所主编:《民族研究工作的跃进》,科学出版社1958年版,第210页。

② 张廷玉等:《明史·土司传》(卷310),中华书局1974年点校本,第7981页。

火西及各寨的头人有叭、鲊、先各级,即为地方官。各勐的统治系统和性质也相似,只是因为勐小,有些官名的叫法不同而已。① 土司制度是傣族政治结构中的核心,比如在耿马县境内,共有两个土司系统,一个是耿马土司,另一个为孟定土司。在政治组织方面,以耿马土司所设置的行政、司法、军事组织系统较为完整。在耿马土司行政组织系统内,土司为行政、军事的最高首领,下面设有专由罕家氏族担任的大小老爷和以南、宋两家族为主的若干个大、中、小新爷,新爷以下则是为数众多的郎爷、圈爷、伙头。② 在村级机构中,领主是基层社会的权力核心。西双版纳勐景真(现属勐海县勐遮乡辖行政村)领主集团的核心人物为四大叭、五大波郎,大叭也兼波郎,亦是组成议事庭的主要人物,四大叭是刀庭荣(土司)、刀正荣(叭贯)、叭戛康(叭告)、叭他那翁(火西总头目)。五大波郎为召贯囡、召戛、刀正荣、叭戛康、叭他那翁。坝区有叭 16 人,鲊 24 人,先 12 人及山区布朗族头人 3 人,共 55 人。他们除管理各辖所在的村寨外,也是外事庭的组成人员。③

　　解放前,纳西族也属于土司制度治理的民族。四川省盐源县和木里县的纳日人社会中存在着司沛、责卡和俄三个等级,且各等级在居住区域上都有一定的规范,反映出了纳西族社会的政治结构。司沛等级,集中居住在土司府所在的政治中心,他们是封建制度的当权派。受他们奴役的俄等级,居住在各自主子的附近。内责卡自成村落,分布在土司府所在村落的附近地区;外责卡的住地距土司府较远,是该土司辖区的外围地区,普米族全是外责卡,住地多属高寒山区。在政治组织上,土司府的最高统治者是土司。土司一职实行父子相承,一般由嫡长继承,是辖区内的最高

　　① 中国科学院民族研究所主编:《民族研究工作的跃进》,科学出版社 1958 年版,第 254 页。
　　② 云南省编辑组、《中国少数民族社会历史调查资料丛刊》修订编辑委员会:《临沧地区傣族社会历史调查》,民族出版社 2009 年版,第 42 页。
　　③ 云南省编辑组、《中国少数民族社会历史调查资料丛刊》修订编辑委员会:《西双版纳傣族社会综合调查》(1),民族出版社 2009 年版,第 88 页。

统治者,掌握政治、军事和经济大权。土司的兄弟世袭喇嘛寺的堪布职务,掌握宗教大权。他们一家人对辖区内的属民实行政教合一的统治。土司之下设总管一人、师爷一人、管家一人、小管一人。基层实行伙头制度,一般由该村的老户世袭担任。除政权机构外,土司还设有常备队和监狱。①

在边疆民族地区,外国势力的干涉一直是西南地区社会动乱和政权分裂的重要外因。由于西南边疆与英属殖民地印度、缅甸,法属殖民地越南相邻,近代以来常为国外分裂势力所干涉。1951 年 5 月,刘格平在向政务院汇报西南访问团访问情况时强调:"帝国主义利用政治、军事、经济、文化各种手段,透过边疆地区的少数民族,侵入中国内地。"英国的"达维斯少校,在十余年间,曾五次进入云南",从事间谍活动。入侵和干涉使得边境地区部分少数民族上层政治态度"两面倒"。解放前,更有缅甸木邦土司策动云南境内各土司开会,建议成立"南诏联邦"。② 英国对西藏的入侵从清末就已经开始了,1904 年,荣赫鹏带领英国远征军,对西藏实行武力征服,焚毁和劫掠了许多喇嘛庙,屠杀了四五千西藏徒手民众。③ 1947 年,在印度新德里召开的泛亚洲会议,英国政府驻拉萨代表黎吉生公然要求西藏派代表团参加这个会议。"西藏代表"带去的藏军旗帜(雪山狮子旗)被当作"西藏国旗"与其他国家的国旗一起悬挂在会场上。会议使用的地图也把西藏标志在中国疆域之外。到了 1949 年,在黎吉生的策动下,摄政达扎·阿旺松热更是于 7 月 8 日,通过印度噶伦堡电台,通知国民政府"为防止赤化的必要措施,决定请彼等(驻藏办事处)及其眷属立即准备离藏内返"。随即驻拉萨藏军就包围了国民党政府驻藏

---

① 四川省编辑组,《中国少数民族社会历史调查资料丛刊》修订编辑委员会:《四川省纳西族社会历史调查》,民族出版社 2009 年版,第 155—156 页。

② 刘格平:《中央民族访问团访问西南各民族的总结报告》(1951 年 5 月),见《民族政策文献汇编》,人民出版社 1953 年版,第 49—50 页。

③ [英]荣赫鹏:《英国侵略西藏史》,孙照初译,西藏社会科学院资料情报研究所,1983 年,第 1 页。

办事处,没收了电台,关闭了拉萨小学,占领了测候所。最终,国民党政府驻藏办事处人员和家属以及所谓的嫌疑人员 100 多人,分三批被武装押送至中印边境,经印度海路遣返内地。① 这显然是外国干涉中国内政,严重分裂中国的政治事件。

　　解放前后的国民党军队也给原本复杂的西南政治格局增添了另一种不安定因素。西南是全国最后解放的地区之一,国民党军队利用西南地区险峻的地理条件和复杂的民族关系试图作最后的挣扎。1949 年底到1950 年初,国民党"西南军政长官公署"副长官胡宗南和"西昌警备司令"贺国光,派军统特务沈焕章到四川藏区的木里,并委任木里的卸任喇嘛项扎巴松典为"木里分区保安司令",试图拉拢少数民族上层人士,影响他们的政治倾向。② 实际上,这种委任大量存在于西南民族地区,成为中国共产党开展民族工作的重要障碍。同时,军阀战争和国民党对民族地区原有的治理实践也影响了民族地区社会的稳定,在西双版纳的纳勐景真,这种影响十分突出。1910 年,云南省西双版纳的封建官僚柯树勋进入勐遮,将景真土司骗出并囚禁,后又将其捆至流沙河边喂豹子,激起了景真族人的反抗。战斗持续了四个多月,并导致景真族人大量外逃到缅甸的景栋。之后国民党在原有"火西"制度的基础上,进行保甲编制,合五个"火西"为五个保,试图削弱土司权力。不过,由于抵抗和镇压的长期存在,景真地区政局一直动荡不安。③

　　解放前,民族地区保留的家支、土司等政治制度,一定程度上成为民族地区政治治理现代化的阻力。为了肃清外国势力和国民党在民族地区的影响,加速民族地区政治制度的现代化,组织民众和改造原有政治制度

---

　　① 西藏自治区党史资料征集委员会、西藏军区党史资料征集领导小组编:《和平解放西藏》,西藏人民出版社 1995 年版,第 2—3 页。

　　②《木里藏族自治县概况》编写组、《木里藏族自治县概况》修订本编写组编写:《四川木里藏族自治县概况》,民族出版社 2009 年版,第 53 页。

　　③ 云南省编辑组、《中国少数民族社会历史调查资料丛刊》修订编辑委员会:《西双版纳傣族社会综合调查》(1),民族出版社 2009 年版,第 88 页。

49

就成为中国共产党民族地区社会治理的重要内容。

第四节　长期形成的民族隔阂

疏通民族关系,打破民族隔阂是统一多民族国家建设的重要内容。尤其是新中国成立初期,新政权刚刚建立,加强与少数民族的联系,增强民族地区的国家认同就显得更加重要。解放以前,西南是民族交往和文化融合最为频繁的地区,不过民族与民族之间的矛盾也十分突出。加之宗教差异和文化冲突交织在一起,使得民族问题特别复杂。

由于历代统治者实行民族压迫和民族剥削的政策,使得汉族与少数民族间的民族隔阂很深。历代统治者在军事上对少数民族进行打击,在政治上强迫少数民族臣服,在经济上对少数民族实施盘剥,在文化上对少数民族逐步同化,甚至使用武力残酷镇压,这种做法一直持续到晚清和民国。比如对待西藏问题即是如此,光绪三十年(1904),清政府派凤全为驻藏帮办大臣,凤全在川北一带的藏族地区推行高压政策,采取强硬手段招募士勇开垦荒地,并从内地招徕汉族农民在巴塘地区办农场,同时建议裁减喇嘛寺僧侣人数,削弱寺庙权力。凤全庇护洋人教堂,裁抑喇嘛寺庙的做法,引起了当地藏族僧侣的不满。结果1905年,在巴塘地区首先爆发了藏族起义,杀死了凤全。随后清朝政府派赵尔丰进行武力镇压,并推行了改土归流等措施。实际上,改土归流也带有明显的民族压迫色彩,反而更加激化了原本紧张的民族矛盾。[1]

民族歧视的政策也影响了各民族间普通民众的关系,汉族普遍认为他们高少数民族一等,将少数民族称为夷、藩、蛮等,造成了各民族间的互

---

[1]　翁独健主编:《中国民族关系史纲要》(下),中国社会科学出版社2005年版,第836页。

不往来,即便有了接触也可能是冲突与争斗。在川西羌汉杂居地区,汉族对羌族充满了歧视:称羌族为"蛮子";羌族到街上卖柴,被称为"卖蛮骨头";羌族穿的麻布衣、羊皮褂,被称为"穿花生壳壳""穿羊皮褂褂";看见羌族走来,就骂是"死蛮子来了";听到羌族唱山歌,就说是"蛮子狂了"。羌族人到成都、灌县等地卖药草,汉人不让住店,理由是"死蛮子,蛮气气臭得很",还说"连冷水都要喝几碗"。① 云南省巧家县的汉人也有谚语道:"天见'蛮子',日月不明! 地见'蛮子',草木不生! 人见'蛮子',九死一生! 草见'蛮子',叶落又萎根!"②羌族对汉族也不认同,羌族普遍认为:"老鸦没有白的,汉人没有好的。"③

在各民族之间,汉彝矛盾与隔阂最为突出。新中国成立伊始,由于汉族和彝族在历史上的矛盾和隔阂,使得汉彝之间的交流和融合受到了很大限制。尤其是凉山地区,"汉人素以炎黄华胄自豪,四夷民族,即为蛮夷。而罗彝亦以曲布之子孙自傲,黄天贵胄,舍我无他。"④甚至出现了"汉到夷走"的情况。⑤ 在云南省的永胜县,"汉人称彝人为'老盘'或'盘匪',彝人下山到永胜赶街,汉人就诬以抢匪罪名,向他们要人要马,拉到县府,不分好坏就关起来。反之,汉人上山,也须找保头,否则就发生问题。"因此,彝汉之间形成了汉人不敢上山,彝人也不敢轻易下坝的局面,互相警惕,互相仇视。"彝族尤其怀恨永胜的汉人,汉人也鄙视彝人。"⑥

---

① 西南民族大学西南民族研究院:《川西北藏族羌族社会调查》,民族出版社 2008年版,第316—317页。

② 杨成志:《杨成志人类学民族学文集》,民族出版社 2003 年版,第 35 页。

③ 西南民族大学西南民族研究院:《川西北藏族羌族社会调查》,民族出版社 2008年版,第316—317页。

④ 马长寿著,李绍明、周伟洲等整理:《凉山罗彝考察报告》(上),巴蜀书社 2006 年版,第 15 页。

⑤ 王文光、龙晓燕、陈斌:《中国西南民族关系史》,中国社会科学出版社 2005 年版,第 11 页。

⑥ 云南省编辑组:《中央访问团第二团云南民族情况汇集》(上),云南民族出版社1986 年版,第 74—75 页。

曾任凉山彝族自治州州委书记处书记的伍精华曾这样描述解放前后凉山彝汉之间的关系:

> 凉山彝汉民族间的矛盾尖锐。这些矛盾主要是彝汉统治阶级出于各自利益的需要,长期不断地挑拨、相互掠夺而逐步积累下来的。历代反动统治者搞大汉族主义,宣扬"夷性犬羊""夷人畏威不怀德",经常对彝区采取征伐、剿灭的政策,残杀彝族人,掠夺彝族人财产并不断挑拨彝族内部打冤家,搞所谓的"玩夷吃夷"的勾当;而彝族奴隶主不分好坏,盲目报复,经常对汉族地区进行掠夺,抢走汉族的财产,掳走汉人来充作奴隶。彝汉统治者之间长期的战争,使相互间的仇恨根深蒂固,广大彝汉人民深受蒙蔽,也深受其害,导致两个民族之间整体性的紧张关系。彝族有句谚语:"石头不能做枕头,汉人不能当朋友。"而汉区流传着这样的口头禅:"见蛮不杀三分罪""蛮子当不得官,猪毛赶不上毡"。"蛮""蛮子"是对彝族的侮辱性称呼。①

彝族和汉族之间的紧张关系,使得两个民族不能正常往来,没有人担保不能随便进入对方控制区域。彝族人到汉区,常常被杀,在冕宁县城的西门和西昌的城门口不时会挂起彝族人的头颅和串耳示众。同样,外来人进入彝区也相当危险。没有人担保,贸然进入,就会被杀或者掳作奴隶。清朝宣统年间,有一个叫巴尔克的英国传教士,带了一两个人进入凉山的核心地带牛牛坝(位于现在的美姑县),不久就被彝人杀死,还牵动了外交,这就是清末著名的"巴尔克事件"。② 因此,在进入彝区前,外人都要出钱请保头,并与保头杀鸡宰牛发誓,双方饮血酒为盟。民族学家林

① 伍精华:《我们是这样走过来的》,民族出版社2002年版,第19页。
② 李绍明:《大小凉山之彝族奴隶社会》,《当代史资料》2003年第4期。

耀华在进入大凉山时,就与里区打吉商量,请他为保头,一路护送入山,并由雷波县县长李开第在县府主持仪式,由双方当事人到场行礼,方才入山。①

在汉族与苗族之间,这种冲突也十分明显,并成为苗族贫困的重要原因。解放前,苗族封建经济并不发达。在地权分配中,土地占有相对分散,雇佣关系较之租佃关系明显占优,自耕农占据很大的比例,大部分苗农处于绝对贫困之中。这种结论与传统的革命范式迥然不同,苗疆土地占有不再严重集中,苗族内部的阶级矛盾不再尖锐,正如研究者所言,中国主佃关系可概括为"有剥削而无尖锐斗争"。② 那么苗家贫困的根源是什么? 苗族大量的土司残余和外族地主的民族压迫才是最主要原因。在云南省金平县,据20世纪50年代对金平第一区(今城关、十里村区)部分村寨的调查表明,土地主要为土司所有,大量的水田被土司及其直系家族、外戚、寨官、爪牙亲信以领地、职田等形式占有,广大农民成为土司的永佃户。在猛拉坝的新勐村,占总人口12%的土司和直系家属,占有水田总面积的61.7%;占总人口17%的外戚、臣属和爪牙,占有水田总面积的24.3%;占总人口71%的农民仅占水田总面积的9.4%。③ 彝族汉族地主势力庞大,尤其在苗族杂居区,杂居苗族占有极小量土地的农民都很少,无地的佃农在80%以上。④ 四川省古兰县麻城乡寨和东园两村,共有苗族63户(佃耕中农10户,佃耕贫农53户),占全村总户数的26%,全部佃耕汉族地主的土地。⑤ 因而很多地区用"老鸦无树桩,苗族无地方"的

---

① 林耀华:《凉山夷家》,云南人民出版社2003年版,第111页。

② 李金铮:《20年来中国近代乡村经济史研究的新探索》,《历史研究》2003年第4期。

③ 金平县概况编写组:《金平苗族瑶族傣族自治县概况》,云南民族出版社1990年版,第51页。

④ 费孝通等:《贵州苗族调查资料》,贵州大学出版社2009年版,第263页。

⑤ 《中国少数民族社会历史调查资料丛刊》修订编辑委员会编:《四川省苗族傈僳族傣族白族满族社会历史调查》,民族出版社2009年版,第5页。

谚语来形容苗族农民的无地生活。费孝通也认为,是"汉族封建势力罩住了苗族,汉人地主有着政治权力压迫着苗族,使苗族本身不易生长出地主阶级"①。实际上,这种民族压迫也造就了苗农胆小的性格。民国时期到贵州的游玩者这样描写苗人,"路上和我们迎头走来的苗民,望见我们也都远远地躲在一旁。苗民们胆子都是特别小,望见几个服装特别的人,总以为这定是什么长官大老爷到来,心里免不了有些害怕"。② 也正因为如此,苗人历史上的武装反抗才如此频繁。"当苗家农民经济势力上升到一定程度","也就发生了武装起义。""经过一度战争后,苗族又被屠杀,土地又被霸占。"贵州流行着一句话:"苗族三十年一次小反,六十年一次大反。"这或许正是民族压迫和隔阂的无奈之举。

民族之间矛盾和隔阂的直接后果就是少数民族对以汉族为主体新生政权的冷漠,甚至是敌视,特别是代表民族地区政治权威的少数民族上层,这种民族认同和国家认同的冲突更加明显,从而给新生政权的稳定和改造带来巨大的考验。

---

① 费孝通等:《贵州苗族调查资料》,贵州大学出版社 2009 年版,第 9 页。
② 薛绍铭:《黔滇川旅行记》,中华书局 1937 年版,第 34 页。

第三章　农村社会组织化的推进

社会组织化指的是将社会成员纳入组织体系或网络之中的过程。早在革命战争年代，中国共产党就拥有了无比强大的组织化水平。[①] 新中国成立以后，中国共产党对民族地区农村社会最先着手的就是社会组织化建设，新政权将高效的政治技术运用到社会建设之中，把民族地区农村社会的组织机构、干部群体、普通民众都纳入组织化体系之中，并建立起了以执政党为轴心的全新网络体系。

第一节　农村政权组织模式的变迁

以 1949 年底西南战役的结束为起点，大西南农村的组织建设正式拉开序幕。对汉族地区来说，农村政权组织建设意味着农民在政治上的翻身、经济上的自主，意味着原有的社会组织架构的根本性改变，更意味着社会结构和社会关系的变动。而对于民族地区而言，这种变化呈现出多样性的特点。根据西南地区的实际情况，又可分为四种类型：第一类是与汉族相同或相似地区，这些地区基本采取了与汉族地区相似的政权建设

---

① 师晓霞：《中国共产党执政期间执政党与社会关系研究》，人民日报出版社 2010 年版，第 62 页。

方式,政权建设的阶级因素程度高;第二类是封建农奴制地区,比如四川省藏族、彝族,这类地区由于地方势力强大,农村政权建设遇到一定阻力;第三类是地处边疆的封建领主制地区,比如傣族、哈尼族地区,这些地区的政权建设多通过和平协商方式进行;第四类是尚处于原始公社末期的民族地区,包括云南省的景颇族、傈僳族、独龙族、怒族、布朗族、佤族、基洛族、德昂族等,这些民族基本还没有进入阶级社会,基层政权建设亦比较顺利。虽然以上四种类型的农村政权组织建设呈现出了不同的特点,但基本线索和发展方向却相对一致,即民族地区农村社会治理的组织化推进是以成立农协和划乡建政的重建政治权威为起点,经历了民族民主联合政府和自治县、民族乡建设,"大跃进"后基层政权结构几经变化最终建立了"政社合一"的人民公社制度。

一、成立农协、划乡建政与重建政治权威

对于西南民族地区农村而言,中共政权基本上是从外部揳入的。面对原有的少数民族,中共需要通过政治动员来实现民族地区政治权威的重建。这种政治动员是执政党为了"获取资源(在这里是指人的资源)来为政治权威服务的过程",它需要"以一定的社会经济发展水平为基础","通过广泛的面对面的接触而推行自己的纲领"。[1] 进而实现政治上参与的"亲自参与"和"自发参与"[2]。农民协会和划乡建政就是新中国成立初期西南民族地区政治动员背景下农村基层政权建设的最早探索。

当人民解放军以磅礴之势解放了大西南以后,西南民族地区即开始建立农村中的政权机构——农民协会,以打破和代替原有的乡村政权组织。四川解放以后,苗族聚居区的叙永、古兰、古宋以及其他各县先后建立了县、区、乡农民协会和自卫队、儿童团、妇女会等群众组织。在此过程

---

[1] [美]詹姆斯·R.汤森、布兰特拉·沃马克:《中国政治》,顾速、董方译,江苏人民出版社 2003 年版,第 77 页。

[2] [美]萨托利:《民主新论》,冯克利、阎克文译,东方出版社 1993 年版,第 121 页。

中,苗族农民表现出了极大的热情,例如叙永县41977名农协会员中苗族就有5630人,占会员总数的13%以上,而苗族总人口也不过占全县总人口的4.8%左右。在7582名自卫队员中也有苗民816人,占总数的10.76%左右。苗族农民中还有94人分别担任了自卫队的中队长和分队长。① 在叙永县农民协会的领导骨干中,也有大量苗族农民参加。一般情况下,乡农民协会设有主席1人,副主席3人,文书1人,并设办公室、组织部、生产部、武装部、宣传部、青年部、妇女部、文教部等机构。在文化乡,乡农民协会代表共33人,其中苗族15人,占有近一半的人数。在村级机构中,也相应地设有正、副主席(各1人),如果在苗族村,村农协主席一般由苗族担任,文化乡5个村10个主席中有苗族4人,10名分队长中有苗族5人,95名自卫队员中有苗族40人。② 云南省屏边县也同样建立了农协组织,在保持社会稳定的基础上,屏边县根据民族习惯和实际条件,在桂良、冲头二乡之下设立了居民小组,牛塘、独甸、梁子三个乡下设间(古代二十五家为一间),各设组长、间长;瑶山、白岩两乡之下设农协委员会,其下又分设农协大会、小组。③ 在以布依族苗族为主体的黔南州,农协组织的建设速度也很快。1950年6月,就建立了贵定县农民协会筹备委员会。至9月底,全县共有农协会员12100人,自卫队员400人,并召开了贵定县农民代表大会。④ 惠水县于1950年7月在和平镇建立了农民协会组织。到年底,全县发展农民协会会员58241人,县和3个区12个乡分别建立筹备委员会。1951年底,全县有5个区16个乡建立

① 四川省编辑组、《中国少数民族社会历史调查资料丛刊》修订编辑委员会:《四川省苗族傈僳族傣族白族满洲社会历史调查》,民族出版社2009年版,第10页。

② 四川省编辑组、《中国少数民族社会历史调查资料丛刊》修订编辑委员会:《四川省苗族傈僳族傣族白族满洲社会历史调查》,民族出版社2009年版,第10页。

③ 云南省编辑组、《中国少数民族社会历史调查资料丛刊》修订编辑委员会:《云南苗族瑶族社会历史调查》,民族出版社2009年版,第122页。

④ 中共贵定县委组织部、中共贵定县委党史研究室、贵定县档案馆:《中国共产党贵州省贵定县组织史料(1935—1987)》,内部资料,1992年,第539—540页。

了区、乡农民协会,163 个村(保)建立了基层农民协会,会员发展到67420 人。①

从性质和功能上看,新中国成立初期的农民协会已经不同于解放前的贫农团、翻身委员会等农民组织,尤其在民族地区,其统战意义更加重大。参加农民协会的组成人员有着明确的规定,不仅强调中农参加农民协会领导层的数量,"规定各级农民协会领导成员中二分之一的数目由中农挑选"②,而且地主家庭出身的知识分子也能加入到农民协会中,他们中的有些人还可以成为农民运动的干部。③ 不过,随着国家权力的逐步巩固和治理体系的日臻完善,农民协会所行使的基层政治、经济、社会权力的职能逐渐被取代。随着划乡建政的推行,农村基层政权开始向乡村治理的现代化迈进。

早在 1949 年的《共同纲领》中就明确规定:"人民行使政权的机关为各级人民代表大会和各级人民政府。各级人民代表大会用普选的方法产生。"④新中国刚刚成立,中国共产党就已打算在全国农村建设乡级的政府机构,农民协会只是一种过渡的组织形式。内务部部长谢觉哉指出,"由农民代表会选出乡人民政府委员会,先打下民主政治的基础,以便逐渐过渡到乡人民代表大会选出乡人民政府委员会"。⑤ 1952 年,中共中央中南局民政部部长郑邵文在《关于民主建政工作的报告》中也强调:"乡的人民代表会议,应该在农民代表大会基础之上扩大其代表性和广泛性,它应包含农民代表会所没有包括的农村中属于四大阶级的代表人

---

① 中共惠水县委组织部、中共惠水县委党史研究室、惠水县档案馆:《中国共产党贵州省惠水县组织史料(1935—1987)》,内部资料,1992 年,第 527 页。

② 中共中央文献研究室编:《建国以来重要文献选编》(第 1 册),中央文献出版社1992 年版,第 304 页。

③ 《关于农民协会组织通则的几点解释》,《人民日报》1950 年 7 月 16 日。

④ 中共中央文献研究室编:《建国以来重要文献选编》(第 1 册),中央文献出版社1992 年版,第 4 页。

⑤ 谢觉哉:《关于人民民主建设工作报告》,《新华月报》1951 年第 6 期(总第 12 期)。

物。这样，乡人民代表会议的民主性和代表性，就可以大大高于农民代表会，加强乡政权的工作，是目前农民协会的任务。”①

川西隆兴乡就是一个典型事例。1952年，结合土改的复查，隆兴乡重点讨论了新划乡镇的地界、名称以及各新划乡镇临时委员会的委员名单，以及各乡镇分编居民小组、选举、建政等问题。在划乡和分编居民小组中，因隆兴乡只有龙潭寺一个镇，人口为2600人，故单设龙潭寺为镇人民政府，其余14个村，以龙潭寺镇为中心，根据人口和地形，划为四个乡。每个乡包括原来的3—4个村，直径均不超过8里，人口最少的乡有5800人，最多的乡有6100人，以各乡距龙潭寺镇最近的原村办公处为乡政府所在地，赶场即可顺便到乡政府办事。② 在乡级以下设有联组、小组、院落、户数等，规定小组所属户数一般不得超过25户或少于15户，大组所属小组最多不超过8个，具体为小组所属户数一般在20户上下，平均包括4—5个院落，大组所属小组最多为7个，最少为4个，一般为5—6个，各乡所属大组少则11个，多则13个，所辖小组少则63个，多者65个。③ 划乡之后，兴隆的行政组织层级就包括乡、大组、小组、户四级。

其实，这只是新中国成立初期多次划乡中的一次，当时的行政区划变动十分频繁。比如凉山地区的德昌县，1950年4月，将刚刚解放的一镇（城厢）、阿月、麻栗、六所、小高、慈博、榜兴（挂榜）、草塘（堂）、迷易（撒莲）、普威等10乡划为城关、巴洞、乐跃、迷易4个区。1951年5月，经西康区党委批准，将迷易区所辖的普威、草堂、榜兴、撒莲4个乡与会理的潘莲区划出合并成立迷易县。1951年11月到1952年4月，管辖的铁炉、大湾、马鞍、前山、大山、大陆、顺河、丹桂8个民族乡成立了熀尢、龙窝两个

---

① 郑邵文：《关于民主建政工作的报告》，《中南政报》1952年第43期。

② 《川西隆兴乡实验划乡建政的经验介绍》（1952年1月12日），《西南工作》1952年第85期。

③ 《川西隆兴乡实验划乡建政的经验介绍》（1952年1月12日），《西南工作》1952年第85期。

彝族自治区,并在六所进行划乡建政的试点。① 频繁变动的行政建制和辖区,说明中共对基层政权的建设还在探索之中,他们正努力寻找国家权力贯彻和政权组织化的最佳渠道。

建政与划乡紧密相连。划乡的过程,就是乡村政权向现代化道路探索的过程,即在西南民族地区逐渐建立起一套比较完整的乡村政权组织架构,其中最重要的就是各级人民代表会议和基层政府的成立。在羌族聚居区的四川省雁门乡,1951年成立了乡联合政府,该乡包括6个行政村,9个自然村,自然村下设有居民小组。同年,一、四两个村成为减租保佃的试点。此时农民协会仍然存在,它是农民革命的群众组织,与乡联合政府共同发挥作用。② 四川省秀山县的兴隆乡(少数民族以苗族为主),也是乡村人民政权与农民协会共同发挥作用。1950年经群众大会推选了伍胜杨(汉族)为乡长,潭清堂(汉族)为农会主席,石维昌(苗族、贫农,后为副乡长)为生产委员,石维汉(苗族、贫农,后为梅江区区长)为武装队长。在乡级政权建立以后,苗汉杂居的晏龙村也成立了村政权,群众推举杨秀国、刘开碧(汉族、中农)为正、副村长,石维昌(苗族)、杨秀全(汉族)为正、副主席,石维汉为村民兵队长。③ 在建政中,大量少数民族参加到各级人民代表会议中。1950年,在叙永县召开的第一届各族各界人民代表会议中,422名代表即有22名苗族代表,占总数的5%以上。古兰、古宋的第一次"各代会"也有18名苗族代表。此外,还有大量苗民被吸收到政府中工作。④

伴随着划乡建政的推进,西南民族地区逐渐建立起了一整套和汉族

---

① 中共德昌县委组织部、中共德昌县委党史研究室、德昌县档案局:《中国共产党四川省德昌县组织史资料(1950.3—1987.10)》,内部资料,1994年,第111页。

② 四川省编辑组、《中国少数民族社会历史调查资料丛刊》修订编辑委员会:《羌族社会历史调查》,民族出版社2009年版,第66页。

③ 四川省编辑组、《中国少数民族社会历史调查资料丛刊》修订编辑委员会:《四川省苗族傈僳族傣族白族满洲社会历史调查》,民族出版社2009年版,第143页。

④ 四川省编辑组、《中国少数民族社会历史调查资料丛刊》修订编辑委员会:《四川省苗族傈僳族傣族白族满洲社会历史调查》,民族出版社2009年版,第10页。

地区基本相似的政权组织形式,比如在川西兴隆乡人民政府之下,根据需要设立了治安保卫、生产建设、文教卫生、优抚、公产管理等5个委员会。① 这种委员会实行的是民主集中的领导体制,遇到重大问题时,需在乡长的召集下进行讨论,实行少数服从多数的原则。在划乡建政中,民族因素被充分考虑。在少数民族聚居区,中共特意增加了少数民族上层人士在政府中的比重。峨边县就安置了大量的彝族上层,据1954年统计,有任职专区民委副主任2人,专区民委委员2人,副县长2人,科长1人,正副区长4人,正副乡长21人。② 需要说明的是,划乡建政并不是孤立的事件,其与同步进行的土地改革交织在一起,正如谢觉哉在第一届全国民政会议上所言:"我们不要把土地改革与建政打成两级,那样将走弯路、费力多,而应该是土地改革过程中即建政过程。"③

二、从民族民主联合政府到民族乡

新中国成立初期,中国共产党在民族地区推行的基层政权形式是民族民主联合政府,④这项政策的发端就是在西南地区。从1950年4月3日中共中央颁布的《中共中央关于在民族杂居地区成立民族民主联合政

---

① 《川西隆兴乡实验划乡建政的经验介绍》(1952年1月12日),《西南工作》1952年第85期。

② 《峨边彝族自治县概况》编写组:《峨边彝族自治县概况》,四川民族出版社1989年版,第51页。

③ 谢觉哉:《关于人民民主建设工作报告》,《新华月报》1951年第6期(总第12期)。

④ 中共中央对建立民族民主联合政府的地区进行严格的规定,下列地区得建立民族民主联合政府:(一)境内汉族人口占绝对多数,但少数民族人口达总人口数量百分之十以上的省(行署)、市、专区、县、区和乡(村);(二)少数民族人口不达境内总人口数量百分之十,但民族关系显著,对行政发生多方面影响的省(行署)、市、专区、县、区和乡(村);(三)两个以上少数民族杂居,但未实行联合自治的地区;(四)民族自治区内汉族居民特别多的地区;(五)其他因特殊情况,经大行政区人民政府或中央人民政府政务院认可,有必要建立民族民主联合政府的地区。见《中央人民政府政务院关于地方民族民主联合政府实施办法的决定》(1952年2月22日政务院第125次政务会议通过),《人民日报》1952年8月14日。

府的指示》中可以看出,此份文件主要是针对西南地区的基层政权建设提出的。文件指出:"西南汉族与藏、苗、彝等族杂居的专区和县的各级政府,若当地少数民族占多数时,原则上应按各民族人口比例,分配当地政府委员会及人民代表会议的名额,大量吸收少数民族中能够和我们合作的人参加政府工作。若当地少数民族占少数时,各少数民族在当地政府机关中均应有相当名额的代表。"并强调:"政府凡在处理关涉到少数民族的工作问题时,必须和少数民族的委员充分协商,力求取得他们的同意,然后做出决定。"①1951 年 2 月 24 日,在西南军政委员会第二次全体委员会议上,正式批准了西南民族事务委员会提出的《关于西南少数民族地区实行区域自治及建立民族联合政权的意见》。② 3 月 28 日,邓小平在转批康定地委工作情况的报告时,充分肯定了少数民族地区或民族杂居地区建立区域自治或联合政府的重要性。他认为:"康定区因为建立了自治区人民政府,不但团结了藏族,而且各种工作都进行得比较顺利,这个经验在有少数民族的地区必须加以重视。"③到 1952 年 2 月,中共中央正式规范了民族民主联合政府的实施办法,强调:"建立地方民族民主联合政府的目的,是为了保障少数民族在地方政权中的平等权利。至于人民政府的称号,则无需因此加以改变。"④随后民族民主联合政府在西南地区得到大力贯彻和推广。截至 1952 年 9 月,西南区除西藏外的 1200 多万人口中,广泛成立了民族民主联合政府,合计有专区级别的 12 个,县

---

① 《中共中央关于在民族杂居地区成立民族民主联合政府的指示》(1950 年 4 月 3 日),见中共中央文献研究室编:《建国以来重要文献选编》(第 1 册),中央文献出版社 1992 年版,第 170—171 页。

② 《当代中国的民族工作》编辑部:《当代中国民族工作大事记》(1949—1988),民族出版社 1989 年版,第 18 页。

③ 《在少数民族地区建立区域自治或联合政府的经验必须加以重视》(1951 年 3 月 28 日),见《邓小平西南工作文集》,重庆出版社 2006 年版,第 355 页。

④ 《中央人民政府政务院关于地方民族民主联合政府实施办法的决定》(1952 年 2 月 22 日政务院第 125 次政务会议通过),《人民日报》1952 年 8 月 14 日。

级的 71 个,区级的 57 个,乡级的 241 个。①

在贵州省,1950 年 12 月 9 日,贵州省人民政府第八次行政会议上通过了《关于少数民族地区工作的指示》,决定在民族杂居的地区成立各级民族民主联合政府,试行民族区域自治。② 1951 年 2 月召开的民族工作会议,明确了建立民族民主政权的具体步骤,重点在专区、县级建立民族民主联合政府,区、乡建立民族区域自治,以此创造经验,开展民族民主建政工作。随着少数民族干部的培养,各地组织力量不断加强,民族民主联合政府在全省范围内广泛建立起来,1951 年先后建立了 5 个专区、30 个县、3 个区、1 个镇的民族民主联合政府,占政府机构总数的 24%以上。在各县联合政府委员中,少数民族委员占总数的 36.8%,并拥有 4 个副专员、2 个县长、14 个副县长。到 1952 年下半年,贵州省已经建立了镇宁县担山彝族自治区、龙里县羊场苗族彝族自治区等 12 个县、39 个区的民族民主联合政府。③ 在各级民族民主联合政府建设中,贵州少数民族民众被广泛动员起来。

在云南省,1951 年 4 月 10 日,中共云南省委发出《关于目前少数民族工作问题的指示》,认为:“关于在少数民族地区组织联合政府或实行区域自治问题,应当愈早愈好。”④同年 6 月 10 日,中共云南省人民政府颁发《云南省少数民族地区各级政权机构组织暂行条例》(草案),要求在全省范围内进行民族民主建政工作。至 1954 年 8 月,云南全省共建立了各级民族民主联合政府 524 个,其中专区级 6 个,县级 22 个,市级 1 个,

---

① 王德茂:《西南区三年来民族建政的成就》(1952 年 9 月 27 日),见《西南区三年来工作的成就》,西南人民出版社 1952 年版,第 80 页。

② 《布依族简史》编写组编写:《布依族简史》(修订本),民族出版社 2008 年版,第 156—157 页。

③ 贵州省地方志编纂委员会编:《贵州省志·民族志》(下),贵州民族出版社 2002 年版,第 916—917 页。

④ 云南省民族事务委员会编:《云南民族工作大事记》(1949—2007),云南民族出版社 2008 年版,第 11 页。

区级 23 个,乡级 477 个。①

  在西康和四川省,民族民主联合政府建设同样迅速。到 1953 年 3 月,西康省就有县级的联合政府 12 个,分别为西昌专区的西昌、冕宁、越嵩、德昌、会东、会理、米易、金矿、宁南、盐边、盐源等 11 个县,以及藏族自治区的泸定县。② 古兰县于 1953 年先后在该县第二区马地,第三区高笠、碧水,第五区石宝,第六区马嘶、纳羊、吉星、大坪,第十五区坛厂、石坝、水潦、白沙,第十六区黄泥等 19 个乡建立了民族民主联合政府。珙县于 1952 年 9 月 17 日至 21 日,召开该县第二次各界人民代表会议,决定在罗渡、玉和、陈泗、大坪、洛亥 5 个乡建立了民族民主联合政府。1953 年 7 月,珙县率先成立了罗渡乡民族民主联合政府,出席成立大会的人民代表共 43 人,其中苗族 14 人;选出政府成员 18 人,其中苗族 4 人。1954 年 1 月,又成立了玉和乡民族民主联合政府,出席成立大会的代表共 26 人,其中苗族 10 人;选出政府成员 18 人,其中苗族 3 人。新中国成立初期,川南苗区先后建立了 56 个民族民主联合政府。③

  在建立民族民主联合政府的同时,西南民族地区同时进行了民族自治区建设。截至 1952 年 9 月,西南区除西藏外的 1200 多万人口中,广泛成立了民族自治区,有专区级别的 2 个,县级的 9 个,区级的 15 个,乡级的 96 个。④ 在云南,1951 年 5 月 12 日成立了峨山彝族自治县。1951 年到 1958 年,西双版纳傣族自治州、德宏傣族景颇族自治州、文山壮族苗族自治州、楚雄彝族自治州等 8 个自治州先后成立。20 世纪 50 年代先后成立了峨边、澜沧、江城、孟连、路南、西盟、耿马、宁蒗、贡山、巍山等 10 个

① 杨林兴:《云南民族区域自治制度的建立》,《昆明党史》2011 年第 2 期。
② 《我省少数民族地区建政情况》(1953 年 3 月 21 日),四川省档案馆:建康 17—13。
③ 《四川苗族志》编委会编:《四川苗族志》,巴蜀书社 2009 年版,第 117 页。
④ 王德茂:《西南区三年来民族建政的成就》(1952 年 9 月 27 日),见《西南区三年来工作的成就》,西南人民出版社 1952 年版,第 80 页。

自治县;60年代初,河口、屏边、沧源、丽山、南涧等5个自治县成立。① 在贵州,1952年下半年建立了炉山苗族自治区、惠水彝族苗族自治区、丹寨苗族自治区3个县级自治区。② 在西康和四川,1950年11月至1953年2月先后在康定、昭觉、茂县凤仪镇和苦巴店分别建立了西康省藏区自治区(后改为甘孜藏族自治州)、西康省凉山彝族自治区(后改为凉山彝族自治州)、西康省藏区自治区(后改为阿坝藏族自治州)、西康省木里藏族自治州(后改为木里藏族自治县)。③ 其中专区级的民族自治区有两个,一个是西康省藏族自治区,1950年12月建立,人口有54万余人,其中藏族占80%以上,另有少数的汉族、回族和彝族;另一个是凉山彝族自治区,1952年10月建立,人口约有80万,其中彝族约有76万人。还有1个县级民族自治区,即西昌专区的木里藏族自治区,建立于1953年2月,人口约10万人,内有藏、汉、彝、苗、布依、傈僳等民族。④ 这些自治州、自治县的第一次人代会,少数民族代表占有代表总数都在三分之二左右。少数民族的广泛参与,是保障少数民族参政权和决策权均等化的基础。

随着民族地区政权建设的不断巩固与发展,民族乡随即被提出和确定下来。1954年9月召开的第一届全国人民代表大会,通过了新中国第一部宪法。考虑到县以下少数民族聚居的区和乡(镇)因为地域太小和人口太少,实际上无法享受和行使宪法赋予的民族区域自治权利。因此宪法规定,把民族自治地方划分为自治区、自治州、自治县三级,县下面设立民族乡。随后建立民族乡,更改原来民主联合政府和相当于区的民族自治区成为政权组织化探索的必然。1955年12月,国务院总理周恩来

---

① 云南省地方志编纂委员会编:《云南省志·民族志》(第61卷),云南人民出版社2002年版,第813页。
② 贵州省地方志编纂委员会编:《贵州省志·民族志》(下),贵州民族出版社2002年版,第917页。
③ 四川省地方志编纂委员会编:《四川省志·民族志》,四川人民出版社2000年版,第25—26页。
④ 《我省少数民族地区建政情况》(1953年3月21日),四川省档案馆:建康17—13。

同时签发三份关于民族地区基层政权建设的文件,即《国务院关于改变地方民族民主联合政府的指示》《国务院关于建立民族乡若干问题的指示》,以及《国务院关于更改相当于区的民族自治区的指示》,基本上确立了民族地区自治区、自治州、自治县、民族乡的政权架构体系。在《国务院关于改变地方民族民主联合政府的指示》中决定:"对于过去建立民族民主联合政府的县和乡,应该根据中华人民共和国宪法规定,适当建立自治县和民族乡的,改建自治县和民族乡;不适当建立自治县和民族乡的,应该依照中华人民共和国地方各级人民代表大会和地方各级人民委员会组织法的规定,改为一般县和乡。""对于过去建立民族民主联合政府的专区和区,应该根据中华人民共和国宪法规定,适合建立自治州和自治县的,改建自治州和自治县;不适合建立自治州和自治县的,应该将专区和区的民族民主联合政府改为专员公署和区公所,所谓省和县人民委员会的派出机构。"①在《国务院关于建立民族乡若干问题的指示》中决定:"凡是相当于乡的少数民族聚居地方,应该建立民族乡,凡是过去建立的相当于乡的民族自治区,应该改为民族乡。"②在《国务院关于更改相当于区的民族自治区的指示》中决定:"新中国成立以后,在建立相当于县及县以上的民族自治区的同时,也建立了 106 个相当于区的民族自治区和许多相当于乡的民族自治区。""过去建立的相当于区的和相当于乡的民族自治区必须给予更改。"③

此后,20 世纪 50 年代前期建立的相当于县属区、乡的自治区,符合建立自治县条件的改建为自治县,不具备建立自治县条件的自治区改建为民族乡,相当于乡的民族自治区一般统一改建为民族乡,同时也有同一

---

① 周恩来:《国务院关于改变地方民族民主联合政府的指示》(1955 年 12 月 29 日),《中华人民共和国国务院公报》1956 年第 1 期。
② 周恩来:《国务院关于建立民族乡若干问题的指示》(1955 年 12 月 29 日),《中华人民共和国国务院公报》1956 年第 1 期。
③ 周恩来:《国务院关于更改相当于区的民族自治区的指示》(1955 年 12 月 29 日),《中华人民共和国国务院公报》1956 年第 1 期。

民族自治州、自治县的相当于区、乡的民族自治区并入到这些自治州和自治县之中。从1956年建立民族乡开始，到1958年全国共改建和新建民族乡1300多个，这一时期也成为民族乡发展的黄金时期之一。① 在基层的实践中，民族乡的推广工作也比较顺利。四川省雁门乡土改后不久就成立了羌族乡，1954年8月，在土改斗争中涌现出来的积极分子被选为乡人民代表，并召开了乡"人代会"。同年12月，汶川县雁门羌族乡正式成立，民族乡人民委员会下设治安保卫委员会、生产合作委员会、民政委员会、护林委员会等组织，协助乡人委处理日常事务。乡人委委员中80%是羌族，多数是在土改中立场坚定、能联系群众，并有一定办事能力的劳动者。乡人委下面有行政村，一般一个行政村管辖相邻的几个寨子，行政村的村长亦由群众选举产生。②

其实，各级自治区改为自治州、自治县或民族乡，或者是合并于邻近的自治州、自治县，不仅是名称的改变和调整，也是民族自治地区政权建设走向完善的重要举措。这种转变不仅有利于民族自治地区的自治机关更有效地行使自治权，而且是民族地区政权建设迈向民主化的重要一步，初步改善了民族自治地区称谓和等级混乱的状况。1952年前后的民族民主联合政府和民族自治区，到1954年《中华人民共和国宪法》所形成的自治区、自治州、自治县和民族乡的行政体系，民族地区基层政权治理体系不断完善和发展。

三、公社化时期基层政权的治理模式

1956年底，少数民族地区的农业社会主义改造基本完成，其方式与汉族地区基本相同，大多经历了从互助组、初级社到高级社的发展过程。为了照顾民族地区杂居的特点，不少地区还建立了两个或者两个以上民

---

① 沈林:《中国的民族乡》，民族出版社2001年版，第54页。

② 四川省编辑组、《中国少数民族社会历史调查资料丛刊》修订编辑委员会:《羌族社会历史调查》，民族出版社2009年版，第67页。

族参加的民族联合社。这样,民族地区就基本上建立起了治理模式高度集中的人民公社制度。人民公社的政社合一体制,实际上是在社会一体化的基础上将国家行政权力和社会权力高度统一的基层政权形式。① 毫无疑问,人民公社制度在执政成本和管理成本上是巨大的,但由于人民公社从制度上保证了农村社会的长期稳定,于国家和农民之间建立起了一道中间层——公社,使得原本国家和农民的冲突逐步递减,这样无疑就弱化了国家与个体农民之间的矛盾和冲突。美国学者珀金斯也在一定程度上肯定了这种高度集中的治理模式。他认为,公社化时期由于"严格的控制,特别是有效率的配给制度","能最大限度减轻自然灾害给农村居民所带来的灾难,从而也使政权获得最为稳定的支持。"②考虑到20世纪50年代末期民族地区的公社化制度已与汉族地区大致相同,此判断也基本适用于西南民族地区。

从1957年下半年和1958年的少数民族地区整风运动以及反对地方民族主义运动开始,包括持续发动的"大跃进"和人民公社化运动,引发了少数民族地区对于能不能走社会主义道路,能不能建设社会主义,能不能发动"大跃进"的广泛讨论。1958年9月下旬,在广西壮族自治区三江侗族自治县举行的全国民族工作现场观摩会议,就是此类问题的大辩论。在中共中央统战部和中央民族事务委员的支持下,会议批判了民族工作中所谓的"右倾保守思想",其目的就是进一步推动民族地区的"大跃进"和人民公社化运动。之后这种辩论的方式在许多地方都得到推广,广西的地方领导强调:"整风中采取的社会主义大辩论的方法不仅较先进的少数民族(如壮族、侗族)地区可以使用,在较落后的少数民族地区(如大

---

① 徐国普:《人民公社时期乡村权力结构的特征极其影响》,《江汉论坛》2004年第7期。

② [美]珀金斯:《中国农业的发展(1368—1968年)》,宋海文等译,上海译文出版社1984年版,第214—216页。

瑶寨是我区少数民族地区中较落后的部分)也可以使用。"①实际上,这次辩论对民族地区"特殊论""落后论""条件论""渐进论"的批判,改变了新中国成立初期中国共产党对民族地区"慎重稳进"的治理理念,造成了"大跃进"思想在民族地区的泛滥。

民族地区的政权建设同样受到摧残,民族乡在人民公社化运动中,一般通过以下几种方式被改变:一是撤销民族乡、民族镇直接改变为人民公社;二是撤销民族乡并入相邻的人民公社,把民族乡改变为大队;三是撤销民族乡,将原来的民族乡一分为二或者更多的人民公社;四是两个或两个以上的民族乡合并建立人民公社,撤销原来的民族乡;五是撤销民族乡建立人民公社,在人民公社前冠以民族名称。不管怎么样,民族乡在"大跃进"和公社化运动中消失了。② 比如凉山地区的德昌县把煌尤区马鞍乡作为民族地区公社化运动的试点,建立了友谊人民公社。之后,直属民族乡接连并入到公社之中。③ 云南文山专区到 1958 年 3 月,有民族乡 59 个,其中瑶族乡 15 个、仆族(彝族)乡 14 个、保族(彝族)乡 6 个、彝族乡 10 个、回族乡 2 个、都匀族(1993 年以后归布依族)1 个、民族联合乡 11 个(公社化后被取消),这些民族乡都在公社化运动中被合并。④

"大跃进"和人民公社化运动之后,国家进入调整时期。这期间,中共中央也开始反思"大跃进"时期民族政策的失误,检讨因违反民族政策所造成的紧张的民族关系。1961 年 7 月 11 日到 8 月 4 日,中共中央西北局在兰州召开了西北地区第一次民族工作会议,会议决定,"大力恢复和

① 《林克武同志在自治区党委统战部召开的民族工作桂林现场会议上的发言》(1958 年 5 月 31 日),见广西壮族自治区民族事务委员会、广西壮族自治区档案局:《广西民族工作档案选编(1950—1965)》(上),内部资料,1998 年,第 133 页。
② 沈林:《中国的民族乡》,民族出版社 2001 年版,第 56 页。
③ 中共德昌县委组织部、中共德昌县委党史研究室、德昌县档案局:《中国共产党四川省德昌县组织史资料(1950.3—1987.10)》,内部资料,1994 年,第 111 页。
④ 《文山壮族苗族自治州概况》修订本编写组:《文山壮族苗族自治州概况》,民族出版社 2008 年版,第 113 页。

发展畜牧业生产,安定社会秩序,纠正平调错误并彻底退赔"。① 涉及民族地区农村基层政权建设的是 1962 年的《关于民族会议的报告》,1962 年 4 月 21 日,中共中央召开民族工作会议,集中讨论多项基层政权的问题。一是已经撤销、合并了的自治地方的处理。1958 年之后,"被撤销、合并了的自治县共有十个;自治州也由专署代管或同专署、行署合署办公","少数民族人民和干部,对这种做法很不满意"。二是建立自治地方的问题。云南的沧源县、西盟县、澜沧拉祜族自治县、孟连傣族拉祜族佤族自治县和耿马傣族佤族自治县,地区相连,且都在边境,"应该把这几个县合起来,建立佤族、拉祜族自治州。"应该"把江城哈尼族彝族自治县和澜沧、孟连、西盟等县划入西双版纳傣族自治州"。"贵州省在 1958 年把原来属于黔南布依族苗族自治州的惠水县划归贵阳市;把册亨、镇宁、贞丰、安龙四县划归安顺专区。""建议把这几个县划回黔南自治州或分别建立自治县。"三是自治权力的问题。"自治地方的人民代表大会和人民委员会必须定期召开,讨论决定当地的重大问题"。"改变专署领导自治州的做法,没有设州党委的要设立起来,保证自治州切实成为一级自治政权。"实际上,上述三个问题都涉及纠正和调整"大跃进"时期过激的民族政策。5 月 15 日,乌兰夫、李维汉、徐冰、刘春等人联名向周恩来、邓小平、彭真等中央领导同志提交了《关于民族工作会议的报告》,试图对"大跃进"时期的民族政策进行纠正和调整。6 月 20 日,中央同意乌兰夫、李维汉、徐冰、刘春的《关于民族工作会议的报告》,以及对民族工作会议提出的处理意见,进而强调"在今后五年以内,各少数民族地区应当采取的方针,也是适当的"②。此时,中央的意见已经非常明确,就是

---

① 《当代中国的民族工作》编辑部:《当代中国民族工作大事记》(1949—1988),民族出版社 1989 年版,第 152 页。

② 《中共中央批转〈关于民族工作会议的报告〉》(1962 年 6 月 20 日),见中共中央文献研究室编:《建国以来重要文件选编》(第 15 册),中央文献出版社 1997 年版,第 501—528 页。

要纠正和调整"大跃进"时期激进的民族政策。

　　在此背景下,各民族地区逐渐回归"大跃进"之前的基层政权建设。1962 年,凉山地区德昌县并入公社的民族乡基本恢复建制,并新设立了金沙傈僳族乡,花园公社分为宽裕、巴洞公社,增设城关镇。① 身处云、川、藏三省区藏族地区前沿的中甸县在"大跃进"后,也开始对农村基层政权进行调整,从 1960 年开始缩小公社规模,金江区下设良美、土旺、兴文、新仁等人民公社。1962 年实行"八字方针"以后,又将小公社调整为乡级政府。1965 年,中心镇三个街由大中甸区辖内划出成立县辖镇——中心镇。到 1966 年,全县行政区划为 9 区 1 镇,设立工作机构 20 个。② 不过,因未能从指导思想上根本纠正"左"的错误,也未能从根本上进行经验的总结,这种调整只是局部和临时的,随着"文革"的到来,各级民族工作机构陷入瘫痪,民族地区农村基层政权的组织化建设也无从谈起。

第二节　乡村群众的动员与制度整合

　　在近代中国,革命的主力军是农民已成为学界共识,不过农民未必就是政治革命天生的载体和盟友。美国学者艾森斯塔得就认为,农民对政治革命有着近乎天然的冷漠,"通常是最为消极、最无精致目标、最少组织性的阶层"③。在中国,"如果没有共产党人,农民绝不可能孕育出革命

---

　　① 中共德昌县委组织部、中共德昌县委党史研究室、德昌县档案局:《中国共产党四川省德昌县组织史资料(1950.3—1987.10)》,内部资料,1994 年,第 111 页。

　　② 中共中甸县委组织部等编:《中国共产党云南省中甸县组织史资料,云南省中甸县政权系统、军事系统、统战系统、群团系统组织史资料》(1948.1—1987.10),云南民族出版社 1994 年版,第 57—58 页。

　　③ 〔美〕艾森斯塔得:《帝国的政治体系》,阎步克译,贵州人民出版社 1992 年版,第211 页。

思想"①。但是,农民群众的动员型政治参与在中国革命的最终胜利上起到了至关重要的作用。尤其是1949年以后,中国乡村逐渐从松散和弱小转向高度组织化和纪律化,农民的政治动员和组织化建设更为重要。到1958年人民公社体制全面建立以后,包括西南民族地区在内,国家权力几乎延伸到乡村社会的各个角落,群众动员已呈常态化。实际上,群众动员和组织化建设正是伴随着乡村政治运动而得到不断发展的,改造落后乡村运动就是其中之一。这里选取合作化运动之前黔南布依族苗族自治州的改造落后乡村运动作为讨论对象,通过对黔南乡村社会状况、运动发起、村庄动员与制度转化的梳理,重点呈现"山高路远、地广人稀"的民族地区如何实现社会的组织化建设和群众动员。

一、乡村社会的演变与群众运动的持续推进

黔南位于贵州省中南部,自古以来地形复杂险峻,交通极其闭塞。清代,黔南对外联系基本上是靠驿运,陆运靠人挑、马驮,水运则靠木船输运。清乾隆年间爱必达等曾对黔南乡村这样描述,都匀府"四乡村寨,跬步皆山,溪流萦绕,田颇膏腴"②。近代以后,公路、航运、无线电、邮政等新式交通、通信的兴起推动了贵州现代化的发展。不过,相比较全国,贵州仍是最为落后的省份之一,尤其在黔南乡村。李菲记载,惠水县有一个乡下病人到县城医院住宿,"不睡病床而睡在地板上,据他说:'床上白白的布、太干净,恐怕弄脏,我不敢睡。'由这个故事,我们可知道一般乡下人的生活,是怎样的苦楚了!"③抗战时期,黔南布依族苗族自治州多县遭

---

① [美]费正清、[美]费维恺编:《剑桥中华民国史》(下卷),刘敬坤等译,中国社会科学出版社1993年版,第309页。

② 爱必达、张风笙著,杜文铎等点校:《黔南识略·黔南职方纪略》,贵州人民出版社1992年版,第87页。

③ 李菲:《惠水一瞥》,见刘磊主编:《抗战期间黔境印象》,贵州人民出版社2008年版,第439页。

到了战争的巨大破坏。贵州商人吴禹丞在1944年日军侵犯黔南后写道："独山、荔波、三都、丹寨、都匀五县，焚掠之惨，历史上恐少前例"。"以独山而论，人民之无家可归者比比皆是，为饥寒、疾病所困者，仍占十分之八九，为数在十万以上。"①可以说，在新政权接收贵州之前，黔南乡村处于一个相对封闭而又十分落后的境地。

新政权建立以后，黔南布依族苗族自治州开展了大规模的剿匪斗争和镇压反革命运动，建立和巩固了各级人民政权。到1952年下半年，伴随着以民族地区为重点的第四期土改的结束，黔南地区的土地所有权发生激烈变动，以前无地少地的农民获得了大量的土地和生产工具。不过，即便如此，黔南地区的实际情况仍十分复杂。山多林密、坡陡沟深的地貌特征并未改变，传统的社会形态依旧存在，加之又是少数民族众多的民族杂居之地，民间秘密会社根基深厚，地方势力盘根错节，向来自成系统。历史上，贵州曾多次爆发反对中央政府的民变。新中国成立以后，也出现大规模的匪乱，1950年三四月份，贵州全省性的匪乱达到高潮，较大的土匪计460余股，武装土匪达到十二三万人，机枪在千挺以上。②实际上，虽然新政权对乡村社会进行了一系列的整合，但远未达到政令通行贯彻无阻的程度，黔南地区仍有一些被认为是土改不彻底的地区。为此，黔南布依族苗族自治州经历了减租退押、土地改革、改造落后乡村等政治运动的持续动员。

（一）减租退押

解放以后清匪、反霸、减租、退押、征粮成为西南地区最主要的"五大任务"。其中减租退押所引起的地权变动，已经一定程度上达到渐进土改之目的。解放战争初期，各解放区采取各种方式，如没收和分配大汉奸

---

① 吴禹丞：《不堪回首话黔南》，见刘磊主编：《抗战期间黔境印象》，贵州人民出版社2008年版，第478—479页。
② 潘焱：《回忆贵州剿匪斗争》，见《回顾贵州解放》（一），贵州人民出版社1982年版，第12页。

土地、减租后地主自愿出卖或转让土地、清算迫使地主出卖土地等,部分地实现了土地所有权的转移。① 减租退押政策的实践,在实际效果上达到了以渐进方式实现财富由地主富农向贫雇农转移之目的,"出现了某种程度上的社会均衡"②,起到了土地改革的作用。

　　1950 年 10 月 14 日,根据贵州省委关于少数民族地区减租问题的指示,黔南地区提出了三条具体意见:一是少数民族地区的汉族一律按章减租;二是对少数民族地主,一般不减,如地主自愿减租,可与佃农双方协商,政府不加干涉;三是如少数民族地主坚持不减者,政府应说服佃农不减。③ 即便如此,在减租退押(含减息、废债、清算工粮)运动中,农民仍得到了地主退还的大量稻谷、耕牛、农具和衣物,生活质量明显改善,各阶层的参与程度很高。据黔南 9 县统计,从 1950 年 9 月至 1951 年 4 月,减租、退押、清退帮工帮粮,共计稻谷 4656 万公斤,贫苦农民每户平均分得清退粮食 347 公斤。④ 1951 年 3 月,独山专区对 4 县 1 乡 32 村的统计,有 38900 户农民通过减租获得稻谷 1100 多万斤,平均每户 304 斤。都匀等三县的农民通过地主退帮工帮粮获得粮食 500 多万斤。⑤ 仅都匀县农民就通过减租、退押、废债等运动获得各种利益折稻谷 711.15 万公斤。文明、德化、星阁 3 个乡,在减租、退押中地主退还农民稻谷 34.6 万公斤。这些退还物品,使得 3 个乡的农民购买耕牛了 179 头,农具 1900 多件,肥

　　① 《中共中央关于土地问题的指示》(1946 年 5 月 4 日),见中央档案馆编:《解放战争时期土地改革文件选编》,中共中央党校出版社 1981 年版,第 4 页。
　　② 〔美〕黄宗智:《中国革命中的农村阶级斗争——从土改到"文革"时期的表达性现实与客观性现实》,见黄宗智主编:《中国乡村研究》(第 2 辑),商务印书馆 2003 年版,第 78 页。
　　③ 中共黔南州委党史研究室编:《中共黔南州历史大事记:1930—1989》,内部资料,1996 年,第 40 页。
　　④ 黔南布依族苗族自治州史志编撰委员会编:《黔南布依族苗族自治州志(第 15 卷)·农业卷》,贵州人民出版社 1998 年版,第 85 页。
　　⑤ 《黔南布依族苗族自治州概况》编写组:《黔南布依族苗族自治州概况》,贵州民族出版社 1985 年版,第 52 页。

料 4500 多挑,还有大批衣物、物品。明英乡鸡贾村地主王举才在清退贫雇农帮工粮中,赔偿群众银圆 3180 块,稻谷 2350 公斤。① 减租退押所引发的财产转移和地权变动达到了广泛动员群众的目的。

(二)土地改革

土地改革是新中国成立初期最为彻底的群众动员运动之一。黔南地区的土地改革始于 1950 年冬,首先在都匀县膏腴乡试点,②后在整个黔南大规模展开,前后共分为四期。第一期为试点,除荔波、罗甸两县外,其他 10 县均有试点。从 1951 年 5 月初开始,到 6 月底结束,时间 45—50天。为培养土地改革的力量,组织参加土改的干部较多,平均每村 10—13 人。不过,由于采用运动式的方法进行土地改革,使得土改中出现的问题较多。平越(福泉)县黄丝乡干部私自划阶级,结果将一农民划成地主,此人当夜即吊死;平越城关有一富农被划成地主后跳崖。③ 第二期是同年 7 月开始,秋收结束。土改在 39 个乡 322 个村 261900 人中进行,截至 1951 年 11 月 5 日,仅剩 4 个乡和 7 个村未完成,持续 50—70 天。在此过程中,地主受到沉重打击。都匀县二区、四区的坝固乡、墨阳乡 6 个村,良亩乡 1 个村,城郊 4 个村,共有地主 855 户,打击情况是杀 51 人,徒刑 42 人,管制 22 人。④ 同时,贫雇农领导核心基本确立。从都匀县 12 个乡发动贫雇农的情况看,贫雇农 17232 人,已发动 10503 人,占 60.9%,这

---

① 中共贵州省都匀市委党史研究室:《中共都匀市历史(第 1 卷)》(1931—1978),贵州人民出版社 2006 年版,第 79 页。

② 在膏腴乡试点过程中,都匀地委集中 120 个干部,由于在试点中实行过多的包办政策,结果是土改干部撤离后,当地干部无法掌握形势。参见《中共独山地委副书记金风在贵州省秋收前第一期土地改革总结会议上关于发动群众问题的发言》(1951 年 8 月),见贵州省档案馆编:《解放初期贵州土地改革档案文献选编》,贵州人民出版社 2011 年版,第 141 页。

③ 《中共独山地委青年工作委员会书记方士新在贵州省秋收前第一期土地改革总结会议上对领导问题和干部问题的发言》(1951 年 8 月),见贵州省档案馆编:《解放初期贵州土地改革档案文献选编》,贵州人民出版社 2011 年版,第 117—118 页。

④ 《金风关于都匀第二期土改情况的简报》(1951 年 11 月 5 日),见贵州省档案馆编:《解放初期贵州土地改革档案文献选编》,贵州人民出版社 2011 年版,第 199—200 页。

些人都能积极面对斗地主;半发动的 5194 人,占 30.1%,这部分虽不能直接面对面地批判,但还算积极斗争;没发动的 1350 人,占 7.8%;另有 185 人保留地主财产,约占 1.07%。① 第三期土改在 8 个县进行,共组成 1400 人的土改大队,其中地委干校 900 人,少数民族卫生训练班 50 人,从都匀、麻江、平越、独山、平塘、三都抽调农民村干部 350 人,地委、专区机关抽调了 120 人。除麻江、都匀、丹寨外,分配到独山、平塘、三都等县,黎平、榕江有西南和省委土改工作团包干,均在 300 人左右,加上本县参加土改的干部共 3500 人左右,具体到独山县每村有干部 6—7 人,平均 148 个群众中就有 1 个干部。② 如此大规模的干部参与,为土地改革的顺利进行提供了组织和队伍的保障。

第四期在独山、平塘、三都、荔波等县的边远少数民族地区进行,少数民族人口占 98.80%。这期土改共有 7 个县 81 个乡 524 个村 558235 人,参加土改的干部共 4023 人,内有西南土改工作团 260 人,省土改工作团 410 人,都匀地委从中心县抽调的干部 77 人,农民积极分子、社会力量 1059 人。由于这期土改中少数民族占多数,因而落实民族政策尤为重要。在这 7 县 558235 人中,计有侗族 173223 人,占 31%;汉族 122363 人,占 21.8%;彝族 113781 人,占 20.3%;苗族 87665 人,占 15.7%;水族 53490 人,占 9.5%;瑶族 7714 人,占 1.3%;壮、藏族 472 人,占 0.084%。这期土地改革中,独山、平塘、三都、榕江 4 县完成较早,大约于 1952 年 8 月底结束,其余地区在稍晚时间也基本完成。③ 根据中央"慎重稳进"的

---

① 《中共独山地委关于第二期土地改革的情况(报告)》(1951 年 11 月 11 日),见贵州省档案馆编:《解放初期贵州土地改革档案文献选编》,贵州人民出版社 2011 年版,第 201 页。

② 《中共独山地委三期土地改革初步情况简报》(1952 年 2 月 4 日),见贵州省档案馆编:《解放初期贵州土地改革档案文献选编》,贵州人民出版社 2011 年版,第 218—219 页。

③ 《金风在边沿区土改工作会议上关于独山地区第四期土地改革运动情况及问题的总结报告》(1952 年 8 月 2 日),见贵州省档案馆编:《解放初期贵州土地改革档案文献选编》,贵州人民出版社 2011 年版,第 227 页。

方针和"有利于发展生产,有利于民族团结"的原则,少数民族地区认真地执行了党的民族政策,土改工作的每个步骤都召开了各民族代表座谈会,以便团结各民族中的公众领袖。各级土改委员会大量吸收比较开明的、拥护土地改革的地主参加。除对破坏土改,继续顽抗又有较大恶迹的地主分子发动群众揭发斗争外,一般采取了和平的方法协商土改,对少数民族的特殊用地,如"端坡""斗牛场""跳月圹""姑娘棉花地""麻园地""兰靛地",都予以保留未作分配。土改结束以后,基本上实现了按各民族人口的多寡来占有土地的份额,独山地委榕江县车江乡在土改后,其辖区的侗族、汉族、苗族、水族和彝族都平等地分得了自己的一份土地,实现了土改占有的均化。①

(三)改造落后乡村运动

尽管已有减租退押和土地改革的持续着力,"仍有一部分(全国大约有10%)乡村的工作处于落后状态"。为此,在第二次全国农村工作会议上,中共中央召开特意讨论了《关于改造落后乡工作的指示》,②试图解决"土地改革运动中反封建斗争发展不平衡和不彻底而遗留下来的落后"问题。③ 对此问题的关注,黔南地区要稍早一些,1953年1月29日,中共都匀地委就发出在汉族第三类地区(即土改不彻底的地区)进行复查的指示,指示强调,复查问题确定只在汉族地区的第三类村进行,其他地区不进行,少数民族地区一律不进行复查,而应重点放在领导生产、建设和

----

① 1955年瑶麓乡贫雇农韦老三、卢老都等20余人联名向乡党支部写信,要求土改。荔波县委立即同意群众的要求,当年在瑶麓进行土改,70天完成土改任务,通过改革,有158户无地少地的瑶族人民分得了土地、耕牛和农具(由于瑶麓乡土改发生在改造落后村运动的高潮之时,因而后文将详细论述)。见《黔南布依族苗族自治州概况》编写组编:《黔南瑶族简介》(第9集),内部资料,1983年,第51页。

② 《中央农村工作部关于第二次全国农村工作会议的报告》(1954年5月10日),见中共中央文献研究室编:《建国以来重要文件选编》(第5册),中央文献出版社1993年版,第261—273页。

③ 《中共中央关于改造落后乡工作的指示》(1954年8月1日),黔南州档案馆:1—1—229。

检查贯彻执行民族政策等工作上,并强调在复查中要按照土地改革的方针路线进行,重点打击的对象是土改中漏网的地主和土改后进行破坏活动的地主。①

　　到1954年,在全国范围内推行改造落后乡村运动之前,黔南地区还存在189.5个三类村,占黔南地区行政村的14.8%。其比例远高于《关于改造落后乡工作的指示》中10%的判断,也说明了黔南地区乡村社会的复杂性。这些三类村一般具有这样的特点:一是处于沿边地区,多数处于省与省、县与县的接合部,交通不便,生产落后,生活贫困,并且多为少数民族聚集或杂居地区。在榕江县21个三类村中,少数民族聚集的村庄有13个,少数民族杂居的村庄有5个,汉族村只有3个。二是社会治安比较混乱,地痞流氓、烟民较多,行凶、偷盗、开赌场、强奸妇女、贩卖大烟等现象还时有发生,影响着乡村日常秩序的正常运行。三是镇反不彻底,土匪(匪首、惯匪)、特务、恶霸、反动会道门头子和反动党团骨干这五类人并没有彻底清查,黎平县肇兴乡一村就查出20名。② 面对如此复杂的局面,三类村的再次动员与整合不可避免。

二、乡村群众的再次动员

　　土地改革运动后,土地的经营权和所有权高度集中于农民手中,农民既是土地的所有者,又是土地的自主经营者。土地的产权可以自由流动,允许买卖、典当、出租、赠予等交易行为;同时,国家通过土地登记、发证、征收契税等方式对土地进行管理。在这种土地制度背景下,黔南乡村的农业发展、农村经济与农民生活都表现出了截然不同的两面性,即传统生活的延续性和新型社会的变迁性共存。在"山高路远、地广人稀"的三类

---

① 中共黔南州委党史研究室编:《中共黔南州历史大事记:1930—1989》,内部资料,1996年,第62—63页。
② 中共都匀地委:《都匀地委关于加强边沿区工作消灭三类村的几点意见》(1954年4月1日),黔南州档案馆:1—1—258。

村,这种延续性显然大于变迁性,因此需要对这种传统内向型的三类村进行再次动员。

(一)宣传引导:村庄动员的再次介入

宣传引导是通过各种各样的会议、报纸等媒介集中、反复地宣传鼓动民众来促使群众动员的实现。从社会心理学的角度看,它是"一个社会改变或形成民众特殊态度、意见和舆论的重要工具"①,甚至是"统治的支柱,也是运动的支柱"②。更有学者认为,宣传是"社会运动传播其思想、主张和认同感的一个最为有效的渠道,是社会运动动员大众和寻求同盟的有力武器,是取得社会同情和关注以及舆论上击败对手的法宝"③。

在三类村的改造中,亟须通过宣传引导来达到村庄社会的再次动员。1955 年 10 月,在《对改造落后乡工作的指示》中,中共都匀地委要求,工作组在"进村后首应召开党团支部会(有党团支部的乡)、贫农会、积极分子会等各种会议,说明我们的意图,解除群众顾虑"。并且对会议的时间进行控制,"目前农村任务艰巨繁杂,应控制开会时间,宜短不宜长,以免影响生产。"④改造落后村政策的传达多在民众聚集的场合公开进行,所以开会是最基本的方式,干部会、小组会、贫雇农会、民兵会、妇女会等一系列的会议,形形色色,不一而足。通过宣传,工作组将国家的意志向乡村社会作了广泛的传达,开会还"可以使人们从人数上产生一种安全感",而且"一个人的话可以启发另一个人"。⑤ 对于谨小慎微的个体农

---

① 朱启臻等:《社会心理学原理及其应用》,中国社会科学出版社 2000 年版,第61 页。

② 王海光:《旋转的历史:社会运动论》,上海人民出版社 1995 年版,第 194 页。

③ 赵鼎新:《社会与政治运动讲义》,社会科学文献出版社 2006 年版,第 251 页。

④ 中共都匀地委:《对改造落后乡工作的指示》(1955 年 10 月 26 日),黔南州档案馆:1—1—407。

⑤ [加]伊莎白·柯鲁克、[英]大卫·柯鲁克:《十里店——中国一个村庄的群众运动》,安强、高建译,北京出版社 1982 年版,第 33 页。

民来说,人数上的安全感和优越感可以消除他们的种种顾虑,促使其行动起来。

中共都匀县四区潘洞乡(四村)的三类村改造就是靠宣传引导来树立农民的阶级观念。在落后乡村改造工作组进村后,广大贫雇农并不认为地主是斗争的头号对象,干部才是最让人愤恨的群体。贫雇农认为"干部多占果实,作风不民主,比地主阶级的破坏活动更要明显",因而贫雇农(特别是土改中未分到东西的贫雇农)要求斗争干部比斗争地主迫切。而乡村干部则出现了分化,落选的老干部对政府不满,开始诉群众的苦,摆自己的功,内心恐慌,又怕追贪污,暗地骂提意见的人无情。新干部则表现谨慎,当老好人。这些问题都在宣传教育后有所改变,通过宣传,打通了干部和农民的思想隔阂,耐心的说服,解决了干部和农民的思想顾虑。乡村干部开始认识到自己的缺点,逐渐接受群众意见,武装委员蒙玉位在小组会检讨说:"我们团结不好,最主要的是我自私……"干部的认错态度也得到了群众的谅解,最有意见的农民蒙银贵说,"不能光怨村干,也是我们的觉悟低"。之前紧张的干群关系得到好转,改变了连开会都是偷偷摸摸的局面,斗争锋芒转而指向地主阶级。①

(二)组织网络:村庄动员的结构建制

鼓动社会成员最终参与到社会结构中来,还要依靠组织和社会网络来实现,"组织在一个具体社会运动的微观动员过程中确实发挥着关键作用"②。在新中国成立以前,中国共产党所领导的社会动员就是依靠其强大的组织和社会网络来实现的。新中国成立以后,这种组织和网络随着执政党成员的增加和党组织的扩大在全国几乎所有的村庄建立起来。不过,黔南地区的党组织力量并非那么强大,在中共都匀县的云朵农业生

---

① 中共都匀县委员会:《关于四区潘洞乡(四村)三类村工作简报》(1954年5月8日),黔南州档案馆:5—1—94。

② 赵鼎新:《社会与政治运动讲义》,社会科学文献出版社2006年版,第240页。

产合作社,1955 年前仅有 2 名党员。① 经过落后乡村的改造,黔南地区的党组织和党员数量都有大幅提升。仅 1954 年,中共都匀地委就在境内发展党员 6600 名,建立农村党支部 699 个,党支部和党员在农村社会主义改造运动中发挥了积极的作用。② 云朵农业生产合作社不仅从三类社上升为二类社,党员的数量也增加到 7 人。③ 1955 年,福泉县在 9 个落后乡中,共发展党员 39 人,新建党支部 5 个。④ 丹寨县在改造落后乡村运动中共发展党员 77 人,团员 101 人,党组织在落后乡村中得以普遍建立。⑤ 正因为有了强有力的党员和党组织才保证了落后乡村改造的顺利推进。

　　作为上级党政组织向传统村庄传递和贯彻意志的重要渠道,工作队在改造落后乡村运动中扮演着极为重要的角色,因为相对封闭的山区而言,上级干部直接进入村庄,参与社区管理、领导群众运动,其动员的效果更为明显。1954 年,中共贵州省委派出 150 人的工作队到黔南各县三类村参加改造。同时,中共都匀地委也要求各县均应加配一部分干部,以便强化三类村改造的领导机构和组织力量。⑥ 为此,中共都匀地委 1954 年共投入改造落后乡(村)干部 155 人(包括社会力量),其中县级干部 6 人,区级干部 26 人,少数民族干部 40 人;1955 年共投入改造落后乡(村)

　　① 中共都匀县委农村工作部:《云朵生产农业合作化经过整顿变三类社为二类社》(1955 年 4 月 29 日),黔南州档案馆:5—1—94。

　　② 黔南州布依族苗族自治州史志编纂委员会:《黔南布依族苗族自治州志(第 40 卷)·党群志》,贵州人民出版社 2003 年版,第 82 页。

　　③ 中共都匀县委农村工作部:《云朵农业生产合作化经过整顿变三类社为二类社》(1955 年 4 月 29 日),黔南州档案馆:5—1—94。

　　④ 中共福泉县委农村工作部:《福泉县改造落后乡工作总结报告》(1955 年 9 月 30 日),黔南州档案馆:5—1—67。

　　⑤ 中共丹寨县委:《丹寨县委关于改造落后乡工作总结报告》(1956 年 3 月 31 日),黔南州档案馆:5—1—94。

　　⑥ 中共都匀地委:《都匀地委关于加强边沿区工作消灭三类村的几点意见》(1954 年 4 月 1 日),黔南州档案馆:1—1—258。

干部 85 人,其中县级 4 人,区级 20 人,少数民族干部 29 人。① 在都匀县四区潘洞乡(四村)的三类村改造中,最先建立的就是工作队。该工作队以都匀县四区区委委员陶铸之为组长,都匀县抽 4 名干部,四区抽 3 名干部组成工作组,加之派遣的农民积极分子 5 人,工作队共有 13 人。② 根据民族地区的特点,中共都匀地委还十分重视民族干部的选派和培养。在 1955 年上半年选派的干部中,有各县委抽派的县委级干部 15 人,区委级干部 40 人,以及若干一般干部,除有一定政治水平和工作经验,一定领导能力和作风正派,民族观念较强的公安、武装干部的要求外,绝大部分要求选派少数民族干部,以适应民族地区的特点。③ 实际上,包括民族干部的工作队帮助党和国家实现了民众动员、干部监控、乡村治理的目标。此外,治保组织、民兵队伍等其他组织网络也在村庄动员的结构建制中起到了维护村庄治安、防止阶级敌人破坏的作用。

(三)利益情感:村庄动员的运作方式

村庄动员还需要利益诱导和情感启发。"社会运动最常见的决定因素是利益……因为只有运动参与者承认他们的共同利益,社会运动潜能才可能变为现实。"④在土地改革运动中,通过土地、财产等重新分配动员了乡村社会的民众,促使他们参与到群众运动中来。韩丁曾描述了山西张庄土改时的群众动员,农民"只要积极参与斗争,就可以实实在在地分到土地、房屋、衣服和粮食。大伙一旦看清了这个事实,就相续投入到以后的运动中去。"⑤黔

---

① 中共都匀地委:《都匀地委关于改造落后乡工作计划》(1955 年 9 月 24 日),黔南州档案馆:1—1—407。

② 中共都匀县委员会:《关于四区潘洞乡(四村)三类村工作简报》(1954 年 5 月 8 日),黔南州档案馆 5—1—94。

③ 中共都匀地委:《都匀地委关于改造落后乡工作计划》(1955 年 9 月 24 日),黔南州档案馆:1—1—407。

④ [美]西德尼·塔罗:《运动中的力量:社会运动与斗争政治》,吴庆宏,译林出版社 2005 年版,第 152 页。

⑤ [美]韩丁:《翻身:中国一个村庄的革命纪实》,韩倞等译,北京出版社 1980 年版,第 138、172 页。

南在改造落后乡村运动前,地主仍具有一定的权势,大麻寓乡地主涂克堂、朱玉祥(红帮头子)操纵 2 个行政组,在乡村社会中具有很大的影响力,农民对此仍存敬畏之心,甚至不敢随便在公共场所讲话。在和平乡,地主邓家势力仍未被打垮。因此,在落后乡村的改造中,打击封建势力仍是村庄动员的重要内容。麻江县共开展了 24 场斗争会,参加民众达13500 多人,斗倒了 45 个罪大恶极的反革命分子(地主 36 人、富农 3 人、其他成分 6 人),依法逮捕了 17 人。① 黎平县高河乡逮捕了掌握乡政权(正、副乡长)的反革命分子 4 人。② 荔波县览革乡 7 户地主,退出帮工粮1831 元。三都县孟明乡 3 户违法地主上交罚款 850 元。③ 其实,改造落后乡村运动就是通过重划阶级、斗倒地主,再将大量地主和富农的财产分配给贫雇农,以满足贫雇农对物质财富的要求。这些得到物质财富的贫雇农自然成为村庄运动的主力军。

在利益诱导的同时,情感启发也必不可少。裴宜理在《重访中国革命》一文中认为,"激进的理念和形象要转化为有目的和有影响的实际行动,不仅需要有益的外部结构条件,还需要在一部分领导者和其追随者身上实施大量的情感工作。事实上,中国的革命案例确实可以读解为这样一个文本,它阐释了被动员起来的情感能力如何可能有助于实现革命宏图"。④ 杜赞奇也认为,中国共产党获得政权的基本原因之一是其能够了解民间疾苦,从而动员群众的革命激情。⑤ 关于这一点,中共都匀地委有

---

　　① 中共都匀地委:《地委于三个月来改造落后乡工作情况的报告》(1956 年 1 月 20日),黔南州档案馆:1—2—150。
　　② 中共都匀地委:《落后乡改造工作简报》(1955 年 12 月 20 日),黔南州档案馆:1—1—407。
　　③ 中共都匀地委:《落后乡改造工作简报》(1955 年 12 月 20 日),黔南州档案馆:1—1—407。
　　④ [美]裴宜理:《重访中国革命:以情感的模式》,见刘东主编:《中国学术》(2001年第 4 期),商务印书馆 2001 年版,第 98—99 页。
　　⑤ [美]杜赞奇:《文化、权力与国家》,王福明译,江苏人民出版社 1994 年版,第239 页。

着明确的认识。在1955年的《关于中心八县改造落后乡工作会议情况报告》中,中共都匀地委总结了"前段落后乡村改造工作中主要经验和教训",其中第三条就是"要有领导有组织有准备的召开斗争会,并注意掌握群众情绪,以免会场冷淡,地主顽强斗不垮"①。在情感启发下,农民的生存反应发生了很大变化,阶级意志逐渐取代了家庭伦理。福泉县大麻寓乡马骆新寨的少数民族,以往阶级意识模糊,不愿意批斗和再划本族内部地主,经过情感启发之后,阶级斗争意识增强。和平乡农民郑必才转而斗争他的哥哥郑必仁(地主),揭发郑必仁在解放前曾压迫群众和勾结土匪。②

三、群众动员与制度转化

在改造落后乡村的再次动员之下,黔南地区各县的改造落后乡村工作于1956年4月基本结束。其中,丹寨县于1956年3月基本完成落后乡的改造工作,前后进行了7个多月,在运动中落后村寨发动起来的群众达到85%以上。③ 平塘县的改造工作从1955年10月到1956年3月达到高潮,共持续了5个月,改造约合15个乡,占总乡数的25%,改造工作基本完成。④ 地理位置最边缘的从江县也于1956年4月基本完成,第一批改造10个落后乡和4个落后村,第二批改造13个落后乡和4个落后村,改造落后乡数约占全县总乡数的32%。⑤ 至此,黔南地区改造落后乡村

---

① 中共都匀地委:《关于中心八县改造落后乡工作会议情况报告》(1955年10月17日),黔南州档案馆:1—1—407。
② 中共福泉县委农村工作部:《福泉县改造落后乡工作总结报告》(1955年9月30日),黔南州档案馆:5—1—67。
③ 中共丹寨县委:《丹寨县委关于改造落后乡工作总结报告》(1956年3月31日),黔南州档案馆:5—1—94。
④ 中共荔波县委:《关于改造落后乡工作总结》(1956年4月16日),黔南州档案馆:5—1—93。
⑤ 中共从江县委:《改造落后乡情况总结与今后意见》(1956年4月6日),黔南州档案馆:5—1—93。

运动基本结束。在此过程中，乡村社会完成了从"土改补课"向合作化的制度转变。

以1954年的第二次全国农村工作会议和《关于改造落后乡工作的指示》为标志，中共中央决定在全国范围内开展改造落后乡村运动。此时的改造工作具有明显的"土改补课"性质，该指示强调，"乡村反封建的历史任务是绝不能跳跃的，过去遗留下来的任务必须进行补课"。同时，也十分明确地规定了劳动剥削分配的去向，"依法处理某些封建分子非法据有的土地与其他重要生产资料，以补足贫雇农的要求。"[①]也就是说，改造落后乡村运动中的斗争果实基本分配给了贫雇农，为农民个体所有。由此判断，早期的改造落后乡与土改时期基本无异，是实现农民土地所有制。

将"改造并建立互助合作组"作为改造落后乡村之目的亦可证明这一点，互助组时期，不论是临时互助组还是常年互助组，都是将农民组织起来进行集体劳动，"土地、耕畜、农具和产品仍属农民个人所有"。"互助组并没有改变生产资料的私有制"。[②] 只是，此时"过渡时期总路线"和社会主义改造已经提上国家实践农业集体化的议事议程，落后乡村改造已经和社会主义革命联系起来，"改造落后乡村，完成上一阶段遗留的反封建的历史任务，既须在性质上和新的历史任务——社会主义革命划开，又须在工作步骤上密切联结进行，前者要为后者直接创造条件，开辟道路"。[③]

在黔南地区，中共都匀地委也明确地规定了落后乡村改造要"补足贫雇农"的要求，"错划阶级、农民、富农、小土地出租者、地主，划错成分

---

① 《中共中央关于改造落后乡工作的指示》(1954年8月1日)，黔南州档案馆：1—1—229。

② 《政治经济学名词简释·社会主义部分》，江苏人民出版社1977年版，第29页。

③ 《中共中央关于改造落后乡工作的指示》(1954年8月1日)，黔南州档案馆：1—1—229。

者要订正。富农错划地主,其土地财产土改被没收分配,现有者坚决退回,无则了之。农民之间互相划错成分者,根据群众意见决定订正与否,地主错划农民成分或其他成分者,应坚决纠正,并按照政策进行没收和退减。"①不管是没收的剥削所得,还是退回的土地财产,都要求给予其本人,而非集体所有。在福泉县的 8 个落后乡村改造中,没收漏网地主的田889 挑、土 253 挑、山林 15 幅、房屋 226 间,共有 1117 户农民分到了价值19773 元的斗争果实。大麻寓乡有朵少成、杨树清 2 户,解放前住了 20 多年岩洞,靠讨饭为生,在土改中分了田地,但未分到房,直到改造落后乡村运动中分到了房,才从岩洞搬到房子中。②

不过,随着农业合作化运动的深入,改造落后乡村运动的"土改补课"性质逐渐发生转向,农业集体化的实践渐为改造落后乡村运动最为重要的衡量标尺。1955 年 7 月 31 日,在省、市、自治区党委书记会议上,毛泽东就预言:"农村中不久就将出现一个全国性的社会主义改造的高潮,这是不可避免的。"③他认为,落后乡村也应立即组建合作社,"现在各省还存在着一些土地改革不彻底的落后乡村","在这类乡村中,也可以把可靠的贫苦农民积极分子组成合作社,同时,必须在最短的时间内,充分地发动群众,坚决消灭封建势力和反革命势力,为顺利地开展农业合作化运动创造必要的条件"。④ 在此背景下,黔南地区很快将农业合作化的高涨与改造落后乡运动结合起来,进而将合作化发展作为考量改造落后乡村的标尺之一,改造落后乡村运动也就成为集体化运动的实现途径。1955 年 10 月 17 日,在《都匀地委关于中心八县改造落后乡工作会议情

---

① 中共都匀地委:《关于加强边沿区工作消灭三类村的几点意见》(1954 年 4 月 1日),黔南州档案馆:1—1—258。
② 中共福泉县委农村工作部:《福泉县改造落后乡工作总结报告》(1955 年 9 月 30日),黔南州档案馆:5—1—67。
③ 《毛泽东文集》第六卷,人民出版社 1999 年版,第 438 页。
④ 《关于农业合作化问题的决议》(1955 年 10 月 11 日),见中共中央文献研究室编:《建国以来重要文件选编》(第 7 册),中央文献出版社 1993 年版,第 301 页。

况报告》中,中共都匀地委确定了完成落后乡村改造的五个标准,即:
"(1)彻底打垮封建势力。(2)肃清一切反革命分子现行活动。(3)树立起以贫农为核心的政治优势。(4)把生产互助合作运动掀起来。(5)在改造落后乡期间,不但要完成落后乡的改造任务,而且要同时完成各项工作任务。"①10月26日的《对改造落后乡工作的指示》也明确规定,各县将合作化运动"贯彻到落后乡改造工作中去"。② 到1956年初,中共都匀地委就更加明确地要求,各县"完成初级合作化,在有条件的县份要求完成社会主义改造的高级社"③。其实,在全国合作化的浪潮中,合作化运动已经成为改造落后乡村最为重要的内容。

此后,黔南农业社在落后乡村普遍建立起来。据黔南地区中心八县统计,到1956年1月,这八个县的落后乡村已经形成合作社雏形330个,组成联组190个,提高常年组502个,发展临时组398个,90%以上的农户都参加了互助合作组织,为合作化运动做了充分准备。三都县巴佑乡建社后,入社农户达到农户总数的60%。麻江县的落后乡村还总结出创办合作社的三条经验:一是由老社负责派出骨干帮助建社;二是定期召开互助合作会;三是互助组和党团积极分子进行串联。④ 丹寨县在完成落后乡村改造时,共建立了高级社17个,入社农户为1917户,初级社5个,入社农户348户,组织起来的农户达到2263户,占落后乡寨户总数的87.3%。⑤ 截至1956年底,黔南地区基本上实现了农业合作化,自1952

① 中共都匀地委:《都匀地委关于中心八县改造落后乡工作会议情况报告》(1955年10月17日),黔南州档案馆:1—1—407。

② 中共都匀地委:《对改造落后乡工作的指示》(1955年10月26日),黔南州档案馆:1—1—407。

③ 中共都匀地委:《地委于三个月来改造落后乡工作情况的报告》(1956年1月20日),黔南州档案馆:1—2—150。

④ 中共都匀地委:《地委于三个月来改造落后乡工作情况的报告》(1956年1月20日),黔南州档案馆:1—2—150。

⑤ 中共丹寨县委:《丹寨县委关于改造落后乡工作总结报告》(1956年3月31日),黔南州档案馆:5—1—94。

年开始,4年间共建社5026个,其中高级社1219个,初级社3807个,入社农户为182946户,占总农户数的94.12%。① 至此,包括落后乡村在内的黔南农村完全纳入农业合作化之中,土地和主要的生产资料完全归集体所有,而不是贫雇农,最初改造落后乡村的"土改补课"取向也就最终发生转变,演变为合作化运动的实现途径。

实际上,在中国共产党的革命历程中,乡村动员早已有之。从抗战开始,中国共产党就将强大而高效的乡村动员用于征兵、减租减息、政权建设等各方面的实践中。就征兵而言,各村最普遍的做法是开展"革命竞赛活动",用先进的个人带动落后的个人,先进的家庭带动落后的家庭,先进的村庄带动落后的村庄。② 形成了典型的"模范—仿效"的波浪式动员机制。③ 解放战争时期,分清敌我为核心的阶级斗争成为乡村社会动员最为核心的内容之一,阶级身份、阶级利益、阶级矛盾、阶级冲突取代了传统乡村旧的身份、利益、矛盾、冲突,乡村社会原本多元化的柔性结构被改造为两极对立的刚性结构。④

新中国成立以后,中国共产党继续将原有的乡村动员手段和策略应用于新解放区,比如中国的大西南。由于近代以来国民党中央政府迟迟未能实现对西南乡村的直接控制,中国共产党组织也没有建立广泛的群众基础,加之区域地理特征上的"山高路远、地广人稀",使得国家权力与西南乡村之间并未建立起紧密联系。为此,乡村社会的动员力度和难度也与老解放区有较大不同。在经过减租退押和土地改革以后,包括黔南

① 中共黔南州委党史研究室编:《中共黔南州历史大事记:1930—1989》,内部资料,1996年,第94页。

② [美]胡素珊:《中国的内战:1945—1949年的政治斗争》,王海良等译,中国青年出版社1997年版,第343页。

③ 陈周旺:《从"静悄悄的革命"到"闹革命"——国共内战前后的土改与征兵》,《开放时代》2010年第3期。

④ 李里峰:《中国革命中的乡村动员:一项政治史的考察》,《江苏社会科学》2015年第3期。

乡村在内的边远地区仍有大量被认为是土改不彻底的三类村。因而,国家通过改造落后乡村运动,借助于宣传引导、组织网络、利益情感等手段,对落后村庄进行了再次动员,一定程度上达到了国家权力贯彻畅通的目的,进而为农业合作化创造了条件。在此过程中,伴随着社会主义改造的浪潮,原来立足于"土改补课"的分配方式也发生了根本改变,没收地主富农的土地和其他生产资料不再归贫雇农所有,而直接属于集体。一定程度上也可以认为,改造落后乡村的群众动员即成为农业合作化最终完成的保障和手段。

合作化运动之后的乡村社会动员仍未结束。人民公社、"大跃进"、整风整社、"四清"、农业学大寨、"文化大革命"等运动都与乡村社会动员密不可分,甚至生产救灾、卫生扫盲也是通过这种乡村动员来推进,中国乡村社会的动员具有持续性和制度化的特征。1978 年以后,中国农村的经济和社会结构发生了深刻的变化,乡村政治生活渐入正轨,动员型的政治参与已为自主性的公民权责所代替。尽管如此,非常规乡村社会治理手段仍未真正终结,革命年代理念的延续性和路径的依赖性仍旧存在,这一点尤应为当今乡村政治所重视。

第三节　乡村干部的培养与思想改造

新中国成立以后,伴随着国家权力向乡村社会的不断推进,党和政府与乡村干部之间的关系也呈现出复杂状态,尤其是新解放的民族地区,这种关系的复杂性表现得更加明显。在土改中,乡村干部①并未完全成为

---

① 在传统的乡村社会中,乡绅作为乡村精英的代表,在基层社会的管理中发挥着决定性的作用。新中国成立以后,传统乡绅群体日渐没落,党员、乡村基层干部、积极分子、团员等乡村群体逐渐成为农村社会政治权力和经济地位的主导力量。鉴于这些乡村群体在政治权力和经济地位发挥的主导力量,本书将其统称为乡村干部。

国家的忠实代理人,而是在社会人、理性人的角色指引下与国家权力进行博弈,或维护村社利益,或追逐个人私利。同时,乡村干部既内在又外在于国家权力体系,处于明显的权责分离状态,这又进一步强化了他们谋求私利和"去政治化"的离心倾向。[①] 不过,在1956年底,党和国家凭借近乎完美的权力网络,运用强大的宣传手段,并对与农民利益直接相关的稀缺资源进行有效调控,在一个遍布小农经济的国度顺利实现了合作化。仅仅四年的时间,农村党员、团员、基层干部、积极分子等乡村干部就由维护村社利益的社会人或追逐个人私利的经济人转为实践合作化的政治人。本书无意于对新中国成立十七年西南民族地区乡村干部的培养和思想改造作宏观分析,而是通过对贵州省黔南布依族苗族自治州乡村干部的个案讨论,进而认为土改后乡村干部逐渐成为国家利益的抗衡者和个人利益的追逐者,呈现明显的离心倾向。而同时,在运动已经成为常态的乡村权力结构中,在国家权力的持续介入和乡村群众的广泛动员下,乡村干部只能选择顺从和接受,最终在不断的群众运动中,乡村干部逐渐由社会人和经济人向政治人转变。需要指出的是,这种乡村干部的政治人化并未完全实现。

一、土改后的乡村干部

新中国成立以后,中国大陆进行了大规模的土地改革运动,使三亿无地或少地的农民无偿获得了七亿亩土地和其他各类生产资料。[②] 分得土地的贫苦农民希望依靠自己的辛勤劳动来实现经济地位的提升和生活条件的改善,虽然这种劳动是一种低产出的经济活动,农业的每一点进行、

---

① 李里峰:《不对等的博弈:土改中的基层政治精英》,《江苏社会科学》2007年第6期。

② 廖鲁言:《三年来土地改革运动的伟大胜利》(1952年9月26日),见中国社会科学院、中央档案馆编:《1949—1952中华人民共和国经济档案资料选编(农村经济体制卷)》,社会科学文献出版社1992年版,第403页。

产量的每一点增加都是直接依赖单位面积劳动量投入的增加,这就是黄宗智所提出的"过密化"。① 即便如此,追求发家致富始终是乡村社会内在驱动力和引领方向,翻身农民就像吴满有一样,希望"通过勤劳致富而上升为新富农或者富裕中农",最终实现"雇有两个长工和一个拦羊娃,农忙时还雇短工"的梦想②,这种经济形态是在"革命"环境下顽强呈现的历史发展规则,加上在土改后国家有意引导农村金融走向繁荣,乡村经济得到快速恢复和发展。在此种历史环境下,乡村干部由于拥有较高的政治地位,实现发家致富这一梦想的渠道和手段更加丰富,因而家庭经济的变动也最为明显。

(一)国家利益的抗衡者

新中国成立以后,随着国家权力的下移,乡村社会并未呈现出一个简单的对外开放,而是国家权力的渗透与乡村社会反应的互动过程。③ 在这种互助过程中,斯科特强调农民的反抗,并认为这种反抗有两种,一种是对国家权力明显的、直接的反抗。对于任何可能直接威胁到生存的举措,一无所有的农民只有起来反抗。"这是因为,生存问题最直接地关系到农民生活的根本需要和忧虑。"④另一种更偏重无形的、间接的反抗。这些弱势群体的日常武器主要有:偷懒、装糊涂、开小差、假装顺从、偷盗、装傻卖呆、诽谤、纵火、暗中破坏等。⑤ 在集体化时期,后者是农民更为常

---

① ［美］黄宗智:《长江三角洲小农家庭与乡村发展》,程洪等译,中华书局1992年版,第17页。

② 李放春:《北方土改中的"翻身"与"生产"——中国革命现代性的一个话语—历史矛盾溯考》,见［美］黄宗智:《中国乡村研究》第三辑,社会科学文献出版社2005年版,第249页。

③ 吴毅:《村治变迁中的权威与秩序:20世纪川东双村的表达》,中国社会科学出版社2002年版。

④ ［美］詹姆斯·C.斯科特:《农民的道义经济学:东南亚的反叛与生存》,程立显、刘建等译,译林出版社2001年版,第9页。

⑤ ［美］詹姆斯·C.斯科特:《弱者的武器》,郑广怀等译,译林出版社2007年版,第2页。

用的反抗武器。在国家权力渗透与乡村社会反应的互动之中,农民的种种行为都表明他们逐渐成为国家利益的抗衡者。

土改后不久,国家即推行粮食的统购统销政策和合作化运动,统购统销政策规定农民必须将"余粮"出售给国家,粮食的收购量、收购标准、供应量、供应标准,都由中央统一管理。① 而合作化运动则将刚刚分配的土地和大型的生产工具重新归入集体。这显然有悖于刚刚从农民上升为乡村干部群体的最初愿望,因而乡村干部以各种隐蔽手段抗衡国家的情形十分普遍,包括拖延上级布置的各种任务、转移精力而不执行上级的指示、隐瞒村庄的粮食产量等。

在统购统销政策的推行中,乡村干部利用套购粮食、黑市交易、隐瞒产量等手段抵触统购统销政策的实践,而且人数众多。据对黔南地区福泉等八县 2851 名农村党员的统计:对粮食统购统销抵触、闹缺粮的有367 人,违反粮食统购统销政策的有 256 人,拦路抢购、抬高价格、黑市出售的有 82 人,三者合计 705 人,占核查党员总数的 25%。在对丹寨、平塘1773 个积极分子的检查中,上述情况计有 715 人,占核查积极分子总数的 48.3%。三都县二区发生过全区性闹粮事件,平塘县卡罗党支部党员全部闹粮。② 丹寨、三都的乡党支部书记、乡长带头闹粮,每人分得 600余斤。麻江县蛇场支部 27 名党员,有 24 名套购粮食,支部书记曾两次到都匀套购大麦 265 斤、小麦 7 升半。③

在合作化推行中,乡村干部也表现出较为消极的态度,主要体现在不愿意参加合作社,想退社单干,重视自由经营和个体副业。据对平塘县

---

① 中共中央文献研究室编:《中共中央关于实行粮食的计划收购与计划供应的决议》(1953 年 10 月 16 日),中共中央文献研究室编:《建国以来重要文献选编》(4),中央文献出版社 1997 年版,第 477—488 页。
② 中共都匀地委:《关于开展批判富农思想的情况报告》(1955 年 12 月 13 日),黔南州档案馆:5—1—64。
③ 中共都匀地位办公室:《关于各县开展批评富农思想所揭发检查的富农思想情况汇集》(1955 年 11 月 27 日),黔南州档案馆:1—1—366。

1178 名党员检查统计,对互助合作运动消极和违反互助合作政策的就有
177 人;平塘县二区 98 名党员,对参加合作社消极的、要求退社的、不愿
意干社主任的有 31 人。乡村干部一般都是田土肥沃、耕牛农具齐全,参
加平均主义的合作社无疑是一件吃亏的事情。麻江县甲村乡支部书记被
动员多次,都不参加合作社;都匀二区谷蒙乡一名党员三迁其家,目的就
是躲避入社。①

(二)个人利益的追逐者

乡村干部是在国家的授权下进行乡村社会治理的群体,不仅具有国
家权力代理人的身份,而且还是乡村利益维护者。不过,乡村干部在多重
身份背景下,利用其权力追逐其个体利益的现象也十分普遍。黄宗智将
传统的小农特征概括为既是一个追求利润者,又是维持生计的生产者,当
然更是受剥削的耕作者。② 从价值选择的角度,利润一直是乡村干部的
基本价值追求,因而在土改后出现的雇工、放高利贷、买卖土地等趋利现
象中,乡村干部占有很大比例。

在黔南州的党员群体中,据对都匀等 9 个县 4055 个农村党员的统
计:雇工的党员有 51 人,放高利贷、出租土地的有 66 人,买卖土地的有 61
人,自由经营的有 123 人,总计有 301 人,共占农村党员总数的 7.4%。黎
平尚重支部 22 个党员有 6 个买田、1 个卖田、3 个雇工,这部分党员占支
部党员总数的 45%。③ 独山县下司区羊凤乡党员罗玉全从贫农上升为新
富农,购有 3 间房子出租,雇有长工 1 个,并经常雇用月工零工。从合作
社主任群体看,都匀全县 1317 个社主任中,有 3 个买卖土地,12 个放高
利贷,7 个雇工,52 个从事自由经营,共占统计人数的 5.6%。平塘县新隆

---

① 中共都匀地位办公室:《关于各县开展批评富农思想所揭发检查的富农思想情况
汇集》(1955 年 11 月 27 日),黔南州档案馆:1—1—366。

② [美]黄宗智:《华北的小农经济与社会变迁》,叶汉明译,中华书局 1986 年版。

③ 中共都匀地委:《关于开展批判富农思想的情况报告》(1955 年 12 月 13 日),黔
南州档案馆:5—1—64。

乡有 114 名合作社干部,有雇工 5 人,买田者 9 人,卖田者 4 人,贪污者 11
人,出租土地者 11 人,其他 34 人,总计 74 人,占合作社干部总数的
65%。① 在积极分子群体中,据对丹寨、平塘 1773 个积极分子的统计,有
72 人雇工,80 人放高利贷和出租土地,24 人买卖土地,65 人自由经营,总
计占积极分子总数的 13.5%。② 个别积极分子已经上升为新富农,都匀
县凤麓乡庆云宫的一名团员,原是中农,土改后几年的时间就已经拥有
41 挑田(约水田 8 亩)、水碾、耕牛,以及各式农具,并放贷 2000 斤谷,仅
收息就有 2000 斤谷,且雇用大量零工。1954 年,都匀一区王司村有 42 户
放贷(其中老中农 30 户,贫农上升为中农的 12 户),欠债户 81 户,每年利
息 9240 斤谷,其中张氏有债主 12 户,欠债 2050 斤,每年要出息 1100 斤
谷,最后只能出卖土地。③ 显然,黔南地区雇工、放高利贷、买卖土地等趋
利现象已经十分普遍。

　　乡村干部的权力来源于党和国家的授予,但他们往往会利用手中的
权力直接多占分配果实,多分地、分好地。柯鲁克在河北省十里店的调查
中发现,村干部大多得到了额外的好地和近地。④ 他们还利用权力逃避
征兵、征粮等义务;在阶级划分中,给亲属以照顾。皖北李家楼的干部经
常试图保护他们的同姓亲属,"李姓干部都想把老李家的阶级成分划得
比其应该划得成分低一些。"⑤甚至在经济上出现了严重的贪污现象,政
治上闹退党、退团。都匀县 138 个农村支部书记,有 20 个不愿意干工作,

　　① 新隆乡工作组:《县委农村工作部批转新隆乡开展反富农思想斗争的报告》
(1955 年 12 月 21 日),黔南州档案馆:5—1—88。
　　② 中共都匀地委:《关于开展批判富农思想的情况报告》(1955 年 12 月 13 日),黔
南州档案馆:5—1—64。
　　③ 都匀地委工作组:《关于都匀一区纸房、凤麓两乡开展批评富农思想情况的报
告》(1955 年 12 月 1 日),黔南州档案馆:5—1—64。
　　④ 〔加〕伊莎贝尔·克鲁克、大卫·克鲁克:《十里店:中国一个村庄的群众运动》,
安强、高建译,北京出版社 1982 年版,第 28 页。
　　⑤ 〔日〕韩敏:《回应革命与改革:皖北李村的社会变迁与延续》,陆益龙、徐新玉译,
江苏人民出版社 2007 年版,第 91 页。

有 34 个农村党员要求退党。① 平塘县 98 个党员,对参加农业合作社消极的和不愿意干社主任的就有 31 人。② 应该说,土改后乡村干部逐渐成为国家利益的抗衡者和个人利益的追逐者,呈现明显的离心倾向,这也成为党中央决心将小农纳入集体化道路的原因之一。

二、国家对乡村干部的改造

有论者指出,国家在通往合作化的道路中,通过向互助组或合作社提供农业贷款、新式农具、良种以及日常生活用品等稀缺资源的经济性调控,通过划分阶级成分、使用"积极分子"和"落后分子"标签的政治性压力,通过强大的宣传手段和动员技巧,直接或间接的诱发小农入社动机。③ 这些都是导致小农投身集体化的重要因素。不过,土改后乡村中的整党、整团、改造落后村、反对富农思想等针对乡村干部的诸多政治运动,也是合作化进程中不可忽视的推力。

为了改变乡村干部的"经济人"心理,将党和国家的意志灌输到乡村社会,土改后国家对乡村社会进行了多次改造,这种改造一般是伴随着粮食统购统销、发展农业合作社、推行精简节约等各种运动而实行。除此之外,黔南地区还开展了所谓的"批判富农思想",中共都匀地委指出,富农思想"一般可以粮食统购统销、生产互助合作、服从国家计划方面为主,可联系到与党和政府关系、工农联盟、厉行节约、反对浪费、镇反、与地富联系、不干工作、不交党费、想退党、不买国家建设公债等方面。总之,凡是牵涉富农思想有关方面,都可以联系实际加以检查批判和提高,从各方

---

① 中共都匀地位办公室:《关于各县开展批评富农思想所揭发检查的富农思想情况汇集》(1955 年 11 月 27 日),黔南州档案馆:1—1—366。

② 中共都匀地委:《关于开展批判富农思想的情况报告》(1955 年 12 月 13 日),黔南州档案馆:5—1—64。

③ 周晓虹:《1951—1958:中国农业集体化的动力——国家与社会关系视野下的社会动员》,见周晓虹、谢曙光主编:《中国研究》,社会科学文献出版社 2005 年版,第 22 页。

面堵塞富农思想的引诱和侵袭"①。可见,凡是与党和国家相左的思想和行为,都可纳入富农思想之中。实际上,过于泛化的富农思想给予乡村干部以巨大的压力。

国家权力的持续介入,迫使乡村干部的检查和批判不断升温。独山县开展了首先由区委书记、区委委员,再到支委和一般党员,从上到下的检查,其中三四个区委书记承认放纵家庭成员有余粮,使用手中权力减免统购统销的粮食,酿酒漏税;六区区委书记因为并没有自我批评,而将矛盾指向副书记,结果成为被批判的典型。丹寨县则是通过抓住典型,突出一点,进行批判,他们抓住乌乐党委的集体闹粮事件,该乡党支书、乡长、干事都因为闹粮而分得大量粮食,不过他们在国家统购中只拿出 10 万斤,却向市场出售 25 万斤,结果是该乡成为"向资本主义道路发展,使社会主义阵营退缩"的典型。麻江县采取了先揭发党外,再揭发党内,然后联系开会代表自身的办法,中共麻江县委认为:"为了逐步提高觉悟,宜以党外典型教育到会代表,这样坚持自己就会感到自然,不会碰钉子。"都匀县采取支书带头自我批评,群众提意见,对党员进行思想排队,结果造成党员争当一类党员而互相揭发。②

针对上述四县乡村干部批判的做法,都匀地委进行了总结,认为独山、丹寨应该将其做法进行结合,"自上而下领导带头检查,启发一般自觉检查,抓住典型和突出一点。""都匀过于急躁的走过场的做法应防止,麻江上下内外颠倒的做法应坚决纠正。"③随后,中共都匀地委在黔南地区全面推广这种做法,具体来说包含三个层面:一是层层推进、人人过关。

---

① 中共都匀地委:《各县党代会情况第一次简报》(1955 年 11 月 2 日),黔南州档案馆:1—1—429。

② 中共都匀地委:《各县党代会情况第一次简报》(1955 年 11 月 2 日),黔南州档案馆:1—1—429。

③ 中共都匀地委:《各县党代会情况第一次简报》(1955 年 11 月 2 日),黔南州档案馆:1—1—429。

在总结工作、肯定成绩、明确问题之后，采取先党内、后党外，先积极分子、后群众，由乡到社、再到组和广大群众，层层发动，人人教育，反复讲解富农思想产生的根源和危害，阐明开展批判富农思想的重要性，力求让群众解除顾虑，大胆开展批判。二是典型示范，重点突破。在做好准备、摸清底细、物色典型的前提下，采取逐级带头检查，党员和积极分子深入在群众中进行活动，树立典型人物，以典型人物的示范作用带动一般群众开展自我检查，由浅到深、彻底剖析。三是举办各种会议。在批判中，反复召开党员会议、团员会议、积极分子会议、贫农会议、青年会议、妇女会议等，加上个别访问和串联，以揭发的实例进行反复教育。在国家权力的持续介入下，乡村干部的国家利益抗衡因素和个人利益追逐因素逐渐减少。

三、作为政治人的乡村干部

虽然土改后乡村干部同时呈现国家意志执行者的政治人，乡村利益拥护者的社会人，自身利益追逐者的经济人三重特征，但随着国家权力的持续介入，乡村干部必须要在三者之间进行取舍。可想而知，乡村干部在权衡利弊之下，越来越倾向于作为一种政治人。①

乡村干部逐渐认识到对抗国家意志和追逐自身利益会将自己置于非常危险的境地。于是乡村干部在政治运动中，纷纷表达出对党和政府的忠心，都匀县凤麓乡的党员在反对富农思想运动中激动地说："我们经过批判富农思想，才认识到毛主席的指示是合理的。对照党员八项条件，我们过去好像忘了，如去年的闹粮我们党员思想都被闹乱了……这种富农

---

①　本书强调的是乡村政治精英的政治人倾向在不断增加，而并不是认为乡村政治精英完全转变为国家权力代理的政治人。就在群众运动性的改造进行到高潮的1955年底，黔南从江县崇义乡在传达上级干部批判富农思想的会议中，到会的53名代表，中途逃跑者就有23人，足见乡村政治精英的政治人价值取向并未完全形成。见中共从江县委：《批判富农思想综合报告》(1955年12月2日)，黔南州档案馆：1—1—434。

思想如不克服,我们就要走到死路上去。"①新隆乡党员普遍反映:"幸好这一反,不然,新地主又不知出现多少啦!"一名团员(贫农)说:"这次反富农比读十年书还教乖人。"其中一名合作社主任在对比以前给地主当雇工的悲惨境地,现在又请地主给自己当雇工的事实之后,流着泪说:"要不是党教育的快,我快死亡了,还不晓得信哩!"另一名合作社主任在痛悔自己的富农思想的同时,决心当好合作社的主任,用实际行动报答党的关怀,并且揭发了富农的投机套购和破坏统购统销行为。该乡连续三年对统购有抵触的合作社委员(上中农)表示:"过去不错已错,保证卖清,保证不闹。"并下决心打通思想来弥补过去的损失。一名党支部支委在批判自己的富农思想后,痛悔且激动地说:"昨天不算,从今天起,我立志作个新人。"并保证加强学习,防止富农思想的再侵蚀。②

这种表忠心行为即使不能说明乡村干部的政治素养在增强,也可以认为他们已经意识到对抗国家意志和追逐自身利益的严重后果,认识到"社会主人"与"阶级敌人"的本质差别。可见,在国家权力的持续介入中,"社会主人"与"阶级敌人"相对立的政治意识已经逐渐被灌输进农村公共管理与空间话语的表达中,③身份的认定成为每个乡村干部所必须面对的实际问题。农村党员、团员、基层干部、积极分子一旦被定性为阶级敌人,日常生活中的各种政治、经济、文化资源都将受到极大限制。而且这种认定的比例很大,黔南荔波县地义、水庆两乡40名人大代表中,被查出9名阶级异己分子,水庆乡的乡长、地义的副乡长不是漏网地主就是被地主所收买。④

---

① 都匀地委工作组:《关于都匀一区纸房、凤麓两乡开展批评富农思想情况的报告》(1955年12月1日),黔南州档案馆:5—1—64。

② 新隆乡工作组:《县委农村工作部批转新隆乡开展反富农思想斗争的报告》(1955年12月21日),黔南州档案馆:5—1—88。

③ 马维强:《红与黑:集体化时代的政治身份与乡村日常生活——以平遥双口村为中心的考察》,《开放时代》2011年第8期。

④ 中共荔波县委:《第二期改造三类村工作总结报告》(1955年3月9日),黔南州档案馆:1—1—471。

在这种环境下,乡村干部即使是被动的,也很快认识到了这一点,在受到批判以后,乡村干部立即进行自我保护性的顺从,强烈进行自我批判,深入剖析自己的思想及其危害。黔南独山县麻万合作社主任的富农思想被称为"已经到登峰造极的地步,并且是屡经教育,仍不悔改"。而他在受到批判之后,态度立即发生转变,认为是这次思想批判教育了他,并表示:"如果党再不提出批判富农思想,我明年恐怕就不会在党内了。"独山县打羊乡行政组长因为被误认为从事黑市交易,遭到群众围攻追问了两晚上,如果不是后来查清并不是他从事黑市交易,这种追问还会继续。① 在群众运动的持续发动下,乡村干部逐渐清晰地认识到,只有将自己置身于国家意志乡村代理人的语境中,才能在身份认定中成为主人,而非敌人。

在农村社会的日常生活中,国家嵌入的这种身份认定制度对农村社会的基本价值判断、日常生活习惯,以及道德观念等都形成了巨大的冲击,将国家赋予的政治意义根植于乡村干部的身份认定之上,主人还是敌人也就成为农村日常生活中极为重要的一部分。通过批判,不仅揭发了一批与国家意志相悖的乡村干部,也涌现了一批新的积极分子,他们成为调整合作社干部的补充力量。通过改造乡村干部更加明晰了资本主义道路与社会主义道路的区别,也使得决策者区分了党员、团员、积极分子和合作社干部的好与坏,从而实现了乡村干部的思想再造,为最终实现和巩固合作化运动打下了坚实的基础。

---

① 中共独山县委:《关于开展群众性的批判富农思想运动的报告和今后意见》(1955 年 12 月 7 日),黔南州档案馆:5—1—64。

第四章　农村社会稳定机制的构建

　　社会稳定是指在一定地理区域内的社会共同体内部及其与外部政策的有序关系,是社会整体结构与功能的稳定,是社会经济的协调发展、持续稳定增长、公共生活的有序状态和公众思想的稳定与和谐。① 作为一个解释框架,社会稳定包含着诸多方面和层次的内容,比如社会政治稳定、社会心理稳定、社会环境稳定、社会治安稳定等。新中国成立初期,构建少数民族地区农村社会稳定机制(更多地强调结构均衡),弱化民族排斥情绪,缓解社会矛盾成为中国共产党必须面对的问题。为此,中国共产党在西南民族地区农村社会构建了一套相对完整的稳定机制和制度,慎重对待民族上层人士,积极调节民族纠纷,从而保证了西南民族地区的稳定。

第一节　稳定体系的构建与防控实践

　　新中国成立之时,作为从外部介入的中国共产党在处理社会稳定问题时,可谓是困难重重:大量盘踞在西南的国民党军队还没有彻底消灭;土匪、特务时刻威胁着新生政权;少数民族上层还未对中国共产党拥有足

---

① 　张雷、程林胜:《转型与稳定》,学林出版社1999年版,第47页。

够的认同;民族纠纷缺乏合理的调节和解决机制……这些都成为社会不稳定的重要因素。因此,构建民族地区农村社会稳定的长效机制,实践民族地区社会稳定的防控,即成为中国共产党亟须解决的问题。

一、社会稳定机制的构建与发展

新中国成立初期,西南民族地区农村社会的稳定系统主要包括三个层面:一是基层的调节和治安,二是公安机关,三是检察和审判。关于这一点,曾被刘少奇概括为三道防线,也就是维护农村社会治安的政法工作体系,即由基层人民调解组织、治安保卫组织,通过联系群众、教育群众制定乡规民约,调解人民内部的各种民间纠纷,防止矛盾激化、预防犯罪和制止违反法纪,不讲公共道德的行为,此为第一道防线;由公安机关负责在社会上打击敌人、惩治犯罪,管制改造反动阶级分子,维护治安、保护人民、保卫国家安全的斗争任务,作为第二道防线;由检察机关、审判机关履行,依法律程序逮捕镇压反革命分子、惩罚犯罪分子、保护人民合法权益和维护社会主义法制的职能,作为第三道防线。三道防线的工作体系着眼于教育、调节,以及防范,对维护农村社会治安起到了积极的作用。[①]实际上,就是包括调解组织、治安组织、公安机关、人民法院在内的多道防线,构成了西南民族地区农村社会稳定的基本架构。

(一)基层调解工作

新中国成立以后,中国共产党在民族地区设立了新型的纠纷调节机制,以代替原有的乡村民约和宗法治理,来实现西南民族地区农村社会的长期稳定。1954年2月25日,政务院第206次政务会议通过的《人民调解委员会暂行组织通则》明确指出:"调解委员会是群众性的调解组织,在基层人民政府与基层人民法院指导下进行工作。"[②]这就指明了基层调

---

① 孙国华:《中华法学大辞典·法理学卷》,中国检察出版社1997年版,第355页。
② 中央人民政府司法部编辑:《人民调解工作手册》,通俗读物出版社1954年版,第1页。

解组织的基本性质,实际上,人民调解组织就是在广泛动员的基础上建立的。解放以后,贵州农村就以乡为单位建立了人民调解组织。1951年4月,兴义专区人民法院开始部署建立农村人民调解组织。截至10月,在已土改的70多个乡(镇)中普遍建立起了人民调解组织。[①] 1953年4月,在贵州省第五届政法工作会议后,兴义专区结合农村基层选举普遍建立了乡村人民调解委员会,其中一部分是巡回法庭在清理积案、平反冤假错案中组建的。截至1954年底,兴义专区713个乡(时为小乡,含盘县、关岭)全部建立起了人民调解组织,有成员3760名。[②] 此时的基层调解组织可分为区、乡、村三级,在村民组中还成立了调解小组或设立了调解员。人民调解委员会一般由3—7名委员组成,其中推选主任1人、副主任1人。[③]

1956年,为适应农业合作化高潮的需要,农村撤区并乡后,普遍在高级农业合作社成立了调解小组,原有的乡人民调解委员会部分保留。调解小组成员的名额一般根据高级农业合作社户数的多少,人口是否集中来决定。如果是一乡一社就仅设调解小组,如果是两乡以上合办一个高级农业合作社,就撤销原来的人民调解委员会,设调解小组。调解小组一般设组长1人,副组长1人,调解委员2—4人。"大跃进"时期,原来的人民调解委员会和调解小组撤销,取而代之的是人民调处委员会,由5—7名调处委员组成,大多数是以乡长或副乡长兼主任,人民调处委员会的委员主要由治保、妇联、居民委员会或民政委员兼任。"大跃进"以后,人民调解委员会逐渐恢复之前的设置。从1963年开始,人民法庭又协助人民公社选举人民调解组织,其中公社建立人民调解委员会,生产大队建立

① 《黔西南布依族苗族自治州志》编纂委员会编:《黔西南布依族苗族自治州志·司法行政志》,贵州人民出版社2008年版,第231—232页。
② 《黔西南布依族苗族自治州志》编纂委员会编:《黔西南布依族苗族自治州志·司法行政志》,贵州人民出版社2008年版,第231—232页。
③ 贵州省地方志编纂委员会编:《贵州省志·司法行政志》,贵州人民出版社1999年版,第266页。

调解分会或调解小组。①

　　随着国家政策的变化,基层调解组织的主要功能呈现出不同的倾向。以黔西南为例,1950 年到 1955 年,国家是以贯彻《婚姻法》为主,调解的主要内容包括婚姻、家庭和邻里纠纷。1956 年后,调解的主要内容则集中于农业合作化后产生的矛盾纠纷。比如普安县的 34 个乡,1955 年调解各类矛盾纠纷 3581 件,以土地、林木、婚姻、家庭纠纷为主。龙吟乡在 1955 年排解纠纷 480 起,为全县最多,其中 70% 的纠纷是上述四类。1958 年夏季后,农业合作化所产生的矛盾和纠纷成为调解的重点。为此,黔西南各县调处委员会坚持"教育为主、惩罚为辅"的方针,通过教育、批评、辩论的方式调处民间纠纷和轻微刑事案件。② 1958 年 3—6 月间,贵州全省共调处 659 件纠纷,其中通过批评教育解决的有 520 件,占 78.9%,赔礼道歉后解决的 37 件,占 5.61%。③ 晴隆县沙子岭调处委员会成立半年内,就处理民间纠纷 73 起,其中小偷小摸、出工不出力各 13 件,不遵守劳动纪律 8 件,吵架斗殴 6 件,损伤耕牛和损坏农具 14 件,婚姻家庭纠纷 19 件。在处理方式上,批评教育解决的占 76%,给予轻微处理的占 24%。④

(二)基层保卫工作

　　治安保卫工作也是推行国家意志和维护基层社会稳定的重要保障。1950 年 8 月,根据中央的指示,中共贵州省委社会部下发了《关于乡与村农协建立治安小组的组织与工作》,要求在农村建立群众性的治安锄奸

---

① 贵州省地方志编纂委员会编:《贵州省志·司法行政志》,贵州人民出版社 1999 年版,第 266 页。

② 《黔西南布依族苗族自治州志》编纂委员会编:《黔西南布依族苗族自治州志·司法行政志》,贵州人民出版社 2008 年版,第 244—245 页。

③ 贵州省地方志编纂委员会编:《贵州省志·司法行政志》,贵州人民出版社 1999 年版,第 270 页。

④ 《黔西南布依族苗族自治州志》编纂委员会编:《黔西南布依族苗族自治州志·司法行政志》,贵州人民出版社 2008 年版,第 244—245 页。

组织。同年 9 月,贵州省公安厅在贵筑、安顺、都匀、黄平等 15 个县进行组织治安小组的试点工作。当年,全省共建立农村治安小组 309 个。在进行治安小组试点的同时,省公安厅根据第三次全国公安会议精神,以治安小组为基础,组建治安保卫委员会,农村以乡为单位,城市以机关、工厂、街道、学校为单位,经群众选举,组成治保会,委员 3—11 人。在隶属关系上,治保会受基层政府和公安机关领导,协助政府维护治安。1951年,贵州全省共建立治保会 329 个,治安小组 13720 个。① 治保会和治安小组的迅速发展,为农村社会的稳定提供了重要保障。不过,此时治安保卫委员会的管理体制并未严格统一,直到 1952 年 6 月国务院批准,8 月公安部公布的《治安保卫委员会暂行组织条例》才真正将其制度化。《条例》规定治保会的具体任务是:对群众进行防奸、防谍、防火、防盗与镇压反革命活动的宣传教育;组织与领导群众协助政府、公安机关举报、监督和管制反革命分子,严防反革命破坏活动;组织与领导群众协助政府、公安机关对反革命家属进行教育和思想改造工作;发动群众制定防奸的爱国公约,组织群众维护社会治安。② 根据此《条例》,贵州省对治保会和治保小组进行了改造和整顿。1952 年,改造和整顿后的治保会共有 2327个,治保小组 12038 个。此后,由于受合作化的影响,治保组织的发展更是进入了快车道。1954 年,省公安厅要求农业生产合作社 25 户以下的要拥有社治保员,25 户以上的建立 3—5 人的治保小组,50 户以上的建立5—7 人的治保会。1955 年,全省共有治保会 6648 个、治保委员 35073人,70%的农业社建立了治保组织。到 1959 年,全省的治保会已经达到11881 个、治保小组 72400 个,拥有治保人员 60 余万人。③ 密度如此之大

---

① 贵州省地方志编纂委员会编:《贵州省志·公安志》,贵州人民出版社 2003 年版,第 590—591 页。

② 《治安保卫委员会暂行组织条例》,《江西政报》1952 年第 8 期。

③ 贵州省地方志编纂委员会编:《贵州省志·公安志》,贵州人民出版社 2003 年版,第 591 页。

的治保组织和治保人员成为西南民族地区农村社会稳定的重要力量。

作为村庄重要的武装力量和保卫力量,民兵的存在使村庄管理充满着军事化色彩,在防治村庄偷盗及各种扰乱村庄秩序的行为方面发挥着积极的作用。民兵可分基干民兵和普通民兵两种,基干民兵主要以复原退伍军人为基本构成,16—30岁的男性青壮年都可编入,普通民兵是除了地、富、反、坏、右和残疾人员外,年满16—50岁能拿武器的男女公民都被编入。"民兵组织有连、排、班的层级组织设置,但并非是脱离生产的群众武装,在和平时期执行'劳武结合'的原则,进行农业生产和军事训练是民兵主要的日常活动。他们还被要求发挥先锋战斗队作用,能够带头进行突击生产和建设水库。不过,民兵组织并不能取代生产组织,在村庄日常运作中两者是两套系统,换言之,在乡村建立民兵组织并非要实现全民皆兵,而是为实现全民皆兵做准备。"[1]

民兵组织的主要功能亦随着国家政策重点的变化而不同。1950年到1952年,民兵主要是配合部队进行清剿土匪、土地改革、镇压反革命等。1950年底,贵州已经建立起了拥有28万人的民兵队伍。在拥有彝族、苗族的大方县,1950年即组织了1058名民兵自卫队员,对全县土匪进行了三次大规模的围剿,一个半月就歼灭匪首135人、匪众1249名。1952年,全省已经建立了293个乡队、3447个中队、13137个分队、33147个小队,民兵总数达611201人。到1958年,民兵组织建设出现了声势浩大的"全民皆兵"运动,仅一个多月,贵州省就组建了400多个师团,2104个民兵团,8092个民兵营,33712个民兵连,民兵总数达到115万余人,占贵州整个人口总数的35.5%。[2] 民兵犹如农村社会的汪洋大海,对西南民族地区农村社会的稳定起到了重要的推动作用。据1950年到1959年

---

① 邓宏琴:《包夹:集体化时代乡村阶级斗争的运作机制》,《开放时代》2011年第12期。

② 栗永宁:《不断发展壮大的贵州民兵》,见贵州省军区、《贵州民兵》编写办公室:《贵州民兵(1949—1985)》,内部资料,1985年,第14—31页。

的不完全统计,贵州省民兵配合公安机关破案98700多起,抓捕罪犯38939名。黔南布依族苗族自治州福泉县马场坪镇民兵连,在连长唐银安的带领下,在这10年中先后捕获反革命分子和坏分子276人,抓捕逃犯551人、贩毒犯178人,查获大烟7500多两。① 民兵还担负起反空投的任务,从1949年到1965年,贵州省民兵建立对空观察哨共271处,参加执勤的民兵达12452人。从1949年到1959年,全省发现敌机空投85次,出动民兵1068000多人次进行收缴,共缴获反动传单、宣传品121571份,其他物资904件。1957年的一天晚上,3架敌机飞到榕江县上空,在100平方公里的地面上投下大批反动传单和物资。发现情况后,该县人武部、公安局迅速组织民兵1000多人,对敌机飞临地区连夜搜索,有的地方连续搜了三天,将空投的传单及物资全部收缴。②

(三)公安机关

除了基层的调解和治安组织以外,构建一套人民的公安机关和法院也是保障西南民族地区农村社会稳定的重要内容。新中国成立初期,西南地区公安机构主要包括地州、县级公安和派出所的设置。解放时,云南省即建立了12个行政督察专员公署。1950年春,在行政督察专员公署下设公安局(科),负责筹建辖区各县公安机构,以保证人民公安保卫工作的顺利推进。成立之初,专区一级公安机构的名称和内部机构的设置均不统一。1952年3月,根据中央公安部和西南公安部下达的《各级公安新编制方案》,专区一级公安机构统称为公安处,处下设科。1952年到1958年,专区在原有基础上建立和合并建立了红河、大理、楚雄、文山、德宏等5个民族自治州,专属公安处同时改名为民族自治州公安局。③

---

① 栗永宁:《战斗在治安战线上的贵州民兵》,见贵州省军区、《贵州民兵》编写办公室:《贵州民兵(1949—1985)》,内部资料,1985年,第303页。

② 栗永宁:《战斗在治安战线上的贵州民兵》,见贵州省军区、《贵州民兵》编写办公室:《贵州民兵(1949—1985)》,内部资料,1985年,第309页。

③ 云南省地方志编纂委员会总纂,云南省公安厅编撰:《云南省志·公安志》,云南人民出版社1996年版,第246页。

　　在县级公安机关的建设中,西南民族地区也不断进行探索和实践。卢汉起义以后,云南省将建水、元江、石屏、蒙自、个旧辖的一部分乡和土司管辖地区划出,建立了新民(1951年改称元阳)、红河两县。在建立人民政权时,同时设立了公安局、公安科、武装科或警械队、警卫队、人民自卫队等临时治安机构,以维持治安。1950年5月6日,中共云南省委批转了昆明市军管会公安部关于建立公安保卫工作的请示,要求各地在建立人民政权时,同时建立公安机构,组建地方公安武装;25日,云南省人民政府发布训令,对专、县公安机关和公安武装的编制员额作出规定,要求各地按编制组建专、县两级公安机构和地方公安队伍、区公安员。不过,由于当时反革命残余势力猖狂破坏,土匪暴乱迭起,边境部分地区被溃逃的国民党残军或叛乱武装所盘踞,加之公安骨干调配困难。因此,县级公安机构的组建进展缓慢。据1951年初统计,只有115个县建立了公安局或者搭起公安局的架子,其中有的是与公安队合在一起,只挂出公安局的名牌,尚无实际工作。1951年到1952年,结合镇压反革命运动,县级公安局得到进一步建立、健全。截至1952年底,已建立县公安局126个(当时云南省共计129个县),除碧江、福贡、贡山三个边远少数民族聚居的县份,公安机构尚未建立或虽有其名尚无其实外,全省县级公安机构已基本组建完毕。1954年,镇压反革命运动结束后,县级及县以下公安机构设置进一步健全。1956年,全省127个县级公安机构已得到充实、健全。不过,在1958年人民公社化运动中,一批县级公安机关被撤并,严重影响了县及以下公安机构的建设,社会治安也陷入混乱状态。据1959年上半年统计,县公安局锐减至84个。除部分县级行政区被撤并外,还有8个县(区)与检察院、法院合并,成立"政法办公室""政法公安部",30个县(区)与检察院、法院合署办公,由"公检法联合办公室"统一部署工作,使用警力。这种做法,1961年后逐步得到纠正,已撤并的县(区)公安局逐步恢复,并停止推行违背社会主义法制原则的公检法"合署办公"制度。至1966年"文化大革命"开始时,云南全省共设县级(含县级市、区、

镇)公安机构 128 个。① 县级公安机关的构建基本完成。四川、贵州的公
安机关也基本如此。

在公安机构建设的同时,西南地区还组建了大量公安派出所,公安派
出所为市、县(区)公安局、分局的派出机构。不过,这种派出所大多位于
重要城市的城镇。解放初期,贵州省只有贵阳、遵义、安顺等重要城市的
城镇建立了公安派出所。此后,随着公安制度建设的不断推进,公安派出
所也大规模发展起来。1950 年 12 月,全省共有公安派出所 38 个。1951
年 12 月,全省公安派出所增至 60 个,大部分位于城市和城镇,其中城市
公安派出所 31 个、城镇公安派出所 17 个,只有 12 个公安派出所位于集
镇。1952 年 4 月,全省第五次公安会议召开,要求各地公安机关加强治
安工作,建立健全公安派出所。因此,公安派出所得到大规模发展,当年
就增设公安派出所 96 个。但是,根据公安部"集中力量,加强重点城镇
管理,只在辖区较大、人口较多、社会情况较为复杂和工作需要的城市、
重要城镇和地处交通要道的集镇建立公安派出所"的要求,1954 年,贵
州省公安厅将当时分设在 67 个市、县的 129 个公安派出所压缩为 52
个。在此之后,根据各地治安的需要,公安派出所的组织建设又得以恢
复和发展,截至 1964 年 12 月,全省共有公安派出所 126 个。1966 年 6
月,增至 170 个。② 云南省的公安派出所建设与贵州基本一致。20 世纪
50 年代,建立人民公安机关时,在城市和交通沿线治安情况复杂的城镇、
工矿区先后建立了 100 多个公安派出所。60 年代,公安派出所增设至
200 多个。③

除去公安派出所外,公安特派员也是农村治安的重要力量。20 世纪

① 云南省地方志编纂委员会总纂,云南省公安厅编撰:《云南省志·公安志》,云南
人民出版社 1996 年版,第 247 页。
② 贵州省地方志编纂委员会编:《贵州省志·公安志》,贵州人民出版社 2003 年版,
第 121 页。
③ 云南省地方志编纂委员会总纂,云南省公安厅编撰:《云南省志·公安志》,云南
人民出版社 1996 年版,第 247 页。

50年代初多被配置于农村区公所,称"公安助理员""公安员"。1953年后统称"公安特派员"。1958年,人民公社化运动开始后,以公社为单位进行配置,每社1人,人口较多、地域辽阔的人民公社配置2—3人。其职责是领导农村治安保卫委员会,进行防特、防盗、防火、防自然灾害事故的"四防"工作;组织群众,按照政策和法令监督改造地主、富农、反革命分子、坏分子;进行社会调查,了解并向上级公安机关反映敌情和社会动态;保护案件发生的现场;指导农村基层组织管理户口。农村公安派出所建立后,公安特派员纳入公安派出所编制,不再另设。①

针对西南地区少数民族众多的特点,中国共产党将培养少数民族干警视为公安队伍建设的重要内容。在20世纪50年代建立人民公安队伍时,各专区、各县即把招收、培养和提高少数民族干警摆在重要的位置上。1954年西双版纳公安总局先后举办两期干训班,招收、培训少数民族干警101名;保山、文山、蒙自、普洱等边防专区也先后举办培训班,招收和培训少数民族干警200多人,并从中提拔为股级、所长级干部85名。到1956年,边境地、州、县少数民族干警已占公安干警总数的四分之一左右,其中红河、西双版纳两个民族自治州(区),分别占30.9%和49.5%。1956年,云南省公安学校还开创了民族班,当年就调训少数民族公安干部152人。少数民族干警的调训大大充实了民族地区干警的力量。据云南省的统计,1956年10月,少数民族公安干警已占干警总数的17.6%,其中被提拔为处、科、局、股、所长的有197名,占同级干部的16%。对少数民族上层子弟也都做到一视同仁,表现优秀的,同样给予提拔使用。虽然"大跃进"时期,培养少数民族公安干警的工作一度受到挫折,一些少数民族公安干警,曾被精简下放,但较快得到纠正。到1963年,少数民族公安干警在云南全省公安干警中的比重,已上升到21.6%。其中,担任专

---

① 云南省地方志编纂委员会总纂,云南省公安厅编撰:《云南省志·公安志》,云南人民出版社1996年版,第247页。

区、自治州公安处、局长的有 2 名,担任公安科、局长的有 53 名,担任股、所长的有 192 名。1965 年,全省新提拔的处、科(局)、股级公安干部中,少数民族占 17.2%。①

此外,大量基层人民法院的建立,也确保了司法审判的程序化。1950年,四川省就成立了县级人民法院 119 个,县司法科 15 个。至 1953 年底,四川全省除阿坝、四土、若尔盖、绰斯甲等 4 县外,其余各县都设立了人民法院或司法科,共有人民法院 137 个,市人民法院分院 3 个,县司法科 4 个。② 除日常的人民法院外,还有大量特别法庭的存在,比如"三反"法庭、土改法庭、巡回法庭、普选法庭等。可以说,新中国成立十七年中国共产党从维护民族地区稳定的角度,在西南民族地区构建了包括调解组织、治安组织、公安机构、人民法院在内的一整套机构和体制,这些机构和体制成为民族地区农村社会稳定的基础和保障。

二、维护社会稳定的防控实践

在西南民族地区农村社会稳定体系的构建与演变中,中国共产党也着力于维护农村社会稳定的防控实践。其中不仅包括清剿土匪、严禁烟毒、镇压反革命、禁止赌博等运动型的农村社会稳定措施,还包括户籍制度管理、特种行业管理、治安秩序管理等日常型的农村社会稳定措施。这里仅以清剿土匪、严禁烟毒、户籍制度为例进行说明。

(一)运动型的农村社会稳定措施

新中国成立以后,土匪作乱、赌博泛滥等社会问题仍然存在,因解放前未得到妥善解决,使其成为社会不稳定的重要因素。为此,中国共产党采取了大规模群众运动的治理方式来实现农村社会的稳定。

---

① 云南省地方志编纂委员会总纂,云南省公安厅编撰:《云南省志·公安志》,云南人民出版社 1996 年版,第 254 页。
② 四川省地方志编纂委员会编:《四川省志·检察审判志》,四川人民出版社 1996年版,第 182 页。

1. 清剿土匪

在西南战役大体结束时,西南地区留下了大量的脱产人员。1950 年
1 月 29 日,邓小平在重庆市第一届各界人民代表会议上的讲话中,说明
了刚接收下来的摊子之庞大:起义、投诚和俘虏的国民党军队有 90 万人。
另外还有国民党政府公务人员和其他教职员 40 万人,国营企业员工 10
万人,这都是按政策必须"包下来"的。再加上解放军 70 万,至少有 210
万人需要供养。① 粮食供应十分急迫。在此背景下,匪特利用解放军征
收公粮的分散之机,煽动群众,袭击征粮工作队,甚至挑起全区性的土匪
武装暴动。

为此,中共中央西南局决定首先进行清剿土匪。1950 年 2 月 6 日到
10 日,邓小平在西南局委员会第一次全体会议中指出,"农村工作在一个
阶段内,皆应以剿匪反霸为中心",并强调:"我们的部队面对着一个很大
的转变,即由对付集中之敌转为对付分散之敌,由公开的斗争转到公开与
秘密相结合,由单纯的战斗队转到与工作队的结合。"②5 月 4 日到 8 日的
西南军区高级干部会议上,邓小平和贺龙又对剿匪工作作出进一步指示,
邓小平还特别强调,"剿匪是反封建的一个步骤"。③ 随后,清剿土匪在西
南地区全面展开。云南省根据西南局的指示,组成了 3000 多人的民族工
作队深入民族地区开展宣传教育,同时部队和各族民兵组成联防,消灭土
匪。④ 到 1953 年上半年,根据各省的不完全统计,共捕歼、争取与瓦解土
匪及其他各种反革命分子 2628 名,其中四川 586 名、贵州 228 名、西康

①　邓小平:《团结起来,战胜困难》(1950 年 1 月 29 日),见《邓小平西南工作文集》,重庆出版社 2006 年版,第 78 页。

②　《邓小平在中共中央西南局委员会第一次会上的报告提纲》(1950 年 2 月 6 日),见中国人民解放军历史资料丛书编审委员会编:《剿匪斗争·西南地区》,解放军出版社 2002 年版,第 69—74 页。

③　《邓小平在西南军区高干会议上关于剿匪问题的发言要点》(1950 年 5 月 8 日),见中国人民解放军历史资料丛书编审委员会编:《剿匪斗争·西南地区》,解放军出版社 2002 年版,第 155—156 页。

④　郎维伟:《邓小平与西南少数民族》,四川人民出版社 2004 年版,第 89 页。

440名、云南104名。此外,进军川西草地歼匪132名,凉山地区歼匪128名(各区配合公安部门破获逮捕其他反革命分子不在此数内)。尤其在少数民族地区,纠正了过去将与新政权对立的少数民族与匪特一起打击的偏向,根据各民族的不同特点,采取了耐心争取教育的方法。比如贵州军区在释放了彝族陈莲贞(陈大嫂)之后,对瓦解其他土匪,特别是争取少数民族的支持产生了积极的影响;西康普雄地区经动员后,该区少数民族上层交出了潜入的匪首;西溪河大头人欧吾尔西经过教育后,主动交出匪首吴老四。① 1952年国庆节,贺龙正式向全国宣布:"现在人民可以到处自由往来,城市农村都呈现着'夜不闭户'、'道不拾遗'的新气象。西南人民梦想多年的安定生活,从此开始实现了。"②到1953年底,西南地区的匪乱基本肃清,民族地区社会基本安定。据统计,从1950年到1956年,解放军与国民党残余和土匪作战数千次,歼敌13万人,俘匪特1600余人。③

2. 严禁烟毒

解放前夕,随着基层控制力的下降,西南地区种植烟毒的现象遍布各地。仅在川东的秀山县五区,就年产鸦片15000两,城口的5个乡,种植鸦片高达1085亩,巫山、巫溪、武隆、石柱、彭水、南川、黔江等县,种烟面积也达到1000亩以上。④ 由于鸦片贸易的高额利润,制造、叛卖、销售鸦片的产业链十分发达。西南地区最大的烟毒集散中心为重庆、成都、贵阳、雅安等地,这些地区又用烟毒将西南与华南、华东、西北连接起来,使得烟毒交易成为畸形发达的商品贸易。如此大规模的种植和销售,就必

① 《西南军区司令部关于清匪工作会议向中共中央西南局、西南军区党委的报告》(1953年9月6日),见中国人民解放军历史资料丛书编审委员会编:《剿匪斗争·西南地区》,解放军出版社2002年版,第604—606页。
② 贺龙:《迎接祖国的伟大建设——庆祝中华人民共和国成立三周年》,《新华日报》1952年10月1日。
③ 郎维伟:《邓小平与西南少数民族》,四川人民出版社2004年版,第89页。
④ 罗兰英:《建国初期四川的禁毒运动(1950—1952)》,四川师范大学历史旅游学院硕士学位论文,2002年。

定有大规模的吸食者。解放初,仅四川一省就有烟馆 2 万余家,烟民 200 余万人(包括西康的 428628 人)①。尤其在少数民族地区,问题更加复杂,充斥着禁止与抗争的博弈。据不完全统计,从 1939 年到 1949 年,四川省少数民族地区因铲烟发生的抗铲流血事件连年不断:西康省发生 143 次,死亡 2013 人;昭觉县发生 25 次,死亡 496 人;茂县、汶川、理县、懋功、靖化、马边、雷波、峨边、沐川、旺苍、青川、平武各县发生百次以上,死亡的县长、区长、保警官兵不下千人。② 因而,烟毒问题十分严重且急需解决。

新中国成立以后,政务院首先颁布《关于严禁鸦片烟毒的通令》,③从此全面的大规模禁烟运动拉开序幕。1950 年 12 月 28 日,西南军政委员会颁布了《西南区禁绝鸦片烟毒治罪暂行条例》④,更加明确了严禁烟毒的政策法规。此外,还成立禁烟禁毒委员会,机构设置从西南大区开始,一直延伸到基层乡村。根据中央对少数民族地区采取慎重方针的要求,少数民族地区的禁止烟毒措施相对缓和,政策宣传和揭发种烟吸烟的措施,必须经过少数民族代表会议的协商和同意才能推行。在凉山地区,禁止种植的区域被划分成三类:一类是单纯彝族区,且彝族种植时间长,采取不问不管的态度;二类是汉族彝族杂居区,主要是加强教育;三类是普格地区(普格县),采取教育彝民、惩罚汉民的办法。尤其是遇到灾荒时,各级政府秉承生产自救为主,救济为辅的方针,逐渐教育彝族民众改变种植习惯。到 1951 年底,除川西少数民族聚居区的凉山、阿坝等地,四川全省基本完成了禁止种植鸦片的任务。1952 年 12 月 12 日,政务院又颁布《关于推行戒烟、禁种鸦片和收缴农村存毒的指示》,考虑到西南地区少

---

① 四川省地方志编纂委员会编纂:《四川省·民政志》,四川人民出版社 1996 年版,第 408 页。
② 四川省地方志编纂委员会编纂:《四川省·民政志》,四川人民出版社 1996 年版,第 407 页。
③ 《关于严禁鸦片烟毒的通令》(1950 年 2 月 24 日),《云南政报》1950 年第 3 期。
④ 《西南区禁绝鸦片烟毒治罪暂行条例》(1950 年 12 月 28 日),四川省档案馆:建西 7—66。

数民族种植鸦片的特殊性,公安部同意西南地区农村暂时不收缴存毒,而是实行逐步禁止的方针,抓到少数民族销售烟毒者,主要是进行教育,劝回,并不予以没收,之后通过土司、头人等上层代表人物的权威和劝导,促使少数民族主动缴呈。同时,还对民族地区烟毒的种植和销售进行堵塞,断绝其贩运线路。到20世纪50年代末期,西南民族地区的烟毒问题基本得到解决。①

(二)日常型的农村社会稳定措施

除了运动型的农村社会稳定实践以外,日常型的农村社会稳定措施也成为中国共产党维持农村社会稳定的重要内容,尤其体现在对民族地区农村人口流动的控制方面。新中国成立初期,国家对人口迁徙的管理较为宽松,重庆市江北县的外来人口进入城市十分容易,只需3天内到有关部门登记暂住户籍,居住时期超过3个月,就可申报常住户籍。② 不过,随着公共秩序的稳定和经济水平的恢复,国家需要对社会成员的行为进行规范,以保障社会成员的有序合作。户籍制度即伴随着新秩序的建立,得以逐渐确立。

早在1950年8月,公安部就制定了《关于特种人口管理的暂行办法(草案)》,目的是为了对反革命分子或可疑分子进行监视和控制,以便"搞好社会治安、保障安全",为国家实施管理和建设提供人口资料。③ 这

---

① 实际上,西南民族地区禁止烟毒的问题十分复杂,仅在措施上就多种多样,比如漫画、歌曲、戏剧也是严禁烟毒的重要宣传载体,当时的《戒烟歌》一定程度上反映了对戒烟的宣传教育。"洋烟本是大毒品,敌人弄来害人民,不让我翻身。劳动人民受它骗,吸上一副大烟瘾,田地卖干净。大烟害处说不尽,不戒大烟活不成,它和反动派不能分,全是大敌人。不戒大烟就是死,戒了大烟身体壮,一齐去打仗。政府发下戒烟丸,不伤身体不花钱,戒烟不为难,不戒大烟人讨厌,戒了烟瘾人人敬,全家都欢乐。"见毕淑敏:《红处方》,北京十月文艺出版社1997年版,第309页。

② 罗教喜:《渝北区户籍管理制度变迁》,见重庆市渝北区政协文史学习委员会编:《渝北文史资料》(第16辑),内部资料,2010年,第6页。

③ 陆益龙:《超越户口:解读中国户籍制度》,中国社会科学出版社2004年版,第23页。

样,人口的管理直接与新秩序的建立,尤其是社会稳定的治安管理紧密联
系起来。在 11 月颁布的《城市户口管理暂行条例》中,就申明:"为了维
护社会治安,保障人民之安全及居住、迁徙自由,特制定本条例。"[1]在农
村,户口的管理也逐渐规范。从 1951 年 7 月起,贵州省农村户口由民政
部门负责管理,进行出生、死亡、迁出、迁入登记。1956 年,农村户口实行
乡、村两级登记管理。1958 年,农村户口实行人民公社、管理区(或生产
大队)两级管理,生产大队和生产队建立两套户口籍册,管理区办理迁
入、出生、死亡、变更登记,人民公社管理迁出和更正登记。[2] 从 1953 年
到 1957 年的第一个五年计划期间,中国农村的户口管理制度逐步成型,
这也为 1958 年 1 月 9 日颁布《中华人民共和国户籍登记条例》奠定了基
础。1958 年 1 月 9 日的《条例》开始对人口自由流动,特别是对农村进城
人口实施严格限制和政府管制,开启了长达数十年的城乡二元结构。此
外,中共中央又陆续出台了一些补充规定,比如 1958 年 2 月国务院发出
的《关于制止农村人口盲目外流的指示和补充通知》,1959 年 1 月中共中
央发出的《关于立即停止招收新职工和固定临时工的通知》。[3] 在严格的
户籍管理制度之下,农民大规模外流的现象就此消失。

需要指出的是,少数民族的人口流动并未完全消失,而是一直存在,
直到 1963 年 10 月四川省的文件仍在强调:"连续发现一些少数民族人士
(主要是藏民)在各专、市、县到处流浪的情况。"四川省民政厅、四川省公
安厅、四川省民族事务委员认为,他们"有的冒充少数民族观光团员,骗
取路费和粮票;有的伪造公章和证明信件,进行诈骗;有的出卖假药,骗取

---

① 《城市户口管理暂行条例》,《人民公安》1951 年第 11 期。
② 贵州省地方志编纂委员会编:《贵州省志·公安志》,贵州人民出版社 2003 年版,
第 515 页。
③ 陆益龙:《超越户口:解读中国户籍制度》,中国社会科学出版社 2004 年版,第
26 页。

财物;有的进行盗窃和投机倒把等活动,影响了社会治安"①。因而,亟须政府部门对此问题进行实质性的解决,但又考虑到其是少数民族地区,需要采取慎重的态度,故而提出了一些相对谨慎的解决措施。比如,确定了区分民族观光团员和流浪少数民族的保障手段,即凡属省内、省外到各地的少数民族观光团,均由省民委事务委员会事先与各有关地区联系,并持有省民委的介绍信件,由负责人员带领,统一组织参观。对于少数民族确有正当理由办理公私事务,要进行严格审查。再比如,对流入的少数民族加强教育管理,并严格进行区别:属于盲目外流,没有违法行为的,应由当地机关负责送回原籍;如从事诈骗财物、投机倒把行为的,应进行严格的批评教育,送回原籍;情节比较严重者,查明情况后再作处理;有严重违法破坏者应由政法部门依法予以惩办,或押解回原籍法办。② 从上述的处理措施看,对西南地区少数民族盲目流动问题的处理还是比较慎重的,也正因为如此,减少人口的盲目流动也成为民族地区维护社会稳定的重要举措。③

三、社会结构的稳定与固化

随着西南民族地区社会体系构建的完成和防控措施的推进,整个社会逐渐呈现出高度一体化的稳定状态,少数民族也不可例外地被纳入其

---

① 《四川省民政厅、四川省公安厅、四川省民族事务委员会关于对少数民族自流人员处理意见的报告》(1965 年 4 月 20 日),四川省档案馆:建川 48—603。
② 《四川省民政厅、四川省公安厅、四川省民族事务委员会关于对少数民族自流人员处理意见的报告》(1965 年 4 月 20 日),四川省档案馆:建川 48—603。
③ 对于严格的户籍制度,本书并不是进行肯定,只是强调其在维护社会稳定方面的作用。对于国家之所以阻止农民进城,黄宗智认为,主要原因是在于马克思主义对工人阶级的偏重,"毛主义又按照正统马克思主义偏重无产阶级的观点,在工资待遇上优待产业工人,远在农民之上。其结果一是解放初期,社会主义的中国与世界其他国家一样,人们大量流离农村,导致 1958 年对户口的严格管制。尽管在'大跃进'和'文化大革命'年代,毛主义说了许多亲农民的话,国家实质上仍一致严格地限制农民进入城市。"见[美]黄宗智:《长江三角洲小农家庭与乡村发展》,程洪译,中华书局 1992 年版,第 298 页。

中。实现这种社会稳定与控制,首先需要通过单位制度的安排,尤其是人民公社时期,这种单位制表现得尤为明显,不论是户籍安排还是主副食分配都是由人民公社来完成,每一个少数民族成员都是某一个公社的社员,如果脱离了这个公社,就代表着丧失了晋升的机会和资源分配的权利。其次,国家通过政治领袖和政权权威来实现社会的稳定。根据马克斯·韦伯对合法统治和权威类型的分类,新中国成立十七年的中国毫无疑问是属于个人魅力型政治,个人魅力型的权威是建立在某个英雄人物具有的特殊品质和非凡才能等个人魅力的基础上。新民主主义革命时期,以毛泽东为代表的中央领导集体凭借其出色的个人才能和智慧,带领中国共产党取得了建立新中国的胜利,不仅成为国人心中的政治领袖,更是精神领袖。也正因为此种精神的存在,才保证了此后一个又一个政治运动的顺利推行。李普塞特对合法性的解释也可证明这种说法,他强调:"合法性是指政治系统使人们产生和坚持现存政治制度是社会的最适宜的制度之信仰的能力。"①最后,国家通过社会成员的身份控制来实现社会稳定。从身份转换上,新中国成立十七年的中国农民在身份上很难转变为工人。比如在贵州,只有在新中国成立初期和三线建设时期涌现出大量的"农转非",其余时期则是严格限制。1961 年,贵州省公安厅要求各地国家机关、团体、企事业单位从社会上新招收人员时,必须有中共贵州省委的批准手续,"农转非"条件极为严格。同时,农民在地域上实现转移也十分困难。从 1952 年开始,西南地区统一使用迁移证及户口专用章。1961 年,贵州省公安厅明确规定,全国通用的迁移证明由县公安局掌握签发。管理级别由 1954 年乡、区直接上升为县级公安局。② 在此条件下,农民的身份转变和地域迁徙被严格限制。

① ［美］李普塞特:《政治人:政治的社会基础》,张绍宗译,上海人民出版社 1997 年版,第 55 页。
② 贵州省地方志编纂委员会编:《贵州省志·公安志》,贵州人民出版社 2003 年,第516—517 页。

在单位制、政治权威、身份控制等因素的制约下，西南民族地区农村社会保持着长期的稳定。但农村社会结构的稳定，并不一定导致经济的快速发展和社会的顺畅运行，也可能迫使农民个体被固定在社会阶层之中，或被固定在人民公社和居住地域内，阶层和地域流动都难以实现，最终走向固化。

第二节　少数民族上层人士与国家认同的建构

疏通民族关系，打破民族隔阂始终是统一多民族国家的重要任务。尤其是在新中国成立初期，国家政权刚刚建立，加强与少数民族的联系，增强民族地区的国家认同就显得更加重要。在疏通民族关系的过程中，由于少数民族上层人士在反抗民族压迫和外国势力入侵的斗争中，成为本民族的公众领袖，在少数民族中有很深的影响，因此成为新生国家政权争取、团结的重要对象。新中国成立以后，随着民族工作的全面展开，对此问题的认识更加清晰，中共中央西南局认为："少数民族的上层人物对少数民族的群众有着传统的影响，而且总被认为是自己人。我们和少数民族群众原来没有密切的联系，而且总被认为是外人。"①因而必须首先和少数民族上层人士取得联系。

如何去联络和动员少数民族的上层人物，如何去获取包括传统社会政治制度中的当权者、担任过党政军重要职务的官员、知名的宗教人士，以及一些少数民族的高级知识分子的信任和支持，增强少数民族上层对政党和国家的认同感，毫无疑问是新生人民政权所必须面临的重大问题。为此，从新中国成立伊始，国家就开始有计划地分批组织边疆少数民族上

---

①　《必须树立与少数民族上层人物长期合作的观点》，《西南工作》1952 年第136 期。

层人士到内地参观。据不完全统计，从 1949 年到 1964 年的 15 年间，仅毛泽东、刘少奇、周恩来、朱德等党和国家领导人亲自接见的少数民族参观团、观礼团和代表团就达 268 次之多，达一万多人次。① 仅在 1950 年国庆观礼中，接受中央人民政府邀请来北京的民族代表就有 159 人，文工团 222 人。② 代表成分包括各级军政人员、工人、农人、牧人、猎人、劳动模范、革命军人家属、革命烈士家属、教师、学生、文艺工作者、活佛、阿訇、堪布、喇嘛、土司、头人等。此外，边疆各地还组织少数民族上层人士到上海、武汉、广州、成都、重庆，以及各级别的城市参观。如此频繁的参观与访问，表明这种交流制度是新中国成立初期疏通民族关系，打破民族隔阂的重要举措。事实上，边疆少数民族上层人士到内地参观既是维护社会稳定的重要途径，又可透视出中国共产党对民族地区治理的基本理念和思路。

一、少数民族上层对国家认同的实践

组织边疆少数民族的各方面人士到内地参观，是增进少数民族和汉族间互相了解，密切边疆民族地区和中央人民政府间联系的重要方式。这些来自各民族的代表中，有各级军政人员、农民、牧民、猎人、工人、革命军人和革命家属，有教师、学生、文艺工作者，有活佛、王公、阿訇、堪布、喇嘛、土司、头人等。西南民族地区也是如此，他们派出了各种参观团、学习团、观礼团到北京、上海、南京、重庆、成都等地参观学习，开阔眼界。凉山地区仅 1950 年就先后组织少数民族上层人士和积极分子 2780 多人次，到北京参加国庆和"五一"节观礼，或去省内外的大中城市参观学习。

---

① 国家民族事务委员会《中国少数民族》编辑组：《中国少数民族》，人民出版社 1984 年版，第 14 页。

② 李维汉：《中央人民政府民族事务委员会关于各民族代表参加国庆节的报告》（1950 年 11 月 24 日在政务院第 60 次政务会议上的报告），见《统一战线问题与民族问题》，人民出版社 1982 年版，第 497 页。

1951 年 3 月,西昌地区以雷波县土司杨代蒂、大头人乌抛大曲为首,组成了 152 人的川南民族观光团,赴乐山、泸州、重庆等地参观。1951 年 8 月,瓦扎木基、王海民赴北京参观,参加了毛泽东在中南海举行的宴会。1952 年 4 月 19 日,彝族知名上层人士果基木古、阿侯鲁木子和木里、盐源的藏族、傈僳族代表,在北京得到毛泽东等党和国家领导人的接见。① 截至 1952 年末,凉山地区先后组织了以民族上层爱国人士为主的民族参观团近 3000 人次到北京和祖国各地的工厂、矿山、学校、医院、部队参观访问。②

乐山地区马边、峨边彝族参观团就是众多参观队伍中的其中一支,共有马边、峨边彝族代表 12 人,其中黑彝 9 人、白彝 3 人,此外还有陪同而来的峨边副县长甘典诺记,以及工作人员 6 人,随员 5 人,共 24 人。这些代表主要由马边、峨边两县大家支(乌抛、甘家)的代表性黑彝上层组成,具体包括乌抛日铁(专属民委副主任)、耍一木铁(专区民委委员)、峨族铁日(马边县府委员)、黑彝木干、甘达宜(两人系峨边一等头人)等,而且上述彝族上层此前均未离开过凉山地区。虽经长期争取,同意走出凉山地区,出来参观,但仍顾虑较深,产生了所谓"五怕"(怕旧制度改革、怕黑白彝平等、怕收枪、怕进军、怕彝汉通婚)。③

观光团的行动路线是先到马边、峨边县城,再到乐山市,主要观光地点是成都和重庆。乐山专区马边、峨边彝族参观团于 1954 年 2 月 6 日到成都。7 日乘车游览市容和公园,参观望江楼高塔和人民公园。8 日,参观百花潭动物园、南郊公园和裕华纺织厂。9 日下午,政府领导设宴招待参观团。11 日上午到四川医学院附属医院;下午座谈,由成都市建设局

---

① 伍精华:《我们是这样走过来的》,民族出版社 2002 年版,第 79 页。

② 中国人民政治协商会议西南地区文史资料协作会议编:《西南少数民族文史资料丛书·团结卷》,贵州人民出版社 1999 年版,第 278 页。

③ 省府民委:《乐山专区马边峨边彝族代表在蓉参观情况综合报告》(1954 年 2 月 11 日),四川省档案馆:建川 48—77。

局长介绍城市建设情况;晚上谈心得体会,并做赴重庆的动员工作。① 在成都的观光过程中,强烈的感官刺激和接待人员的细致照顾,使少数民族上层人士对新政权的态度逐渐发生改变。

首先是观光开阔了视野,增长了见识,一定程度上消除了民族隔阂。明清以来,少数民族上层与以汉族为主体的国家政权缺乏交流,甚至极少走出其所控制的区域。参观过程中,少数民族上层见识到了大城市建设的风貌。在参观高地灌溉时,峨族铁日说:"我有生以来,只晓得树子才能朝天上长,做梦也不能梦见水能爬山,今天却真看见了。"后又称赞:"这真是毛主席领导的好,汉族又团结,又能干,才办的到。"在参观纺织、麦粉等工厂时,也同样称赞不断。乌抛日铁希望政府能支持他们办麦粉厂,特别是看见农业实验所喂的荷兰大牛,"表现出恋恋不舍,希望能给他们一只。"②在参观工业馆、农业馆、血清厂、纺织厂后,民族上层人士普遍感到汉族不论在工农业生产,还是医药文化上都远远领先于自己的民族。彝族上层说,"汉胞啥子也整得来,最稀奇的连水也会爬坡坡","有了机器,泥巴石头都变成了宝贝","牲口生了病也可以打针用药医"。③参观裕华纱厂后,耍一木铁反映:"过去我们穿了衣服还不知道怎样做成的。今天才知道是汉族老大哥用机器制成的,这要不是毛主席的领导和汉族老大哥的能干,我们恐怕看也看不上,还谈得上穿吗?"峨边甘达宜和马边峨族格日看了动物园后也称赞道:"汉族真是能干,连吃人的野兽

---

① 整理自《凉山彝族代表听了任部长谈话和游览市容参观人民公园望山公园后的情况汇报》(1954年2月7日),四川省民委会:《乐山专区马边峨边彝族代表参观情况反映》(1954年2月12日),省府民委:《乐山专区马边峨边彝族代表在蓉参观情况综合报告》(1954年2月11日),民委办公室:《乐山彝族代表来蓉参观简报》(1954年4月6日),四川省档案馆:建川48—77。

② 省府民委:《乐山专区马边峨边彝族代表在蓉参观情况综合报告》(1954年2月11日),四川省档案馆:建川48—77。

③ 民委办公室:《乐山彝族代表来蓉参观简报》(1954年4月6日),四川省档案馆:建川48—77。

也管得住。"①通过对大城市建设的观光,使少数民族上层人士开阔了眼界,增长了见识,产生了强烈的视觉冲击。因而,他们表示:"要想过好日子,只有向汉族老大哥学习,依靠人民政府。"欧基迪曲还说:"我们彝族工业是谈不上的,只是有个巴铁匠,农业也很落后,生产方式不如汉胞,我们是离不开汉族的。"②这种氛围实际上就是新政权试图构建的政治文化。政治文化作为政治生活中最为庞大的象征系统,是"各种政治态度、价值、感觉、信息和技能的独特分布"③,是"人们对其他政治活动者的一套认识、信念、感情和判断"④。只有认知才能谈得上去认同,通过观光所形成的良好认知,使少数民族上层逐渐放弃了对汉族的敌对心理,认同新生政权合法性的目的初步实现。

其次是参观促使少数民族上层人士自觉地参与到国家建设之中。在参观过程中,少数民族上层人士看到汉族地区建设的成绩,也希望政府和汉族能够帮助他们进行建设。耍一木铁即希望修马边到挖黑的公路,并强调说:"如果政府因为我们民族间和民族内部不团结,而不修路的话,我负责回去动员百姓听政府的号召,并解决与阿侯家的冤家问题,总之一定希望修路。"乌抛日铁更表示:"希望汉族协助我们修,派一个彝族和一个汉族来管理,这样可以使彝胞有地方玩,省的他们闲着无事容易想方设法做坏事。"⑤不仅如此,少数民族上层人士还表达了愿意参与到国家政治生活中的想法。马边县乌抛族铁表示回去要动员父亲花打木机出来工

---

① 民委招待科:《乐山专区马边峨边彝族代表参观情况反映》(1954年2月8日),四川省档案馆:建川48—77。
② 民委办公室:《乐山彝族代表来蓉参观简报》(1954年4月6日),四川省档案馆:建川48—77。
③ [美]阿尔蒙德、西德尼·维伯:《公民文化——五个国家的政治态度和民主制》,徐湘林等译,华夏出版社1989年版,第14—16页。
④ [美]阿尔蒙德、鲍威尔:《比较政治学:体系、过程和政策》,曹沛林译,上海译文出版社1987年版,第44页。
⑤ 民委招待科:《乐山专区马边峨边彝族代表参观情况反映》(1954年2月8日),四川省档案馆:建川48—77。

作,并到北京参观。① 有些少数民族上层开始对以往的行为进行反思,解放以后有很大顾虑的彝族上层阿子日根说:"解放后不了解政府的政策,因而不敢出来,自从到马边、乐山以后,各级首长一再给我们讲,尤其是来到成都又看了很多东西,思想上明确了,过去不相信政府是不对的。"并表示"希望政府多指示我们,使工作搞得更好"。② 在彝族和汉族的关系中,由于受人口、历史、经济、文化等因素的制约,汉族的影响力远远大于彝族。此时,汉族主动邀请彝族外出观光和交流,向其展示国家建设的成就,在处理两者关系中做到互相尊重,表明中国共产党在努力构建一种平等互助的民族关系,促使更多的少数民族上层参与到国家政治经济文化的建设中,进而增强民族上层对国家的认同。

再次是细致的身体照顾和心理关怀,使得少数民族上层从个人情感上对新政权有了更强的认同。新加坡学者崔贵强认为:"国家认同即个人与国家之间发生情感上的融合,两者浑然一体。"③少数民族观光团在参观过程中,新政权较好地做到了对少数民族上层的身体照顾和心理关怀,使得民族上层人士的个体和新政权的整体在情感上发生融合。在参观期间,一部分少数民族上层身体不适,甚至产生了疾病。在疾病发生之时,接待者立即安排医生对其进行了细致的治疗和热情的服务,一定程度上破除了彝族有病送菩萨、打牲口的迷信思想。補既摩格说:"我们彝族过去有了病就打牲口,一打十几条牛也治不好病,而我们来到外面有许多人得了病,吃药、打针就医好了。"不少代表说:"过去有病只知打牲口,认识到有病吃药才对头。"④

---

① 省府民委:《乐山专区马边峨边彝族代表在蓉参观情况综合报告》(1954 年 2 月 11 日),四川省档案馆:建川 48—77。

② 民委办公室:《乐山彝族代表来蓉参观简报》(1954 年 4 月 6 日),四川省档案馆:建川 48—77。

③ [新加坡]崔贵强:《新加坡人:从开埠到建国》,新加坡教育文化出版公司 1995 年版,第 285 页。

④ 民委办公室:《乐山彝族代表来蓉参观简报》(1954 年 4 月 6 日),四川省档案馆:建川 48—77。

耍一木铁的牙疼情况比较特殊,最初他医治牙病的要求很迫切,但因观光日程的限制未能得到解决,因而耍一木铁产生了怀疑并有所不满,后恰逢去参观医院,在观光当日牙科医生就帮其把镶牙安好。① 同时,心理疏导和情感关怀也十分重要。对新政权最为敌视的黑彝木干就是在心理的疏导和关怀下态度有所转变。最初因曾经袭击过解放军,黑彝木干的敌视和惧怕心理严重,即便后来跟随观光团出来参观也是抱着对新政权试探的目的,他认为:"彝人一没文化,二语言不通,三没组织,共产党和我们团结,我们又有啥子好处呢?"②惧怕心理和行为表现在细节上就是对稍有不同于别人的待遇就反应很大,心理波动严重。在参观过程中,因黑彝木干的消极行为,干木沙沙曾批评他说话态度不好,使他情绪上更加紧张。在乐山时,因乐山专员没有先见他,就认为是自己之前犯错误的原因。看到马边代表带烟比他多,也会怀疑。他私底下跟甘达宜表示自己会因为袭击过解放军而遭到报复。③ 这种心理很快为访问团的组织者所了解。参观团刚到成都时,接待者察觉到黑彝木干精神萎靡不振,就立即进行了解,后知除晕车外,主要是因为在来重庆的路上,有一黑彝在车上小便,曾洒了几滴尿在他身上,使其心里很不舒服。随行医生对其进行检查,发现体温脉搏均正常,因而判断是心理问题。经过了几次思想工作,并在到成都之前进行座谈,一定程度上化解了黑彝木干的心结。④ 在反复的动员教育后,黑彝木干的态度有所转变,他表示:"政府永远和我们团结是真的,今后回去,一定尽我们所记着的向彝民们宣传,政府待我们

---

① 四川省民委会:《乐山专区马边峨边彝族代表参观情况反映》(1954 年 2 月 12 日),四川省档案馆:建川 48—77。

② 省府民委:《12 日赴渝前座谈记录》(1954 年 2 月 11 日),四川省档案馆:建川 48—77。

③ 《凉山彝族代表听了任部长谈话和游览市容参观人民公园望山公园后的情况汇报》(1954 年 2 月 7 日),四川省档案馆:建川 48—77。

④ 民委招待科:《乐山专区马边峨边彝族代表参观情况反映》(1954 年 2 月 8 日),四川省档案馆:建川 48—77。

比亲父母还好，不过我们彝胞又没文化，也没有什么工人，不可能很好的协助政府，只有多听政府的话，有什么工作，尽力去做办，不懂的多问首长，来报答政府。"①

最后是座谈、接见和交流可以使新政权更详细地了解民族地区经济社会发展的情况。由于观光期间接待陪同者与少数民族上层较长时间生活在一起，这种日常的沟通了解潜移默化地影响和增进了两个群体的情感和信任。在这种情况下，少数民族上层也就容易将自己的看法表达出来，他们主要关注建政、生产、干部等问题。从平武藏族自治区及北川县的少数民族上层反映看，部分民族上层人士已经被动员起来，他们希望改变原有的土司番官制度，建立乡政权，因为直到1954年10月，平武藏族自治区就只建立了一个乡，其余5个部落还是解放后恢复的土司番官制度。为此，有的观光团代表就反映，"这次未观礼时，有很多群众对我说，土司番官制度希望上级政府给一个具体处理，才能搞好生产"。② 再者，代表的意见也反映出新政权所倡导和推行的变革制度在民族地区受到了一些阻力。比如换工组，由于藏区副业发达，藏民不愿成立换工组，即便成立也多垮台，甚至出现了平武全区互助组全部垮台的现象。个别藏民在租佃关系上也十分不满，由于解放后租额年年下降，由90%下降为10%左右，且藏区佃户多系汉人，因而造成藏族地主的不满，他们声称："土地自古是我们藏胞的，解放后年年下降，以后怕没有了，今年让你们种一年，明年我们要收回自己种。"③最后，干部问题也十分突出。由于大汉族主义思想的存在和历史文化的差异，导致藏族干部和汉族干部矛盾很大，仅1954年平武藏族干部因矛盾而回家生产的就有十多人，观礼的

① 省府民委:《12日赴渝前座谈记录》(1954年2月11日)，四川省档案馆:建川48—77。
② 《平武藏族自治区及北川县国庆欢礼代表情况反映》(1954年10月)，四川省档案馆:建川48—76。
③ 《平武藏族自治区及北川县国庆欢礼代表情况反映》(1954年10月)，四川省档案馆:建川48—76。

代表反映，"汉族干部会说，我们不会说"，"所以做错了都怪民族干部，做对了都是汉族干部的，区长光给我们分配工作，不说如何搞，这样倒不如回家搞生产好。"①通过观光团的座谈、交流和沟通，中国共产党能够了解到以往少数民族上层不想说或不敢说的情况，有助于新政权加深对民族地区存在问题的了解，以便对症下药。

二、认同由上层到民众的扩展

能到大城市参观的人数毕竟有限，要想把祖国的伟大、建设的成绩和政党的理念传达给更多的少数民族上层和普通民众，就需要在观光之后，进行大规模的宣传和教育，从而将国家的意志传达给少数民族个体。因为大众参与是增进民族国家认同的有效途径，能够使民众在减少对地方权威信赖和归属感的同时，转而认同国家并依赖国家的保护，从而在提升国家权威的同时也相应获得公民认同。② 为此，观光活动之后，代表一般都要作细致的总结和长时间的宣传，西康省少数民族参观团也是如此。西康省少数民族参观团越巂县（1959 年更名为越西县）代表加拉神都、阿弥曲批、阿合巫和 3 人于 1953 年 12 月外出参观，1954 年 1 月下旬返回。1 月 26 日，代表加拉神都将参观的经过向越巂县党政负责人进行了汇报，并一起研究如何在越巂县境内向民众传达，县委专门派马童玉协助宣传。③ 实际上，观光后向民众宣传已是一种常态，观光后的宣传成为少数民族上层人士，甚至是普通民众广泛参与的群众运动。

宣传和教育自 1 月 29 日起开始进行，到 2 月 21 日结束，历时 24 天。首先是在预先通知集中的头人和群众中作了四次宣传报告，分别是二区

---

① 《平武藏族自治区及北川县国庆欢礼代表情况反映》（1954 年 10 月），四川省档案馆：建川 48—76。

② 贺东航、谢伟民：《中国国家认同的历程与制约因素》，《马克思主义与现实》2012 年第 4 期。

③ 民委党组：《1953 年四川、西康省各兄弟民族国庆节观礼代表团参观总结报告》（1953 年 11 月 13 日），四川省档案馆：建川 48—4。

瓦岩、顺河 2 个自治乡的群众集中在天家屯（二区区公所）作了一次传达；二区打土自治乡的头人和群众在廖雨平作了一次传达；三区侠达堡自治乡的群众在海棠（三区区公所）作了一次传达；伦定自治区包括宜地、新補、腴田、黑马 4 个自治乡，恰逢自治区正召开区乡干部会议，即在会上作了一次传达，会后再由他们向群众传达。这四次传达以后，3 名观光代表又在越嶲县境内逐地宣传，尤其是在辖区内的两个自治区及各自治乡群众会上作传达报告，听众（黑白彝一起）共达 687 人（其中妇女 49人）。① 这样几乎将全县的民众全部囊括在宣传范围之内。

宣传和教育的主要内容包括两个方面。

一方面是宣传中国共产党对少数民族的关心和照顾。为了达到加速少数民族上层人士对新政权和国家认同的目的，中国共产党对民族地区实行了比较优惠的政策，组织少数民族上层人士去观光本身就是对民族地区的优惠和照顾，虽然这种优惠，实际上是隐含着把现代民主社会理念中人人均等的机会不均等地向一部分特殊人群倾斜的做法。② 但这种优惠政策的确起到了增加新政权吸引力的作用。在宣传和教育的过程中，观光代表用大量的事例来说明中国共产党对民族地区的关心和照顾。比如组织观光本身，中国共产党将其制度化、日常化，时至今日还在实践中，并且费用全免，仅这次西康省少数民族参观团就花费 4 亿元（旧币），折合 2000 个银子。代表还可以免费去医院治病，阿弥曲批患肺病多年，"在家中做和尚化了牛羊都是好不了，请一个沙马阿模和尚击了 5 个银子，他还嫌少不肯去。"后在观光过程中由医院治愈。弥木冷固的夫人，眼睛得病，政府把她送到成都的医院进行医治，完全免费，直到治愈，政府垫付 2000 万元。

---

① 民委党组：《1953 年四川、西康省各兄弟民族国庆节观礼代表团参观总结报告》（1953 年 11 月 13 日），四川省档案馆：建川 48—4。

② ［美］霍洛维茨：《减少民族冲突的优待政策》，见马戎主编：《西方民族社会学的理论与方法》，天津人民出版社 1997 年版，第 424—453 页。

加拉神都还向民众讲述了他们受到热情接待的情景，"从家起身走到一地，一地欢迎，我们在家到越嶲县城时，县上的首长办起好酒好菜来款待我们，送我们一家一张毛巾，我们由越嶲起身时，越嶲各首长、各机关的同志组织腰鼓队欢送我们直到南门城外，到西昌、雅安、成都、重庆等地政府都是一样的款待我们，请我们吃丰盛的酒席，并且首长们一人陪一样，陪我们吃饭，给我们敬酒敬菜"。① 讲完还不忘将共产党和国民党进行比较一番，"假如以前国民党的话，我们给了见面礼，还得不到一顿饭吃"。这些关心和照顾都给越嶲县的听众以强烈的语言和情感冲击。

另一方面是宣传和教育祖国建设的各项成就。由于少数民族聚集区基本都是高山地区，交通不发达，使得他们见闻有限。成都、重庆在城市建设、交通运输上都拥有巨大的领先优势。从凉山到成都、重庆的见闻，较为发达的交通建设直接影响和吸引着受宣传和教育的少数民族听众，观光代表说："从西昌坐汽车到雅安、成都，再从成都坐火车到重庆，十几天的路，我们一晚上就到重庆，在火车里面可以睡觉，可以吃饭，边走边吃，不觉就到了，真是安慰的很。"② 这种语言的渲染使得少数民族能深切感受到外面世界的新奇。实际上，仅从人口的规模看，1953 年的成都已经拥有人口 58.06 万人，而重庆市则高达 124.89 万人，此时的乐山仅有 6.44 万人。四川全省的少数民族人口一共才有 148.71 万人，大致等于重庆市的人口数量。整个彝族人口直到 1964 年才达到 90 万人。③ 此时的越嶲县及少数民族上层居住的乡村人口则更少，这种差距的对比不言而喻。当宣传到工业建设和学校发展时，这种感观的对比更大。

"参观的 101 工厂（铜铁厂）有工人 1 万多人，比我们整个越嶲城内

---

① 民委党组：《1953 年四川、西康省各兄弟民族国庆节观礼代表团参观总结报告》（1953 年 11 月 13 日），四川省档案馆：建川 48—4。

② 民委党组：《1953 年四川、西康省各兄弟民族国庆节观礼代表团参观总结报告》（1953 年 11 月 13 日），四川省档案馆：建川 48—4。

③ 刘洪康：《中国人口（四川分册）》，中国财政经济出版社 1988 年版，第 205、318—319 页。

的人还多,一个钟头所吸的水,要供给五六十万人用(洗衣、煮饭、喂牲畜、烧水),如果像我们彝族妇女背水的话,那要十几万人背水才能供给全重庆的人用,一天我参观了西南行政委员会大礼堂,这座房子建造就花了 200 亿钱,修这个大礼堂的钱,我们越嶲县政府去年新修的那间房子,在越嶲说来是最好的房子,花了一个亿,修这个大礼堂的钱,相当于我们要修政府那样的好房子要修 200 个,大礼堂的伟大建造完全是用钢架子和水泥做成的,要容纳万余人,这个大礼堂整个的房子,比我们越嶲城圈圈还大,里面又有大的红楼柱就有 280 多根,墙壁都是大理石镶成的,花花线线很好看。"谈到这里听众们呆呆的望着,伸舌头叫唤(阿八),羡慕之情溢于言表。①

国家认同本身就是国民归属感及为国奉献的心理和行为,是国家凝聚力、向心力的重要表现。当台下的听众做出"呆呆的望着,伸舌头叫唤"的表情时,一切都变得简单了,因为他们已经被国家建设的成就所吸引,国家的凝聚力和向心力通过观光后的宣传和教育得到强化。当观光代表谈及拖拉机犁田时,"拖拉机不如像牛要生的有气(是说不像牛一样只要断了气就死了),又不喂他们草和粮食,并且犁的时候还比牛犁的深,人只需要在机器上,把机器一扭一扭的干起来了,如像在埝都母(意思是像玩耍一样)。"此时,观光代表已经带着台下的听众一起憧憬他们"用上新式农具甚至拖拉机"的美好明天。②

此外,观光的少数民族上层还传达了参观过程中领导的讲话精神。在西昌、乐山、成都、重庆等地观光时,当地的领导都阐释了民族政策和民族团结。代表们观光以后,结合本地的实际情况进行宣传教育和解决。比如在宣传不要打冤家时,观光代表就表示,"彝族内部不要打冤家,有

---

① 民委党组:《1953 年四川、西康省各兄弟民族国庆节观礼代表团参观总结报告》(1953 年 11 月 13 日),四川省档案馆:建川 48—4。

② 民委党组:《1953 年四川、西康省各兄弟民族国庆节观礼代表团参观总结报告》(1953 年 11 月 13 日),四川省档案馆:建川 48—4。

啥事情,应到政府来解决,打冤家只有害处,并无一点好处",并且举例说:"你看日雷威哈自己发动打冤家,政府的刘县长、雒政委亲自去解决,不听政府的话,后来打来打去把自己打死了。"[①]这种通过观光而将蕴含着民族政策和民族团结的国家治理之策带回到民族地区,由观光代表传达给其他少数民族上层和普通民众,要远比由外来汉人进行宣传和教育有效得多。

三、认同实践的绩效考量

在考量少数民族观光团所带来的实际效果时,需要客观地进行分析,既要看到感官和心理所带来的重要作用,也要注意到实际利益的制衡。这里用观光群体的转向来衡量观光所带来的积极作用,同时用意识和利益的比较来谈及观光作用的局限性。

(一)观光群体的转向

随着建政推进、党组织发展、经济援助和救济、思想政治教育等方面的措施,国家权力向基层社会不断延伸,民族地区的普通民众也逐渐被动员起来,当然这些措施也包括组织少数民族观光在内,实际上也可以理解为国家权力对民族地区的控制力越来越强。在此过程中,少数民族观光团的构成发生了很大的变化。从1950年乌兰夫向中央建议"组织少数民族代表人物来京参观,以便进行教育"开始,少数民族上层人士一直是观光团最主要的组成部分。不过,1954年到成都参观的人员构成就发生了转向。据统计,1954年参观或过境的少数民族参观团及其他性质的团体大小共33批,总计3398人,包括藏族1569人,彝族900人,汉族640人,其他民族289人。其中,外省的参观团共20批(包括去中央民族学院的学员2批),共计1904人,有藏族1094人,彝族347人,汉族350人,其他

---

① 民委党组:《1953年四川、西康省各兄弟民族国庆节观礼代表团参观总结报告》(1953年11月13日),四川省档案馆:建川48—4。

民族 23 人。在省份来源上，以西藏地区为最，计 8 批，西康 7 批，昌都 3 批，贵州 2 批；本省参观团 7 批，共 1260 人，包括彝族 493 人，藏族 392 人，羌族 100 人，苗族 43 人，回族 30 人，汉族 202 人；其他性质的团体 6 批。除正式团体外，还有零星过往的少数民族上层人士共 234 人。仅从四川省的 1260 人看，大都是各民族的学员和积极分子，上层人士总计未超过 150 人。①

那么少数民族上层人士以外的其他群体是什么样的人呢？他们主要是与少数民族上层相对应的普通民众。四川省民委指出："为了配合民族地区各项工作的开展，特别是在加强民族团结的基础上，大力发展生产和相应的开展文教、卫生工作，根据四川省委指示，1955 年国庆节参观团，除继续组织了一部分新开发地区的中上层人物外，主要是各民族地区在各项工作中涌现出来的积极分子、英雄模范和区乡干部。全国代表共 285 人，计藏族 99 人，彝族 148 人，苗族 43 人，回族 14 人，羌族 15 人，汉族 16 人，其中上中层占 14%。"②由于参观人员的变化，其观光内容也随之改变，组织少数民族上层观光的主要目的是政治教育和政治认同，所以选择参观学校、工厂、市容、医院等，而普通民众则不一样，他们参观的目的是学会技术，以便回到原来的工作岗位上发挥更大的作用，强调的是"增强建设本地区的信心和丰富生产知识，使之回去后能对当前民族地区团结、生产工作起到一定推动作用。所以在参观内容上以学习汉族地区先进的农业生产技术为主，同时了解祖国在工业、文化事业方面的建设成就"③。毫无疑问，此时的观光主体已经演变为各民族地区在各项工作中涌现出来的积极分子、英雄模范和区乡干部。到 1960 年，贵州省铜仁

---

① 《四川省 1954 年少数民族参观工作总结》(1955 年 2 月)，四川省档案馆：建川 48—75。

② 《1954 年国庆节四川省少数民族参观团工作简介》(1954 年 10 月)，四川省档案馆：建川 48—76。

③ 《1954 年国庆节四川省少数民族参观团工作简介》(1954 年 10 月)，四川省档案馆：建川 48—76。

地区选派参观团对象的特征更加明显:赴北京观礼的选派公社党委第一书记或第一社长,可照顾省级劳模;赴外省的选派公社管理区第一书记、第一主任;到贵阳市的选派生产队长、支书。① 在这其中,已经很难看到少数民族上层人士的身影。从 1950 年组织参观以少数民族上层人士为主,到 1955 年主体的改变,再到 1960 年很难看到少数民族上层人士的身影,这种转向一定程度上反映出少数民族上层对国家认同的实现,实际上也可以判断此时国家在民族工作中的主要对象已经是少数民族普通民众。

(二)意识与利益的博弈

通过组织少数民族上层人士外出观光,新政权依靠情感上的联络和现代化建设的吸引,使得少数民族上层人士一定程度上改变了以往的认识(或是摇摆,或是敌视的态度)。不过,这种意识上的认识到底在个人的行为选择中起到多大的作用,可能需要去重新考量。民族政治关系的核心是政治权力和政治权利,而政治权力不过是用来实现经济利益的手段。所以,民族政治关系归根结底就是一种利益关系。只要涉及社会制度变革的根本利益时,少数民族上层就会重新在这种意识和利益之间作出选择。

其实在观光过程中,少数民族上层已经表达出对社会制度变革的担忧。在马边、峨边少数民族上层代表团赴渝前的座谈会上,峨族格日就说:"我们希望今后政府的政策不要变就好了,如果政策不变,我们永远也不变。"②即便是政治态度较为倾向新政权的民族上层也是如此,耍一木铁表示,"我们希望政府的政策不变,如土地改革、彝汉通婚、发动娃子不听指挥等问题","如果政策变了,对我们不好,那是不对的,我们希望

① 铜仁地区地方志编纂委员会编:《铜仁地区志·民族志》,贵州民族出版社 2008 年版,第 490—491 页。
② 省府民委:《12 日赴渝前座谈记录》(1954 年 2 月 11 日),四川省档案馆:建川 48—77。

首长给我们说明这些问题"。身为白彝的喀达也不同意改革社会制度，"峨边有些汉人讲,现在彝区不改革,等二天黑彝木干出来了,就要搞改革了。这话是真是假,我们不了解。"①他们还会利用各种机会表达自己的疑问,黑彝木干和耍一木铁见住到招待所里的藏族上层人士买了一批东西后,就问:"这些是你们自己的吗? 听说你们钱多,牛羊多,是真的吗?"乌抛日铁在裕华纱厂时,因该厂系公司合营,曾问:"私人还有这么多钱吗?""钱这样多又怎能花完?""给政府上多少税?"②其实以上的疑问,都说明少数民族上层对新生政权和社会制度改革的顾虑。

不管怎样,观光活动都一定程度上实现了少数民族上层对国家的认同。虽然民族认同和国家认同的研究者指出,解放前少数民族认同的程度并不高,"只有可数的几个'少数民族'积极参加了抗日战争,即(使)参战,意识到自己属于某某族的少"。③ 国家认同也在一种趋利的心态导向下,出现了对外来势力的抵抗,并产生出抵抗理论。④ 但西南民族地区的实际情况未必完全符合研究者的分析,少数民族上层的态度,以及彝族与汉族的关系很好地证明了政治认同是可以转变的。新中国成立以后,国家利用各种途径试图将国家治理理念根植于少数民族地区,少数民族上层观光团就是重要的实现手段,通过城市建设和经济发展的视觉冲击,通过情感上的照顾和心理的慰藉,通过座谈会的交流与了解,通过观光后的传达和教育,使得少数民族上层在增强政治权利、建构政治角色、融合政治关系上有了很大的发展,并促进其在政治、制度、规定等多方面达成共

---

① 省府民委:《12 日赴渝前座谈记录》(1954 年 2 月 11 日),四川省档案馆:建川48—77。

② 民委招待科:《乐山专区马边峨边彝族代表参观情况反映》(1954 年 2 月 8 日),四川省档案馆:建川 48—77。

③ 〔日〕松本真澄:《中国民族政策之研究:以清末至 1945 年的"民族论"为中心》,鲁忠慧译,民族出版社 2003 年版,第 24 页。

④ James C.Scott,*The Art of Not Being Governed:An Anarchist History of Upland Southeast Asia* ,Singapore:NUS Press,2010.

识,最终提升了民族上层人士对国家的政治认同。

第三节　民族纠纷的解决与社会控制

西南民族地区的族际纠纷一直是影响大西南社会稳定的重要因素之
一。因其具有很强的破坏性,并且带有持续时间长、涉及范围广、反复程
度高的特点,故为历届政府所重视。按照纠纷解决的方式,解放前西南民
族的纠纷类型一般有三种形式:当不涉及重要政治经济利益时,一般是通
过调节来解决;如果涉及强制性的处罚,甚至处死,就会使用诉讼型的纠
纷调解;当涉及民族战争时,就会出现军事型征伐的解决方式。[1] 在漫长
的历史演变中,正是因为民族之间的不断纠纷与调节,才使得西南民族地
区处于动乱与稳定的复杂变动之中。不过,这一切都因为中国共产党的
介入和新生人民政权的建立而改变。新中国成立以后,民族纠纷的解决
开始涉及第三方势力。

一、民族纠纷的基本类型

根据发生民族纠纷的原因和表现形式,可以将新中国成立以后的民
族纠纷划为三类:第一类是在解放前已经存在,表现为严重的民族械斗事
件;第二类是新中国成立后由于治理政策失误而引发的民族矛盾,通常表
现为大汉族主义;第三类是由于民族地区社会控制薄弱,出现的各种治安
问题。

(一)新中国成立前已经存在的民族械斗事件

西南地区影响最大的民族械斗事件就是凉山地区的彝族械斗,当地

---

[1]　胡兴东:《历史上西南少数民族地区族际纠纷解决机制研究》,《云南社会科学》
2010 年第 4 期。

称为"打冤家"。在彝族各家支间、家支内部各支之间,甚至同支的各房之间,都有程度不同的冤家械斗。冤家械斗时间长、频率高、情况复杂,是凉山地区彝族民族纠纷的主要特点。冤家械斗本质上是各家之间争夺娃子、土地等物质利益,但爆发往往是通过一些琐碎事件。在械斗中,黑彝家支间的纠纷占主导地位,白彝家支间的纠纷较为次要。引发打冤家的主要原因有三种:为争夺土地、财产、娃子;婚姻纠纷;为人命(主要是为外侄舅家及本家支成员的人命)。新中国成立初期,在四川省甘洛县阿尔乡彝族械斗的 15 个案例中,为争夺土地、财产、娃子的有 7 起;婚姻纠纷的有 6 起;为人命的有 2 起。① 根据四川省凉山州政协座谈会代表反映情况的估算,由于争夺娃子、土地与财物,以及婚姻纠纷等三项而导致的纠纷就占全部冤家纠纷的 90% 以上。② 经济利益上的争夺是冤家械斗的主要动因。甘洛县阿尔乡冤家械斗的演变也可以验证这一点。1947年以前,由于枪弹输入不多,等级内财富分化不大,冤家械斗并不多见。不过,随着枪弹流入和鸦片种植,引发了财富等级的强烈变化,从而导致冤家械斗的频发。③

　　这种械斗一直持续到新中国成立以后。1950 年,四川省美姑县巴普区吴奇家和布兹家发生了具有较强分工的大规模械斗。在械斗动员之后,吴奇家将年轻勇敢者编为前锋队,中年人放在第二线,力弱者放在第三线,依次前进,老弱妇女运送干粮。而布兹家事前曾收买对方人员探得消息,挖筑战壕,布置了三道防线。这一次械斗竟打了 23 天,其规模和惨烈程度在巴普地区都是空前的。结果是吴奇家死黑彝 3 人,曲伙 2 人,布兹家黑彝、曲伙各死 1 人,吴奇家不能取胜后退兵。冤家械斗对彝族社会产生

---

① 四川省编写组、《中国少数民族社会历史调查资料丛刊》修订编辑委员会:《四川凉山彝族社会调查资料选辑》,民族出版社 2009 年版,第 215 页。

② 四川省编写组、《中国少数民族社会历史调查资料丛刊》修订编辑委员会:《四川凉山彝族社会历史调查》(综合报告),民族出版社 2009 年版,第 141 页。

③ 四川省编写组、《中国少数民族社会历史调查资料丛刊》修订编辑委员会:《四川凉山彝族社会调查资料选辑》,民族出版社 2009 年版,第 215 页。

了极大的负面影响。比如破坏生产,布兹家在俄普有 700 块地,十多年不敢耕种。再比如人员的伤亡,巴普地区的布兹家、井曲家仅有几十户,吴奇家也不超过 200 户,但在冤家械斗中,布兹家就有黑彝男子 49 人死亡,井曲家有 40—50 人死亡,吴奇家有 70—80 人死亡。此外,械斗还降低了人民的生活水平,造成了好勇斗狠的社会风气。① 1952 年 8 月到 11 月间,仅普格、布拖、美姑、普雄就发生较大的械斗 16 次之多,其中 6 次酿成战火之灾,规模最大的一次双方竟动员了 7000 多人参战,战斗达 5 天 5 夜,伤亡惨重。② 因此,调解彝族的冤家械斗就成为新中国成立初期促进民族团结、融合民族关系的重要内容。中国共产党通过邀请民族头人出来与政府合作、充分信任、遇事商量等多种措施,基本解决了少数民族的冤家械斗事件。③ 据 1951 年统计,甘孜藏区经各级政府调解的大小纠纷达 2292 件。1953 年,调解各类大小纠纷 2013 件。到 1954 年,彝区内的冤家械斗基本得到解决。④

(二)民族政策推行偏差引发的民族纠纷

新中国成立以后,由于大部分在民族地区工作的基层干部都是汉族出身或者长期在汉族地区工作,即便是中共中央反复强调在处理民族地区问题时要坚持慎重的方针,仍然存在大量侮辱、歧视少数民族的现象,表现出大汉族主义的倾向。1953 年,贵州省贵定和都匀地委在检查惠水

① 四川省编写组、《中国少数民族社会历史调查资料丛刊》修订编辑委员会:《四川凉山彝族社会调查资料选辑》,民族出版社 2009 年版,第 111—113 页。

② 万世祥:《凉山彝族自治州概况》,四川民族出版社 1985 年版,第 141 页。

③ 关于解决民族冤家械斗事件,中央领导也给予了高度的重视,邓小平就明确指出:"在实行民族区域自治的时候,少数民族内部问题如何解决? 有的过去打冤家,你打过来,我打过去。这主要是过去推行大汉族主义的反动统治阶级挑起来的,是大民族主义统治弱小民族的手段,但是他们内部也有很多利害关系。我们应该冷静地考虑这些问题,使他们团结起来,不要再打冤家。"见《邓小平文选》第一卷,人民出版社 1994 年版,第 165—166 页。

④ 嘉塔:《甘孜藏区 1950—1959 年党的民族政策实践》,《中国藏学》1996 年第 1 期。

县和从江县民族政策的贯彻时,就发现不少问题。在土地改革中,从江县未能考虑到民族间的差异,将六百乡第三村的陈伯壤(贫农)调到一村(侗族村)去分田,当时一村群众被迫接受,思想不通。陈伯壤至一村后受到排斥打击,竟放火报复,烧了104户房子,损失达数亿元(旧币),后陈被该村村民打死。一村侗族反映说:"如果政府要找打死陈的人,我们全寨都去。"此问题难以解决。在评产征粮中,外来人员常使用命令主义和打骂的方式对待少数民族。丙梅镇第三村在土改评产中有8个评议员,因说产量高而被工作组组长张海三打骂。贫农梁老爱(积极分子)因说:"产量评高了,以后交粮交不出。"就遭到干部打击,造成自杀(未死)。第三区增赢乡二、三、五村群众因评产过高到县城请愿。第二区龙图乡第五村有100多户到区里请愿减产。征粮时一、二、三区共7个乡集体抗粮。在阶级斗争中,对民兵随意打骂。第二区高增乡第二村工作人员叫民兵打地主,民兵不打,干部即打民兵。群众说,"我们过去也没有挨过国民党的打,现在我们翻身了,倒挨打了。要不是为着毛主席,我们早把他打死了"。有些外来汉族干部还不尊重少数民族的风俗习惯,不准"坐姑娘",不准"斗牛",不准"敬菩萨"等。第二区新安群众说:"毛主席好,就是工作同志不好。"①贵州省赫章、纳雍等五个县的民族联合社和民族社内,发生了多起不宜入社的"彩牛""麻园""跳花坡"被强迫入社的事件。② 甚至出现了个别品质恶劣的干部与少数民族妇女发生不正当男女关系,致使少数民族妇女怀孕。在云乡高脚寨的土改中,干部竟然强迫男

---

① 中共贵州省委:《省委转批省府政法党组关于违反少数民族政策情况的报告》(1953年7月10日),见中共贵州省委党史研究室、贵州省档案馆(局):《建国后贵州省重要文献选编》(1953—1954),内部资料,2009年,第134页。

② 彩牛,是贵州苗族农民专门养来斗牛用的牛,一般不耕田;麻园,是贵州苗族未嫁姑娘的私有地,一般用来种麻;跳花坡,是苗族青年男女在节日或农闲时进行社交活动的场所。见新华社:《贵州普遍检查民族政策执行情况 纠正合作化中忽视民族特点的现象》,《人民日报》1956年8月15日。

女群众睡在一起,借口"便于开会",群众很不满意。① 这种大汉族主义造成了严重的民族融合,从江县的梁副县长原是少数民族中较有威信的,自提为副县长后,群众即不愿与他接近,妻子也提出离婚,他们认为梁"是帮汉族做事"。②

　　对诸多违反民族政策的事件,各级党委都有清晰的认识。中共云南省委在全面检查民族政策的执行情况后认为,"一部分干部在完成合作化以后,有着忽视民族特点、领导一般化的倾向"。③ 并承认,对各少数民族的特殊需要没有给予应有的照顾,强求办大社或联合社,以至影响到少数民族生产积极性的发挥,特别是对居住在高寒贫瘠山区的约 160 万少数民族人民所长期存在的生产和生活上的种种困难,缺乏足够的帮助;在边疆完成民主改革之后,某些地区的干部对当地民族的实际状况作了不够全面的分析,一度发生盲目的急躁情绪,机械搬用内地经验,造成工作中一些原是可以避免的损失。在已经实现区域自治的地方,培养、提高当地少数民族干部的工作也还缺乏更为积极有效的措施,汉族干部的包办代替仍时有表现。其他在财经、贸易、税收、文教、卫生等方面的工作,也存在着若干不顾民族特点和实际条件,主观主义地简单行事和扶持不够的现象。④

　　对于此类纠纷,中国共产党首先是通过不断的思想教育,使得在民族

---

　　① 中共贵州省委:《省委转批省府政法党组关于违反少数民族政策情况的报告》(1953 年 7 月 10 日),见中共贵州省委党史研究室、贵州省档案馆(局):《建国后贵州省重要文献选编》(1953—1954),内部资料,2009 年,第 134 页。

　　② 中共贵州省委:《省委转批省府政法党组关于违反少数民族政策情况的报告》(1953 年 7 月 10 日),见中共贵州省委党史研究室、贵州省档案馆(局):《建国后贵州省重要文献选编》(1953—1954),内部资料,2009 年,第 134 页。

　　③ 新华社:《云南省开始全面检查民族政策执行情况》,《人民日报》1956 年 6 月 7 日。

　　④ 新华社:《肯定成绩 批判缺点 一边检查 一边改进 云南检查民族政策执行情况收效很大 干部和少数民族群众的积极性大为提高 公众领袖人物对党的民族政策更加依赖》,《人民日报》1957 年 2 月 21 日。

地区工作的干部能够认识到大汉族主义的实质、根源和危害;其次是在政策上、制度上给予具体的约束,仅在新中国成立初期中国共产党就进行过两次全国规模的民族政策大检查,目的即是纠正民族政策推行过程中的偏差;最后是通过发展民族地区经济、完善文化和卫生事业、培养少数民族干部、解决少数民族就业等方式来实现汉族与少数民族的和谐相处。

(三)解放后日常生活中的社会治安

解放后民族地区的社会治安问题也是影响社会稳定的重要因素,且这种纠纷动则牵扯几个民族。1954年8月6日到8日间,四川省汉源县富林镇就连续发生三起民族间的纠纷事件,涉及汉族、彝族、藏族。

第一个案件发生在1954年8月上旬,有越嵩县流居富林的彝族30余人在富林街背后的刘家湾刘家磨彻夜聚赌,群众不能阻止。6日晚12时群众向富林镇公安派出所报告,派出所得悉后即由所长金光华率同警察2人前往劝阻。彝族看到派出所去人即慌张外跑。金见一时混乱,打算将这些人姓名记下来以便教育,防止以后无从考证。于是手持短枪(拉弦子)站在门口喊道,"不要跑"。彝族不听从,向门口围来,想抢枪夺路逃跑,扭扯之间,将金手中的短枪扳机抠响,打伤彝族2人(1伤手部、1伤腿部),顿时引起彝族的愤恨,群起殴打金光华,所幸被乡民余大叔拦阻。当晚彝族即聚众生事,声称要打死金光华和烧房子,秩序混乱。① 此案件涉及彝族与汉族,民众与警察。

第二个案件发生在8月7日晨6时,藏族自治区甘孜喇嘛寺藏族谢怀由富林镇回康定,带有骡子6头、货物1驮(约值旧币5000万元),行至富林场外黑石即被彝族10余人拦路打劫,抢去骡子、货物,藏族谢怀重伤。公安队得报后追至大渡河船上,捕回主要人员4人(当场逃跑1人,其余同伙抢后已跑散)扣押公安局。此4人中,李连五为汉源县四区片马

---

① 　西康省府民委会雅安区专员公署:《汉源县人民政府关于本年8月连续发生民族事件的事实经过及处理情况的报告》(1954年9月18日),四川省档案馆:建康17—81。

乡人,邱金安、哈田子、木果子3人均系越嵩黑马溪自治乡人。此事发生以前,谢怀等藏族4人在富林买骡子,8月4日晨3人去西昌,走时派出所曾去店内检查,并无鸦片等物。但当日午后,彝族李连五、邱金安等就去公安派出所报称:"2号买有大烟50两,藏族没有拿钱,3号又拿去60多两,藏族还是不拿钱,就将大烟藏在草荒中,下午6点钟过去看,大烟不在了。他们三个走了,我们要问这个藏族要钱。"①此案件涉及藏族、彝族与汉族。

第三个案件发生在8月8日晚,有来自越嵩县伦定(田坝)自治区的彝族10余人前去赌博,从饮泉村水井坎经过,故意用电筒晃乘凉的老乡(其中有村主任蒲国良)。由于过去关系不好,互相争吵,彝族要去打蒲国良,恰有2个汉族在街上大喊:"彝族在打村主任啊!"当街群众随即都拥出来,十几个彝族一哄而散。内有五区顺河自治乡彝族农民夏麻(前自报为木沙耳不)及木乃耳喏2人,是当天来赶场的,曾被邀赌博而未去,就没有逃跑,所以被群众错打一顿。② 此案件涉及彝族与汉族,民众与村干。

二、纠纷调解的实践与表达

如何调解和解决民族纠纷,协调纠纷所涉及各方面的利益,成为中国共产党维护西南民族地区社会稳定所必须面临的问题。下面即以四川省汉源县富林镇6日到8日之间连续发生的三起民族纠纷事件之解决为线索,详细分析民族纠纷解决的实践与表达。

(一)事件发生的背后

三起民族纠纷案件的发生,并不是孤立的,而是由时代特定的宏观政治环境和微观事态演变促使的。经过详细的调查研究,这三起纠纷都与

---

① 西康省府民委会雅安区专员公署:《汉源县人民政府关于本年8月连续发生民族事件的事实经过及处理情况的报告》(1954年9月18日),四川省档案馆:建康17—81。

② 西康省府民委会雅安区专员公署:《汉源县人民政府关于本年8月连续发生民族事件的事实经过及处理情况的报告》(1954年9月18日),四川省档案馆:建康17—81。

以下社会问题交织和联系在一起,从而构成了民族纠纷事件的复杂场景。

其一是少数民族对民族政策的片面理解。由于经常流亡到富林镇的彝族原来居住在田坝自治区,此地距离越嵩县城远达300余里,加之高山纵横、交通不便,使民族政策在田坝自治区的传播广度和深度有限,甚至是被误读。在彝族中,对民族政策的理解存在普遍"片面优待"的思想,他们认为,"毛主席'宽大'少数民族",认为少数民族"可以不遵守社会秩序","可以不服从政府政策法令",于是为所欲为,毫无顾忌。①

其二是汉族干部和群众存在明显的大汉族主义思想倾向。汉族干部和群众在与彝族接触或处理民族问题时,缺乏耐心的说服教育,认为"彝族落后,说不清"或民族政策"过分迁就"少数民族,简单急躁的心理常常不自觉地表现出"压服"的情绪。这种情绪不但不能改变民族之间不协调的关系,反而容易增加隔阂。②

其三是富林镇拥有大量的彝族流动人口。从1952年开始,就不断有越嵩等县的彝族到汉源县贩烟赌博,遍及各区乡,以富林街上为最,常有70人左右。这些人多半来自越嵩所属伦定(田坝)自治区黑马溪、宜地等自治乡,不从事生产流居于此,贩卖烟毒,夜间聚众赌博,白日酗酒闹事,时有偷盗、诈骗等事情发生。地方政府曾于1953年12月召集流居彝族人群进行教育,动员他们回家生产。不过,他们去而复返,为此汉族群众极为不满,部分汉族干部思想上也很抵触,这也造成了彝汉关系的不协调。③

其四是烟毒问题的处理方法不得当。因涉及民族问题,地方政府在处理烟毒问题时过于谨慎,并且未能与越嵩县少数民族上层进行积极的

①　西康省府民委会雅安区专员公署:《汉源县人民政府关于本年8月连续发生民族事件的事实经过及处理情况的报告》(1954年9月18日),四川省档案馆:建康17—81。
②　西康省府民委会雅安区专员公署:《汉源县人民政府关于本年8月连续发生民族事件的事实经过及处理情况的报告》(1954年9月18日),四川省档案馆:建康17—81。
③　西康省府民委会雅安区专员公署:《汉源县人民政府关于本年8月连续发生民族事件的事实经过及处理情况的报告》(1954年9月18日),四川省档案馆:建康17—81。

沟通。之前成立的专门用于调解民族纠纷的汉、越、石三县民族调解委员会已半年未召集。事后对屡犯的贩烟彝族处理亦不够妥善：一种是将没收烟土交与所属支头(少数民族上层)，支头依然退还本人，于是出现一犯再犯的现象；另一种是没收后彝族纠缠不走，于是又退给他，过于迁就。这样就使彝族到富林镇贩烟者愈来愈多，由秘密到公开，赌博、闹事等事端随之增加。①

其五是案件发生之前，隔阂与冲突已经存在。在滑机打伤彝族 2 人的事件之前，彝族聚赌已属屡次教育无效，并且两次前去劝阻赌博，都被少数民族用石头打了回来。8 月 6 日晚的那次，派出所所长金光华恐又遭抗拒，故拔枪威胁，想借以"压服"。这些经常赌博惹是生非的彝族，又因派出所经常注意他们，心怀不满，且为"政府对少数民族'宽大'"的错误思想所支持，动手打金，前来夺枪，而金因护枪以致滑机伤人。藏族谢怀被抢时间发生在彝族赌钱输了之后，彝族见藏族的骡子和财物眼红，先想借"卖烟"生财未成，后拦路抢劫。饮泉村群众打伤彝族之事，则是因为当地汉彝关系恶劣，且村主任蒲国良在群众中颇有威信，群众听说蒲被打，即一拥而出，以泄胸中怨气，蒲国良本人对彝族也持有蔑视的心态。②

(二)民族纠纷的处理

因纠纷涉及汉、彝、藏等多个民族，如果处理不善就很可能引起严重的民族矛盾，甚至引发民族冲突。因此，汉源县人民政府高度重视。纠纷的处理主要围绕确立处理原则、优先安置伤员、建立调查机构、反复调查研究等四个步骤展开。

确立处理原则。在解决纠纷前，首先要确立处理原则，然后再逐步推进。根据中共中央关于处理民族纠纷政策的精神，这组纠纷的解决主要

---

① 西康省府民委会雅安区专员公署：《汉源县人民政府关于本年 8 月连续发生民族事件的事实经过及处理情况的报告》(1954 年 9 月 18 日)，四川省档案馆：建康 17—81。

② 西康省府民委会雅安区专员公署：《汉源县人民政府关于本年 8 月连续发生民族事件的事实经过及处理情况的报告》(1954 年 9 月 18 日)，四川省档案馆：建康 17—81。

确立了四个方面的原则:第一,三起纠纷按不同性质分别处理;第二,处理过程要分为两个步骤,第一个步骤解决已发生的事件,第二个步骤防止类似事件继续发生;第三,必须从民族团结的角度出发,坚持慎重耐心教育说服的方针,全面深入地讲解民族政策的主要精神;第四,召开彝族支头会议协商处理。前两条主要是对纠纷处理的最初判断,后两条重点强调慎重而耐心教育和说服而不是"压服",以及重视少数民族上层的意见。这些原则为民族纠纷的妥善解决提供了指导。

优先安置伤员。任何案件的处理,在实践层面所做的第一件事就是对伤员进行处理和治疗,这一点不仅是人道主义精神的体现,更是推动民族之间和谐相处的重要措施。所以,在纠纷发生以后,首先就是把身受枪伤的彝族罗呷改子、伏加木乃2人,被饮泉村群众殴伤的彝族夏麻、木乃耳啫2人,以及被彝族抢劫打伤的藏族谢怀送往医院治疗,而且住院期间所发生的医药伙食等费用均由政府负责。

建立调查机构。为了对纠纷发生的经过、原因进行深入细致的调查和分析,汉源县成立了专门的调查组。调查组由民族事务委员会配合县检察署、县监委、公安局、公安派出所等机关组成,共9人,分2个小组。考虑到纠纷涉及彝族民众,调查组特别邀请了2名彝族干部参加。

反复调查研究。经过先后六天反复缜密的调查,工作小组将纠纷的来龙去脉基本了解清楚。仅是准备会议就召开过两次,8月8日的准备会议是为民族支头会议做铺垫,由县党政领导主持并吸收检察署、公安局、监委、民委的干部参加。18日的准备会议由省民族事务委员会李明杨(彝族)、四区副区长丁玉明(彝族支头)、五区副区长邱万顺(彝族支头)及富林镇委书记参加。在两次准备会议上,先后着重介绍了纠纷发生的经过,研究了民族支头会议的组成人员,确定了纠纷处理的原则。接着于19日、20日两天正式进行了民族支头会议协商,到会的重要彝族支头共计7人,其他代表有汉源县四区、五区干部,越嵩县黑马溪自治乡正副乡长等。在协商中,党政领导和彝族支头都以高度负责的诚意和精神,在民族平等、团结友好的气氛下进行了充分的协商和讨论。①

（三）纠纷的处理结果

经过六天反复缜密的调查和多次会议协商,调查小组作出以下判断:(1)证实金光华并非有意打枪,但打枪威吓确是事实,至于被伤彝族伏加木乃所称丢失的人民币80万元(旧币),查与事实不符。(2)藏族谢怀被抢之事,彝族李连五等人曾于8月6日晚上"吃血酒",属早有预谋,蓄意行劫,所称"买烟收账",查无实据,是为借口。(3)饮泉村群众武装殴打彝族夏麻等2人,是为村主任蒲国良主谋唆使,早有预谋,并非出于偶然。

基于上述的判断,调查组和民族支头会议对三起纠纷作出了不同的处理:(1)富林镇公安派出所所长金光华持枪威胁少数民族,应作批评教育。伏加木乃所称丢失人民币查无事实,不予追究。(2)彝族李连五、邱金安、木乃子、木果子4人伙同彝众抢劫藏族谢怀,扰乱社会治安,破坏民族团结,应予法办。李连五由汉源县人民法院判处徒刑,其余人籍隶越嵩,报经上级批准后送交越嵩县人民政府依法惩处。被抢人谢怀除已收回损失原物外,继续医治伤口。(3)富林镇饮泉村主任蒲国良主谋唆使该村群众武装殴打彝族,严重违反民族政策,破坏民族团结,由政府逮捕法办。被伤彝族夏麻、木乃耳喈继续医治养伤,两人所称丢失人民币之事,查无实据。不过,对丢失人民币问题,调查组特别强调应继续了解。如确有此事,则由政府负责追查,若所谈不实,即作罢。② 对此纠纷的处理,被打伤的彝族和藏族都表示满意,先后于8月13日前治愈,出院回家。1954年8月发生在汉源县的三起纠纷最终得到妥善解决。

三、纠纷与民族地区的社会控制

通过上述三起纠纷案件起因、处理原则、调查过程,以及最后意见的梳理,可以看出中国共产党对民族纠纷的处理十分慎重。同时,三起纠纷的处理还可直接反映出中国共产党有关彝族流动人口治理和民族地区社会控制的理念。在解决民族纠纷中,汉源县人民政府还重点解决了富林镇长期存在彝族流动人口问题,以期保持富林地区的长期稳定。

富林镇的彝族流动人口主要是通过组织动员的方式来解决的。首先是将流居富林地区的彝族组织起来。汉源县通过开大会的形式将全部彝族60余人聚集到一起。在会上,李明杨、丁玉明及县政府秘书郭维良阐明了政府对所发生事件的处理态度,反复深入地向彝民交代民族政策,并对少数民族误伤遭遇表示同情。他们强调,"人民政府是各民族的政府,民族间是团结、平等的关系",并且教育动员流居彝族回家生产,"遵守人民政府政策法令,以后不得贩烟赌博。"①其次是个体动员。汉源县派遣民族干部丁玉明、马金安深入到彝族流民中进行了十多天的个别谈话教育,动员他们回家,不易动员回家的部分彝民,通过摸清他们的家属、亲戚,或所属支头,通过社会网络动员他们回家。再次是小型座谈会。黑马溪自治乡乡长马海清、副乡长百户勤乃(两人均系支头)等多次在街上召开小型座谈会,教育他们回家生产。并且要求参加会议的民族支头回家后对所发生事件的处理作正确的传达,防止坏人乘机造谣挑拨。最后是群众动员。除组织各街村(特别是饮泉村)干部和群众进行民族政策的学习宣传,以克服歧视彝族的大汉族主义思想外,富林镇人民政府还写信给顺河自治乡支头及被误伤的夏麻、木乃耳啥进行慰问和道歉。这些措施的实施基本上确保了动员流居富林镇彝民回乡生产,经常流居富林地区贩烟赌博的彝族回家者达到六分之五以上,赌博已少见,贩烟较之前亦大为减少。②

① 西康省府民委会雅安区专员公署:《汉源县人民政府关于本年8月连续发生民族事件的事实经过及处理情况的报告》(1954年9月18日),四川省档案馆:建康17—81。
② 西康省府民委会雅安区专员公署:《汉源县人民政府关于本年8月连续发生民族事件的事实经过及处理情况的报告》(1954年9月18日),四川省档案馆:建康17—81。

实际上,增强中国共产党的社会控制能力是民族地区纠纷处理的重要目的之一。在"社会控制"话语中,有政权、法律和纪律等制度化、组织化的硬性控制,也有软性控制。科恩认为,软性控制可以巧妙地利用心理学,以及对话、劝说和干预等方式引导大众。① 在富林镇民族纠纷的处理中,就综合使用了硬性控制和软性控制两个方面来解决彝民的流动问题。在硬性控制方面,政府将遵守人民政府政策法令与回家生产联系起来,虽未直接指明不回家生产就是不遵守人民政府政策法令,但不回家生产却在富林镇从事贩烟和赌博的活动,就等同于不遵守人民政府的法令。此后,国家不断强化户籍制度的管理,以便实现政治化的社会控制。1958年,中央颁布了《户口登记条例》,其中第十条规定:"公民由农村迁往城市,必须持有城市劳动部门的录用证明,学校的录取证明,或者城市户口登记机关的准予迁入的证明,向常住地户口登记机关申请办理迁出手续。"②这种限制农民盲目流动政策的颁布,目的非常明显,就是控制农村中的流动人口。③ 在软性控制方面,是通过说服、教育、个别谈话等多种方式,在舆论、信仰、社会暗示、宗教、个人理想等多方面潜移默化地将社会规范传递给少数民族,从而规范少数民族的思想观念和行为准则,比如民族地区的卫生治理、教育培训,都可实现社会控制之目的。实际上,新中国成立十七年中国共产党对民族地区社会控制经历了从无到有、从弱到强的演变过程,在社会控制不断强化的演进中,民族地区逐渐被纳入国家的治理体系中。

---

① [英]因尼斯:《解读社会控制:越轨行为、犯罪与社会秩序》,陈天本译,中国人民公安大学出版社 2009 年版,第 10 页。

② 《中华人民共和国户口登记条例》(1958 年 1 月 9 日全国人民代表大会常务委员会第 91 次会议通过),《人民日报》1958 年 1 月 10 日。

③ 李飞龙:《改革开放以前中国农村社会的人口流动(1949—1978)——基于国家和社会的视角分析》,《天府新论》2011 年第 2 期。

第五章　农村基本公共服务的建设

　　基本公共服务是指在一定社会共识基础上,由政府根据经济社会发展阶段和总体水平来提供,旨在保障个人生存权和发展权所需要的最基本社会条件的公共服务。由于这些服务与设施在短时间内无法获得经济回报,而使得个人不愿承担,因此从事公共服务,设立公共设施是政府的主要职能之一。关于公共服务的建设主体,18世纪的亚当·斯密已有所论及,他在《国富论》中指出:"君主或国王的第三种义务就是建立并维持某些公共机关和公共工程。这些机关和工程,对于一个大社会,这些工程和设施,当然是有颇大利益的。但就其性质说,只由个人或少数人办理,那所得利润决不能偿其所费。所以这种事业,均不能期望个人或少数人来创办或维持。"①

　　对于西南地区农村的公共服务建设而言,同样需要国家强有力的投入才能实现,尤其是民族地区。解放前国家力量薄弱,民族地区公共设施建设基本空白,就更需要中国共产党领导的公共服务建设。一般而言,基本公共服务包括三种类型:底线生存服务,在农村主要体现为相关的社会保障;基本发展服务,涉及教育、医疗卫生、文化教育、民政等社会事业中的公益性领域;基本环境服务,包括公共交通、公共通信、公用设施和环境

---

　　①　[英]亚当·斯密:《国富论》(下),郭大力、王亚南译,上海三联书店2009年版,第239页。

保护等。① 围绕以上的分类形式,这里除讨论农村公共服务体系的建立与发展外,主要涉及底线生存服务,基本发展服务与基本环境服务三个方面。

第一节　底线生存服务的建设

农村基本公共服务首先体现在底线生存服务的建设上,这是农业发展和农民生活最基本的底线。在西南民族地区,这种底线生存就是最基本的社会保障制度,即保障农民遇到风险时能存活下来。同时,考虑到底线生存服务应包括私人生产条件下农民个体想做而无力做但又不可缺少的生产性部分。因此,农田水利的建设和农业技术的推广也是底线生存服务的重要内容。本部分主要讨论西南民族地区农村的社会保障制度、农田水利建设和农业技术改进。

一、社会保障制度的初建

自然灾害救助,是指国家和社会对于因为自然灾害而出现生存危机的社会成员进行抢救与援助,以维持其最低生活水平,并使其脱离灾难和危险的一种社会救助制度。根据救助的主体来划分,可以分为国家救助、生产自救和互助互济。新中国成立以后,最能体现民族地区底线生存服务建设的是国家对受灾民族的救助。

从新中国成立之始,向少数民族受灾地区提供基本救济就成为国家救助的主要手段。1951 年 7 月到 8 月,贵州省镇远专区各县大面积旱灾。望水田、山坡上的所有庄稼枯黄,秋收无望。全地区 12 县,除台江县

---

① 胡祖才:《推进基本公共服务均等化的内涵和路径(热点研究)》,《人民日报》2010 年 10 月 8 日。

外,其余 11 县均不同程度地遭受旱灾,尤其以炉山县化镰、冠英、龙场等乡,黄平县辅仁、罗朗两乡的灾情最为严重。仅化镰乡就有 243 户 1106人外出行乞;镇远县羊坪、铺田两乡,有 3932 人挖蕨根度日;大地乡稻禾莠而不实,无收成者达 8000 亩。壮年男子逃走他乡,造成田园荒芜,无人耕种,农业生产受到极大破坏。有些群众因食野菜、野菌而中毒卧床。①在 1951 年镇远专区的这次旱灾中,各级人民政府采取了多种方式予以赈灾救济。首先是发放救济粮,继而发放粮、棉、烟贷款,贸易部门向灾区群众预购土产,民政部门向灾区发放救济粮食(共计 367000 公斤)。部分县人民政府还采取发放积谷、"以工代赈"等方式救济灾民,黄平县干部从自己的伙食中节约口粮 1500 公斤送往灾区,重安江工商界捐口粮1000 公斤赈济灾民。实际上,新中国成立以后,西南少数民族地区每遇旱灾、水灾、风雹灾、霜冻灾、病虫灾、疾病灾,甚至春荒、夏荒、冬令时,基本上都是靠政府的救济来脱离困境。②

　　政府集中进行救济款和粮食的发放成为民族地区救助的主要措施,这一特点在地方民政部门中表现尤为突出。1952 年三穗县干旱 72 天,虽然经过包括县长在内的 38980 人挑水抗旱,仍减产 1981800 公斤。秋收以后,三穗县民政科将救灾款 10500 元、救济粮 15500 公斤,发放给绝收农户。丹寨县灾情出现后,政府发放积谷 320512 公斤,专署也于 8 月24 日下拨救济粮 7500 公斤。施秉县旱灾后,政府发放无息农贷粮 40000公斤,积谷 75000 公斤,口粮贷款 4689 元,帮助灾民进行农田播种、补种。③ 需要说明的是,不管是救济款、救济粮还是修建房屋,这些救济手段都属于临时性的困难应对,并非立足于长远发展的社会保障制度建设。

---

　　① 黔东南苗族侗族自治州地方志编纂委员会编:《黔东南苗族侗族自治州志·民政志》,贵州人民出版社 2004 年版,第 71 页。

　　② 葛玲:《政府救济抑或生产自救——1954 年的皖西北水灾救助》,《当代世界社会主义问题》2013 年第 1 期。

　　③ 黔东南苗族侗族自治州地方志编纂委员会编:《黔东南苗族侗族自治州志·民政志》,贵州人民出版社 2004 年版,第 71—72 页。

　　除自然灾害的救助外,农村困难户的救济也是西南民族地区社会保障制度的重要内容。不过,发放临时性的救济款仍是救助农村困难户的主要形式。1950年,铜仁专区发放农村困难户救济款14.61万元,救济0.35万户1.58万人次。1951年到1955年,铜仁专区农村困难户每年达到31万人以上,国家累计发放救济款117.98万元,共救济9.07万户37.9万人。1956年到1960年,农村缺粮人口在31万到90.06万人之间,国家累计发放救济款231.89万元,年均46.38万元,共救济19.07万户83.85万人,年均救济3.81万户16.77万人。1961年到1965年,部分县、区、乡农民生活极端困难,此时国家发放救济粮食1239.2万公斤,救济款653.03万元,共救济31万户116.76万人。① 黔东南苗族侗族自治州也是以实物救济为主。1954年,黄平县为解决本县贫困户的生活困难,发放救济款5934元,解决了1247户3953人的生活问题。他们对少数民族还给予专门的拨款,1954年,拨给少数民族贫瘠山区救济款3895元,救济了955户2914人。1955年,又下拨救济款1758元、救济粮7600公斤,救济了贫困人口568户1619人次。1962年,榕江、三穗、镇远、台江4县共有困难户11705户47299人,国家共发放救济粮149970.05公斤。1961年,针对特别严重的困难户,黔东南还专门拨付了一批救济款,用以解决他们的吃饭、穿衣与治病,共计发放农村救济款271800元、棉衣1000件、棉花9250公斤、棉布14500米,救济了59300人次。② 国家的救济款和救济粮缓解了农村困难户的生活压力,帮助西南少数民族度过了那段极端困难的日子。

　　集体化时期的"五保户"供养制度也是这一时期农村社会保障制度的内容之一。新中国成立初期,对于农村社会的无依无靠、无劳力,或者

---

　　① 《铜仁地区志·民政志》编委会编:《铜仁地区志·民政志》,贵州人民出版社2006年版,第243—244页。

　　② 黔东南苗族侗族自治州地方志编纂委员会编:《黔东南苗族侗族自治州志·民政志》,贵州人民出版社2004年版,第142—143页。

仅有轻微劳力的老幼病残,都是由各级人民政府组织群众进行互助,或者由国家给予临时救济。直到集体化时期,这种五保制度才真正建立起来。毛泽东在主持选编的《中国农村的社会主义高潮》一书序言中指出:"一切合作社有责任帮助鳏寡孤独缺乏劳动力的社员(应当吸收他们入社)和虽然有劳动力但是生活上十分困难的社员,解决他们的困难。"①随后,在中央发布的《1956—1967年全国农业发展纲要(草案)》和《高级农业生产合作社示范章程》中更明确要求,对生活没有依靠的老弱病残、鳏寡孤独社员,给予保吃、保穿、保烧、保教、保葬五个方面的保障,因而被称为"五保"。不过,这种供养制度在"大跃进"时期被严重扩大化,仅1958年,黔东南州就建立了敬老院335所,有老人9572人。显然这一时期的经济实力还很难适应如此大规模的养老机构。人民公社化运动之后,"五保户"制度逐渐演变为人民公社时期的一种供给和补助办法。根据榕江、三穗、镇远、台江等6县的统计,1962年共有"五保户"3052户4089人,补助粮食403143公斤。在补助的标准上,一般保证每人每天0.5公斤的原粮。收成较好的年份,口粮可达到200—250公斤,并包油盐钱。三穗县平均每人210公斤,最低的也可达175公斤。锦屏县三江公社龙拉生产大队"五保户"王内大双目失明,所在大队和生产队照顾其粮食254.5公斤,油盐钱生产队全包,使他生活有了保障。截至1963年,黔东南州苗族侗族自治州共计有"五保户"11291户13575人,各公社、生产队分别对其生活给予全包或半包,一些收入较好的生产队还包了买油盐等现金。② 应该说,"五保户"供养是中国农村社会保障制度体系中一个颇有特色的现象,进入集体化时期以后,很快推广到民族地区。在计划经济体制下,它既有社会救济的特征,又是农村集体福利事业的一部分,并受到整个民族地区农村经济水平的影响。

---

① 《毛泽东文集》第六卷,人民出版社1999年版,第465页。
② 黔东南苗族侗族自治州地方志编纂委员会编:《黔东南苗族侗族自治州志·民政志》,贵州人民出版社2004年版,第139—140页。

上述自然灾害的救助、困难户的救济、"五保户"的供养都体现了中国共产党对民族地区农村弱势群体的照顾。新中国成立初期,农村社会保障的经济基础是农民个体所有制,因而土地才是这套保障体系的主体,国家和社区处于补充地位。此后西南民族地区农村社会经历了大规模的土地改革,实现了少数民族长期以来渴望的"耕者有其田",践行了真正的农民土地所有制。不过,新中国成立初期的中国农村仍处于自然经济和半自然经济的状态,少数民族通过土地这种非正式的制度安排,以不断的辛勤耕作,增加家庭收入,从而使安全保障能力逐渐提高。此时,土地是家庭保障的根本,国家的救助主要出现在自然灾害、生老病死等突发时刻。也就是说,在农民以个体经济为基础,以土地为主体的社会保障制度结构中,农民主要依赖土地,社会性的需求不高,国家的救济只出现在灾害和其他不幸事件而导致困难时,具有临时性的特点,缺少制度运行的规范性。因此,这一时期农村社会保障制度临时救济和非正式的制度特征明显。[1] 集体化时期,农村社保障制度几经波折,最后逐渐走向稳定。在此过程中,国家—单位制度框架基本形成,西南民族地区的农村社会亦是如此。在农村人民公社制度下,近似于平均主义的集体经济分配制度作为一种隐性层面的社会保障制度而存在,实际上发挥了社会保障制度的功能,特别是针对人口多、劳动力少的家庭。不过,需要强调的是,计划经济体制下的社会保障制度是建立在城乡二元结构的基础之上,这种制度安排本身就带有非公平性。农村自然灾害和农民生活救济虽然覆盖了所有农民,但是真正获得救助的对象占农村总人口的比例不到5%。由于平均主义的存在,这种社会保障制度的效率性也非常低,这些都成为计划经济时期农村社会保障制度的主要特征。

---

① 宋士云:《新中国社会保障制度结构与变迁》,中国社会科学出版社2011年版,第74页。

二、农田水利的发展

中国是水旱灾害多发的国家。据统计,从公元前 206 年到 1949 年新中国成立前的 2155 年间,共发生过较大水灾 1029 次,较大旱灾 1056 次,水旱灾害共 2085 次,平均每年发生一次大的水灾或旱灾。[①] 新中国成立之始,"各种自然灾害,仍为目前农业生产发展上的严重障碍"。[②] 农田水利不仅数量少,质量也低,直接影响了农产品产量的提高,更限制了农民生活水平的提升。尤其对西南民族地区而言,农田水利的作用更加重要,因为这一区域山地占据绝大面积,比如贵州全省面积为 17.6 万平方千米,山地占 61.7%,丘陵占 30.8%,平坝仅为 7.5%。云南的"坝子"面积为 2.41 万平方千米,只占全省总面积的 6%,全省有 94% 的土地都是山区和半山区。[③] 四川平原虽是"鱼米之乡",但阿坝、凉山、甘孜的少数民族聚集区都位于地形崎岖、山高谷深的西部山区。因而,新政权成立以后,西南民族地区的农田水利建设得到了中国共产党的高度重视。

新中国成立以后,中国共产党立即对西南民族地区农田水利实施大规模的建设。在 1950—1959 年的 10 年间,四川省共建设农村电站 865 处,总装机容量 23554 瓦,相当于解放前用 49 年时间修建全部县级电厂总容量的 16 倍。在解放前没有变电站的农村,修建了变电站 9 处,总容量 470 千伏安;为农副产品加工修建水力动力站 778 处,总动力 8170 马力。[④] 1958 年,在水利建设中,云南省共完成防洪除涝农田面积为 634 万亩,水土保持面积为 14554 平方公里,兴修农村水电站 128 个,总装机容

---

① 朱尔明、赵广和主编:《中国水利发展战略研究》,中国水利水电出版社 2002 年版,第 16 页。

② 李书城:《1950 年农业生产中的一些体验》,《人民日报》1951 年 1 月 18 日。

③ 水利部农村水利司编:《新中国农田水利史略》(1949—1998),中国水利水电出版社 1999 年版,第 496、506 页。

④ 农业部农田水利局编:《水利运动十年(1949—1959)》,农业出版社 1960 年版,第 297 页。

量 6500 多瓦,水力站 3000 多个。到 1959 年初,水利建设已经有较大改变。灌溉面积由只占耕地面积的 13% 增加到 54.6%,每亩水量由原来的 200 立方米增加到 400—500 立方米。由此,带来的粮食产量也有提高,1952 年的 89 亿公斤比 1949 年的 77 亿公斤增长了 15.6%,1957 年 125 亿斤比 1952 年又增长了 40%。① 20 世纪 50 年代,引水工程也是贵州水利建设的重要内容,大大小小的引水灌溉工程遍及全省各地,如惠水涟江、平坝羊昌河、榕江车江、松桃徐家河都是少数民族地区重要的引灌工程。② 贵州省在这 10 年间,共筑起了几十万处水利工程,灌溉面积占全省耕地面积的 75%,比解放前增加了 6 倍多,引蓄水量增加了 13 倍,达到 46 亿立方米,40% 的水土流失土地得到一定程度的控制。③

农田水利的大规模修建,直接提升了单位面积的粮食产量,从而把农田水利建设与农民的基本生存联系在一起。1950 年前后,云南省兰坪白族普米族自治县全县轮歇地、游耕地面积约占全县总耕地的 40% 以上,而且单位面积少、陡坡旱地多、肥力低、保水性能差,中低产田面积大、产出率低,基本属于雨养农业,靠天吃饭的状况。进入合作化以后,兰坪县委组织广大农民利用冬春农闲季节,投入大部分劳力,持续开展农田水利建设。改坡地为平地,变干田为水田,平整地块,修理排洪沟,增施农家肥提高土地肥力。同时,引导农民加强田间管理,使得农业生产水平有了较大幅度的提升。④

贵州省铜仁县三寨乡兴修水利直接增产 43 万多斤稻谷。1955 年,

---

① 农业部农田水利局编:《水利运动十年(1949—1959)》,农业出版社 1960 年版,第 306 页。

② 贵州省地方志编纂委员会,汪凡主编:《贵州省志·水利志》,方志出版社 1997 年版,第 152 页。

③ 农业部农田水利局编:《水利运动十年(1949—1959)》,农业出版社 1960 年版,第 318 页。

④ 羊明主编:《云南兰坪白族普米族自治县概况》,民族出版社 2008 年版,第 88—89 页。

三寨乡卖余粮 709707 斤,缺粮的有 22 户,供应粮食 10321 斤,一般社员留余粮 500 斤左右;到 1956 年,该乡卖余粮 898886 斤,缺粮的只有 11 户,供应粮食 5200 斤,一般社员留粮增加到 600 斤左右。1956 年粮食产量较 1955 年有明显提升的因素中,农田水利建设起到了重要的作用。首先,该乡组建了农田水利专门的领导机构,即三寨乡水利委员会将全乡划分为两大片,三寨大沟重点工程专门成立修建委员会,领导兴修工作;其他 8 个社,在乡水利委员会领导下,由社主任负责,做到乡、社工程均有专人负责,并组织青年突击队两支。其次,制定了较为科学的修筑方法,即采取边打边通水"过四关"的办法,先挖水坝,立即通水,以水找平。"过四关"是首先民工挖毛坯,其次炮工开坚岩,再次捶沟坎,最后以木材刷子拖沟底,出现漏水,马上修补,保证质量。其中绩效考核制度也是激发农田水利建设者积极性的重要手段,在修筑过程中,制定了炮工定额,多打多获利的办法,以提高民众修建水利的积极性。最后,三寨乡以工地为学校,大量培养和训练民工、炮工,采取老手帮新手、师傅带徒弟的办法,解决技术干部和炮工不足的困难。① 通过上述一系列措施,三寨乡的农田水利建设成为该乡农业发展的重要保障。

为改变西南民族地区多山少田的困境,以改造耕地、平整土地、改良土壤为内容的土地整理就成为改善土地质量,提高农业生产条件的重要保障。

改造耕地是改善农业生产条件的有效举措。从 1953 年起,黔东南州各县就开始改造耕地。到 1957 年,全州又进行了平整土地和园田化建设。时间最长的是 1957—1978 年间,以改土造田为中心建造的"大寨田"。其实,新中国成立十七年改造耕地就没有停止过,仅 1953 年黔东南在爱国增产运动中,就改造耕地 174395.7 亩,其中造田 9039 亩。1954

---

① 水利部农田水利局:《农田水利增产实例汇编》(第 1 集),科学普及出版社 1957 年版,第 58 页。

年、1956 年黔东南又结合兴修水利,改土变田 4568.1 亩。

平整土地也是农村土地整理的重要内容。从 1957 年开始,黔东南州开始进行土地规划,深翻田土,平整土地,加速向园田化过渡。在 1958 年"大跃进"期间,平整土地达到高潮。其中规模较大的工程有黄平旧州、石牛、浪洞,施秉城关,镇远青溪,三穗城关,天柱城关、铁山坪、蓝田、团结、东门,锦屏敦寨、花桥,黎平中潮、中黄,榕江车江、忠诚,麻江下司,凯里舟溪,从江贯洞、龙图、洛香等 20 处,仅"大跃进"期间就投入各型推土机、拖拉机 23 台,劳动力 131.4 万个,经过深翻土地把小田并大田 14647 亩。1961 年以后,开始对平整土地进行反思,逐渐提倡合理深翻土地,在条件不成熟的地方不再提倡推广小田并大田的经验。至此,黔东南州平整土地开始向有计划的小规模方向发展。

土壤改良也被西南民族地区视为农田建设的重要方面。1953 年,黔东南州开始推广两熟制,翻犁坂田坂土过冬,当年全州冬耕面积达 84.7 万亩,占总面积 30.38%。1954 年到 1956 年,改良土壤主要是以农业社、互助组为单位,内容是排冷、除锈、开沟晒田,增石灰、石膏降低土壤酸度,并采取掺黏客土等办法。其中,炉山、万潮农业社利用掺黏客土方法改良土地 82.5 亩,种植水稻增产 31%。1956 年,麻江县杏山、碧波、下司、烂坝等地采取加深耕作层、增施有机肥料、客土改良薄泥为厚土等方法改良土壤 21044 亩。1957 年,黔东南又进行土地规划,强调贫瘠田土的改良,消除坂田坂土过冬。当年冬耕面积就有 147.5 万亩,改良贫瘠田土 14.98 万亩。从 1953 年到 1957 年,黔东南进行土壤改良面积共 34.67 万亩,年均改良 69520 亩,其中改良冷阴烂锈田 22.7 万亩,占 65.3%,掺黏客土改良 64890 亩,占 18.67%,烧熏培肥等改良 55710 亩。[1]

从上述改造耕地、平整土地、改良土壤的梳理看,新中国成立十七年

---

[1] 黔东南苗族侗族自治州地方志编纂委员会编:《黔东南州志·农业志》,贵州人民出版社 1993 年版,第 565—570 页。

的土地整理具有明显的群众运动色彩,虽然土地整理给西南民族地区提供了农田水利方面的明显改善,但也不可避免地造成了人力、物力、财力的浪费。

　　不管怎么样,西南民族地区农田水利建设的成绩和功效仍需肯定。而之所以取得如此成就,根本原因在于人民公社时期政社合一的集权模式和以生产队为基础的集体经济提供了动员广大农民所必需的政治、经济和文化资源。在农田水利建设中,这种"集权式动员体制"提供了启动、推进水利建设所必需的强有力的组织保证。凡是重大工程和项目都是上级党委书记亲自挂帅,下级负责部门也必须是"一把手"负责,从而保证了强有力的权力推行与协调机制。美国汉学家黄宗智也注意到了这种组织机制的重要意义,他认为:"水利过去很大程度上归于地方和乡村上层人士的偶然的引导和协调。解放后,水利改进的关键在于系统的组织,从跨省区规划直到村内的沟渠。"①"很难想象这种的改进能如此低成本和如此系统地在自由放任的小农家庭经济的情况下取得。集体化,以及随之而来的深入到自然村一级的党政机器,为基层水利几乎免费实施提供了组织前提。"②实际上,这正是对集体化时期农田水利建设的客观判断。

三、农业技术的改进

　　新中国成立以后,西南民族地区农村个体农户的生产工具普遍缺乏,为了提高农业生产的水平,保证农民最基本的生存,农业技术的改进也成为中国共产党底层生存服务建设的重要内容。农业技术改进的措施主要涉及建立农业技术网络、推广农作物良种、改进耕作技术、改进农作物病

---

　　①　[美]黄宗智:《长江三角洲小农家庭与乡村发展》,程洪译,中华书局2000年版,第234页。

　　②　[美]黄宗智:《长江三角洲小农家庭与乡村发展》,程洪译,中华书局2000年版,第236页。

虫害的防治、推广和使用新式农具、动物疫病防治、推广化肥等。这里仅以肥料的推广和使用为例进行说明。

解放前,西南民族地区的农业生产基本未见化肥的使用,大部分地区是在合作化运动前后才开始使用化肥,并逐渐推广。巍山彝族回族自治县、彭水苗族土家族自治县、元江哈尼族彝族傣族自治县在化肥的推广和使用上多是如此。1955 年,云南省巍山彝族回族自治县开始小范围实验推广硫酸亚。1958 年陆续施用磷矿粉、磷矿石、钙镁磷、普通过磷酸钙。1960 年试用硝酸铵。1966 年分别在大仓、庙街、巍宝三个公社修建氨水池 10 个(每个容量 20 立方米),施用地区获得了粮食的大幅增产。① 重庆彭水苗族土家族自治县在 20 世纪 50 年代以前,农民一直使用农家肥,主要有人畜粪便、草木灰、地皮灰、绿肥、青草肥、泡清肥、尿搅灰、油饼、岩窝泥等。从 60 年代开始,农村才使用化肥。70 年代初期,化肥使用面积已达到 80% 以上。② 云南省元江哈尼族彝族傣族自治县在 1949 年前也无化肥生产,甚至都没有使用过化肥。1954 年,元江县农场做了一次磷酸钙的试验,是为施用化肥的开端。此后,相继应用磷矿粉、肥田骨粉、钙镁磷、普钙等几种磷肥。1962 年 11 月 24 日调进磷酸亚(铵)143 吨(其中 35 吨专用于烤烟、棉花和商品蔬菜)、尿素 48.5 吨,为元江县应用氮肥的开始。③ 巍山彝族回族自治县、彭水苗族土家族自治县、元江哈尼族彝族傣族自治县的化肥施用过程,实际上就是提高农作物产量和农业生产发展水平的过程,更是推进农村底线生存服务建设的过程。

---

① 云南省巍山彝族回族自治县县志编纂委员会编纂:《巍山彝族回族自治县志》,云南人民出版社 1993 年版,第 210 页。

② 《彭水苗族土家族自治县概况》编写组编:《彭水苗族土家族自治县概况》,民族出版社 2007 年版,第 89 页。

③ 魏存龙主编:《元江哈尼族彝族傣族自治县农牧志》,四川民族出版社 1993 年版,第 31 页。

黔南州的氨水①推广,也体现了农业技术与民族地区农业发展,以及农村底线生存服务建设的关系。氨水是一种公社时期广泛使用的化肥,黔南州最早使用和推广氨水是参考和借鉴了上海市郊区崇明县农业技术站的经验介绍。实际上,上海市崇明县使用氨水的历史也并不长,从1961年开始时只有两个公社使用,后逐渐推广。1962年,崇明县水稻每亩用24斤氨水追肥,比每亩用80斤菜饼、6斤硫铵作肥增产10.3%,1964年,城桥公社成桥大队六生产队以单季晚稻"农垦58"试验,用氨水每亩20斤作基肥、50斤作追肥的,比用每亩25斤硫铵作基肥50斤、氨水作追肥增产了30%,比用每亩20斤氨水作基肥、60斤硫铵作追肥增产了13.3%。② 这些成功的经验对黔南民族地区的氨水推广起到了良好的示范作用。

同时,黔南民族地区还参加了贵州省组织的学习和参观广州先进推广经验代表团,这样可以将更多的感性经验和理性认识联系起来。1965年国庆前后,贵州省农办组织了农业厅、化工局、供销社、铁路局、交通厅、农科所、剑江化肥厂等单位,4个专区、地州市,以及3个重点县的农业、供销部门人员,共计28人。他们于9月中旬到广东省参观学习氨水的生产、储存、运输、推广、施用等方面的经验,代表团先后参观了广东省氨肥厂、番禺氨肥厂,广州郊区的从化、番禺、饶平、潮安、清远、四会、英德等县的一些公社和生产队。③ 上海的经验介绍和广东的参观学习显然有助于

---

① 空气中的氮气和氢气经过特殊的机器设备,发生化学变化后,便变成氨气,叫作合成氨。氨气和硫酸化合能制成硫酸铵,和硝酸化合能制成硝酸铵,和盐酸化合能制成氯化铵。如果把氨气通入水中,就变成了氨水。氨水是一种氮素化学肥料。氨水是液体的,具有强烈的刺激性臭味,就像人粪尿臭味一样。合成氨制成的氨水是无色的液体,通常每一百斤氨水约含有十六斤半氮肥。见《氨水》,《人民日报》1960年10月31日。

② 《中共黔南州委农业生产联合办公室转发上海市崇明县氨水使用经验介绍》(1965年9月8日),黔南州档案馆:5—2—58。

③ 王虎文:《关于参观学习广东省推广氨水经验的汇报草稿》(1965年10月22日),黔南州档案馆:5—2—58。

将黔南民族地区的氨水使用推向高潮。

都匀县把氨水作为肥料,用于农业生产,是从1964年开始实践的。到1965年,在一年多的时间内,经历了从失败到成功、从抵制到接受的复杂演变。1964年,迎恩公社的黄莺三队、新城公社的前进一队和随城公社的全民大队都进行了以氨水作为肥料的实验,不过仅油菜获得了成功,水稻、蒿笋均以失败告终。1965年,在黄莺、前进、全民、常兴、马尾、剑江、迎河、河西八个点进行试验,之后扩大到7个区和1个镇,共22个公社36个大队120个生产队,实验区不断扩大。① 到了1965年底,氨水的推广已经成为政治任务。1965年11月21日至23日,在黔南州布依族苗族自治州氨水工作会议上,来自都匀、独山、麻江、福泉、规定、龙里等6个县(包括黔南州州长、各县县长在内)的68人一致认为氨水是促进粮食亩产800斤的重要条件,氨水就是粮食,并进一步要求:"实现每斤氨水增产2斤粮食,并在两三年内,仅靠氨水一项就争取增产粮食4亿斤的光荣任务。"②

都匀县在氨水的推广中,所使用的手段和方式都带有时代特点,极具政治运动的特征。首先是宣传造势。公社和生产队结合"四清"运动,组织广大社员和干部学习氨水使用经验的资料,使氨水的性能、使用技术和增产效果,家喻户晓;农业部门编印有关氨水的宣传资料,直接发送给"四清"工作队、电影放映队、文化工作队、电影院、广播站,他们结合大小会议、电影放映、文艺演出、广播节目等形式进行宣传,并且利用张贴宣传画、宣传标语、组织氨水参观等,进行动员性宣传。③ 其次是建立组织结构。在推广氨水中,建立了县区社三级推广氨水的领导机构,都匀县成立

---

① 都匀县人民委员会:《都匀县一年多来使用氨水的情况和今后全面推广氨水的意见》(1965年12月11日),黔南州档案馆:5—2—58。

② 省农林党委:《关于氨水工作会议情况的报告》(1965年12月5日),黔南州档案馆:5—2—58。

③ 都匀县人民委员会:《都匀县一年多来使用氨水的情况和今后全面推广氨水的意见》(1965年12月11日),黔南州档案馆:5—2—58。

了推广氨水指挥部,由县委副书记任指挥长,下设办公室,负责协调推广氨水的有关事宜。① 各区公所、各人民公社,组成有供销社、农推站、贫协等部门参加的推广氨水指导小组,区、社都有固定的领导主要负责氨水的推广。在推广过程中,做到不换班。再次是普遍设立氨水供应站。按照交通和生产队取用氨水的方便程度,在整个都匀县设立了 61 个氨水供应站,分别在王司区设立 10 个站、坝固区设立 9 个站、墨冲区设立 8 个站、平浪区设立 6 个站、江洲区设立 3 个站、新城区设立 3 个站、迎恩区设立 6 个站、城关镇设立 5 个站。最后是培训技术力量。都匀县农业局采取分片培训、学用结合的办法,为每个大队至少培训一名施用氨水的技术骨干,再由各大队的技术骨干负责培训所属生产队施用氨水的技术力量。② 实际上,层层的样板示范和学大寨的宏观背景在氨水的推广中也起到了促进作用。在此措施下,氨水的推广自然效果明显。仅 1966 年的前 10 个月,就使用氨水 814.86 吨,施用面积达 1 万余亩,每亩平均施用 1%—3% 浓度的氨水 100 斤左右,施用作物包括水稻、苞谷、小麦、油菜、棉花、烤烟、蔬菜等 10 种作物。氨水在都匀县施用的局面基本打开。③

　　正是包括自然灾害救助在内的初级社会保障体系,包括水电站、农田水利建设的农业基础设施,包括氨水推广在内的农业技术改良,才给民族地区农民提供了最基本的底线生存服务,从而保障了农业发展和农民生活得以维系。

---

① 都匀县人民委员会:《关于成立推广氨水指挥部的通知》(1965 年 12 月 6 日),黔南州档案馆:5—2—58。

② 都匀县人民委员会:《都匀县一年多来使用氨水的情况和今后全面推广氨水的意见》(1965 年 12 月 11 日),黔南州档案馆:5—2—58。

③ 都匀县人民委员会:《都匀县一年多来使用氨水的情况和今后全面推广氨水的意见》(1965 年 12 月 11 日),黔南州档案馆:5—2—58。

第二节　基本发展服务的建设

　　除底线生存服务外,基本公共服务体系还应该包括满足农民发展权的基本发展服务。实际上,西南民族地区刚刚解放,中共中央西南局就将公共服务体系建设提升到了一个崭新的高度。1950 年 7 月 31 日,在西南军政委员会第一次全体委员会通过的《西南区的工作任务》中,就要求"建设新西南,并使各少数民族的人民大众,获得政治、经济、文化、教育的建设事业之发展"。① 1950 年 3 月,又在《西南军政委员会对各少数民族施政方针》中,专门讨论了文化教育问题。对此,西南军政委员会确立了下列方针:"为提高西南各少数民族的政治水平和文化水准,培养各族的干部参加革命建设事业,应实行普及教育,并着重师资和生产技术教育。""发展各少数民族的民族文化,利用一切可能的办法,以促进各民族间的文化交流。""提倡并奖励各种专门人才前往各少数民族地区,从事调查研究及各项建设工作。""各少数民族,有保持或改革其风俗习惯、宗教信仰的自由。""为推进各少数民族人民的保健工作,应积极普及卫生教育,及推广医药卫生事业,对牲畜疾病的防治工作,亦应十分注重。"②显然,这些要求切合了西南民族地区基本发展服务的需要。这种满足西南民族地区农民基本发展权的发展服务主要有公共教育服务、公共卫生服务和社会文化事业。

一、公共基础教育

　　为了发展西南民族地区农村的公共基础教育,中国共产党首先对原有

---

　　①　刘伯承:《西南区的工作任务——刘伯承主席在西南军政委员会第一次全体委员会上的报告》,《云南政报》1950 年第 3 期。
　　②　《西南军政委员会对各少数民族施政方针》(1950 年 3 月),四川省档案馆:建大11—1。

的教育体制和教育制度进行了接管和改造。解放初期,为了保证教育秩序的正常进行,新生政权首先接管了国民党遗留的公办和私立学校,在保持原有教育秩序不变的前提下,进驻和管理学校。解放之后,中国共产党在黔南共接管了公私立中学 13 所,其中省立中学 4 所、县立初级中学 8 所。在保持原有教学不变、人员不变、课程基本不变的情况下,让原有教职工一律照常工作,从而使教学秩序很快稳定下来。教学秩序基本稳定之后,改造工作也逐渐展开。在进驻和管理的公办学校和私立学校中,一方面取消了"公民""军训""童子军"等课程及其他教材中的部分内容,开设了新的政治理论和思想教育课。另一方面,取消了训导制度,代之以教导合一制。从 1952 年起,黔南地区逐渐对教育学制进行改革,实行新学制,小学以四二分段制(即初小 4 年、高小 2 年)为主,普通中学实行初中、高中三三分段制。学校的基本工作是教学,而课堂教学又是教学的基本形式。在此过程中,学校还改革了课程设置,实行了新的教学计划。经过 3 年的恢复、调整和发展,黔南地区的教育事业有了很大起色。① 从表 1 和表 2 中可以看出,从 1952 年开始,普通中学和小学才开始分为高中和初中、高小和初小,此时普通中学的学生人数已经达到 2163 人,小学人数更达到 84866 人。在整个贵州省,到 1956 年已经拥有民族学院 1 所、民族中学 12 所、民族师范 1 所、民族小学 274 所,民族学生人数逐年增加。据 1955 年的统计,全省高等院校共有少数民族 83 人,比 1953 年增加 151%;中等学校共有少数民族学生 5700 余人,比 1953 年增加 15%;小学共有少数民族 20 万人,比 1953 年增加了 18%。② 在"一五"计划期间,西南地区各类学校数和学生人数都在稳步提升。黔南布依族苗族自治州的中等技术学校有 2 个,中等师范学校有 4 个,普通中学

---

① 黔南布依族苗族自治州史志编纂委员会编:《黔南布依族苗族自治州志·教育志》,贵州人民出版社 1996 年版,第 5 页。

② 《省委关于建立黔东南苗族、侗族自治州和黔南布依族、苗族自治州的宣传的通知》(1956 年 5 月 10 日),见中共贵州省委党史研究室、贵州省档案馆(局):《建国后贵州省重要文献选编》(1955—1957),内部资料,2010 年,第 221 页。

有 19 个,小学达到了 1445 个。相比较 1952 年,几乎提升了一倍。同样,学生人数也是如此。到 1957 年,中等师范学校的人数有 1066 人,普通中学的人数达到 11197 人,小学生人数达到 164328 人。① 不过,在"大跃进"的浪潮中,公共基础教育的发展速度明显过快。在表 1 和表 2 中,1958 年的各类学校数和学生人数几乎为 1957 年 2 倍,仅仅在一年之内就增加 100%,这显然是违背了学校教育正常演进的发展规律(具体见表 1 和表 2)。

表 1　黔南布依族苗族自治州各类学校数

单位:个

	1949	1950	1951	1952	1953	1954	1955	1956	1957	1958
一、高等学校										4
二、中等技术学校				3	2	2	2	2	4	5
三、中等师范学校	1			2	2	2	2	2	4	10
其中:师范				2					2	2
其中:初师				1					2	8
四、普通中学	11	7	11	13	13	12	12	13	19	39
其中:高中	2			2	2	2	2	3	3	5
其中:初中	9			11	11	10	10	10	16	34
五、工农速成中学										
六、小学	294	132	303	656	706	847	721	1342	1445	2214
其中:高小	46			126	150				230	426
其中:初小	248			530	576				1215	1788

资料来源:《1949—1961 年文化教育资料、1949—1958 年卫生资料及 1949—1958 年分县文化、教育、卫生历史统计资料》,黔南州档案馆:58—1—8。

① 《1949—1961 年文化教育资料、1949—1958 年卫生资料及 1949—1958 年分县文化、教育、卫生历史统计资料》,黔南州档案馆:58—1—8。

表 2　黔南布依族苗族自治州各类学校学生人数

单位:人

	1949	1950	1951	1952	1953	1954	1955	1956	1957	1958
一、高等学校										399
二、中等技术学校										624
三、中等师范学校	135			525	597	1346	746	898	1066	3198
其中:师范				360	348				886	802
其中:初师				165	249				181	2396
四、普通中学	1606	1011	1355	2163	2927	2408	2765	4711	11197	8956
其中:高中	132			137	218	285	459	670	738	776
其中:初中	1472			2026	2709	2123	2306	4041	10459	8180
五、工农速成中学										1296
六、小学	20801	15140	33175	84866	88258	102143	106164	161127	164328	249320
其中:高小	3044			11161	11543				26683	33666
其中:初小	17757			73705	76715				137645	215654

资料来源:《1949—1961年文化教育资料、1949—1958年卫生资料及1949—1958年分县文化、教育、卫生历史统计资料》,黔南州档案馆:58—1—8。

"大跃进"以后,人民公社制度逐渐稳定下来,此时民族教育工作的发展也逐步走向正常。截至"文革"前的 1965 年,黔南布依族苗族自治州已有中等专业学校(含中师)6 所,在校生 1276 人,在校生人数为 1950 年的 29 倍;普通中学 32 所,在校生 10558 人;小学 2943 所,在校生 207952 人,适龄儿童入学率已由 1950 年的 5% 上升为 79.4%;幼儿园 25 所,入园儿童 2429 人。① 四川省也是如此,到 1963 年,四川省的甘孜州、阿坝州、凉山州和西昌专区,藏族和彝族的中学已有 28 所,学生人数达到 5603 人;小学已有 2013 所,学生人数达到 93427 人。1964 年,这一数字再次扩大,阿坝州、甘

_____

①　黔南布依族苗族自治州史志编纂委员会编:《黔南布依族苗族自治州志·教育志》,贵州人民出版社 1996 年版,第 7—8 页。

孜州和凉山州的小学人数已经达到110030人(具体见表3和表4)。①

表3 1963年底四川省藏族、彝族地区中、小学教育情况统计

		合计	甘孜州	阿坝州	凉山州	西昌专区
中学	学校(所)	28	8	11	7	2
	学生(人)	5603	1817	1619	1871	293
小学	学校(所)	2013	381	633	786	213
	学生(人)	93427	22813	28381	31904	9329

注:1.中学包括师范学校三所;根据州、专所报数据复制。
　　2.小学:三州根据省教育厅数据,西昌民族地区根据专报数据。
资料来源:省民工委办公室:《四川省民族地区基本情况和农、牧业生产情况统计资料》(1965年6月),四川省档案馆:建川48—282。

表4 1964年四川省甘孜州、阿坝州、凉山州学校情况统计表

			合计	阿坝州	甘孜州	凉山州
师范学校	所数		3	1	1	1
	学生(人)		549	188	256	105
	教职工		130	36	45	49
中学	所数	小计	25	11	7	7
		高中	6	2	2	2
		初中	19	9	5	5
	学生(人)	小计	5555	1886	1893	1776
		高中	1042	255	399	388
		初中	4513	1631	1494	1388
	教工(人)	小计	618	250	206	207
		高中	411	133	136	142
		初中	207	72	70	65

① 省民工委办公室:《四川省民族地区基本情况和农、牧业生产情况统计资料》(1965年6月),四川省档案馆:建川48—282。

			合计	阿坝州	甘孜州	凉山州
小学	所数	小计	2130	758	463	909
		完小	428	138	110	180
		高小	24			24
		初小 公办	1485	484	312	689
		初小 民办	193	136	41	16
	学生（人）	小计	110030	37170	29470	43390
		高小	14692	5571	4143	4978
		初小	96338	32599	25327	38412
	教工（人）	小计	6424	1890	1776	2758
		教师	5317	1726	1583	2008
		教工	612	164	193	255

资料来源:省民工委办公室:《四川省民族地区基本情况和农、牧业生产情况统计资料》(1965 年 6 月),四川省档案馆:建川 48—282。

　　除中小学、高校的发展外,西南民族地区的公共基础教育建设还表现在以下三个方面:一是创办民族学校,二是推广少数民族文字,三是纠正教育过程中的不利偏向。在贵州省松桃苗族自治县,1951 年就在苗族聚居区的臭脑创办了全县第一所民族小学——盘石乡兄弟民族小学,对所有苗族子女实行免费入学。随后,在松桃中学开设了民族班。1952 年,又在盘信区的后寨开办了第二所民族小学——贵州省松桃兄弟民族小学,并列入全省 40 所重点民族小学之列。学校实现寄宿制度,贵州省每季度直接为学校拨款 680 万元(旧币)作为助学金。为保证学生的基本生活,每年还评发棉衣、棉裤、被条,以及学生学习用品等。学生来源遍及松桃苗族自治县各民族乡,总数达到600 多人,少数民族学生占 99.8%,其中女生数占 46.2%。分编为 5 个年级 6个班。学生中最小的年龄为 8 岁,最大的年龄为 21 岁。① 从入学人数和年

————————

① 松桃苗族自治县教育局编:《贵州省松桃苗族自治县·教育志》,贵州人民出版社 2010 年版,第 291 页。

龄结构看,中国共产党创办的民族中学可以说是历史上第一次将如此众多的少数民族纳入国家的公共教育体系中来,因而不论是只有 8 岁的儿童,还是已有 21 岁的成年人,都同样地享受了新政权教育所带来的殷实。

推广少数民族文字也是这一时期公共基础教育的重要组成部分。新中国成立初期,国家先后为壮族、布依族、彝族、苗族、哈尼族、傈僳族、纳西族、侗族、佤族、黎族等 10 个民族制定了 14 种文字方案,帮助傣族、景颇族、拉祜族 3 个民族改进了 4 种原有的文字。同时,还对新的蒙古文、维吾尔文、哈萨克文、柯尔克孜文、乌孜别克文、塔塔尔文、锡伯文、达呼尔文进行了设计。① 使得少数民族文字得到不断的丰富、发展和规范。有了文字以后,国家还在少数民族地区进行推广。1955 年,由中科院、中央民族学院等部门牵头对苗语进行了研究,继而推广。贵州省松桃苗族自治县最早选取了盘信和臭脑两地各一个学校来试点推广苗文教学,实行双语,即上课时教师用苗文和汉文两种语言讲授,学生有汉文和苗文两种课本。对于社会上的青年,则开办了 15 个苗文学习班,学习苗文的苗族青年达到 1300 人。②

在公共基础教育中,还发生了一些不利于教育发展规律的偏向,比如任意向学校布置"三反"、土改等政治运动,且十分普遍。在很多县份,凡是县里的大小工作,几乎都涉及学校,这种现象在农村小学表现得尤为突出,区乡各种表格都要教师来填,合作社也要教师来记账,在物资交流、查田评产、征粮、收税、评模、扩军,以至种豆,都要教师和学生参加。③ 致使教师过多地参与社会活动,影响了教师的教学和学生的学习,瓮安县物资交流大会,除一区外,其余六个区都下通知叫完小排演多幕剧,为此影响

---

① 肖方:《中国少数民族文字的创立》,《民族团结》1997 年第 7 期。

② 松桃苗族自治县教育局编:《贵州省松桃苗族自治县·教育志》,贵州人民出版社 2010 年版,第 292 页。

③ 《中共贵州省委关于纠正小学教育中的混乱现象的指示(草稿)》,黔南州档案馆:1—1—159。

14 个小学,每校停课多达 7 天。黎平二区洪州乡 1952 年 12 月征粮时,命令洪州小学校长停课 2 天,带领全校学生欢迎交粮群众。此外,占用校舍、文教干部残缺等现象都影响了教育秩序的正常运行,①甚至还出现了不尊重教师的现象。黔南州罗甸县县长在处理贪污分子大会上说:"你们好好坦白,将来可以转为教员,不然,教员也当不上。"平塘县县长秘书在校长联会上说:"你们好好地干,将来提升为干部,还可以升科长,难道你们当一辈子教员不成。"②为解决此问题,贵州省人民政府专门发文试图纠正,该文指出:"这些混乱的现象之所以能够长期存在,主要还是因为各级领导存在有严重的官僚主义作风,加之文教干部量少质弱,工作混乱,形成小学教育无人管的现象。这种混乱情况必须迅速加以改变,否则要招致严重后果,给国家建设带来不可弥补的损失。"③为此,中共贵州省委要求必须彻底纠正教育过程中的混乱现象,采取各种行之有效的办法。此后,这种现象得到一定程度的制止。不过,民族地区的教育程度和水平仍然很低,还有相当数量的文盲和半文盲,尤其是一些偏远地区。在贵州省上顺县交麻乡,有苗族 1843 人,直到 20 世纪 80 年代,仅有 30 人具有初中以上文化。斗省乡有苗族 2377 人,仅有 16 人具有初中以上文化。罗甸县纳坪乡仅 55 人受过中学教育,412 人受到小学教育,文盲、半文盲占人口的 86.3%。④

实际上,不论是创办民族学校,推广少数民族文字,还是纠正教育过程中的不利偏向,中国共产党都试图对西南民族地区农村的基础教育实

---

① 贵州省人民政府教育厅:《关于小学教育中混乱现象的报告》(1953 年 3 月 11 日),见中共贵州省委党史研究室、贵州省档案馆(局):《建国后贵州省重要文献选编》(1953—1954),内部资料,2009 年,第 53 页。

② 《中共贵州省委关于纠正小学教育中的混乱现象的指示(草稿)》,黔南州档案馆:1—1—159。

③ 《中共贵州省委关于纠正小学教育中的混乱现象的指示(草稿)》,黔南州档案馆:1—1—159。

④ 黔南布依族苗族自治州史志编纂委员会编:《黔南布依族苗族自治州志·民族志》,贵州民族出版社 1993 年版,第 154 页。

行一种均衡供给,借助于政府的力量和国家的支持,给公共基础教育原本就十分薄弱的少数民族以公平的受教育机会。

二、公共医疗卫生

现代公共医疗卫生服务体系是一个包含公共卫生服务体系、医疗服务体系、医疗保健体系和药品供应保障体系在内的复杂系统。对于新中国成立初期西南民族地区农村社会而言,这套系统尤为重要。因为,解放前西南民族地区农村社会的公共医疗状况极其恶劣,各种疾病广泛流行,尤其是性病、疟疾和妇女儿童疾病的蔓延,造成了人口数量的逐年锐减,严重地威胁着少数民族的生存与发展。云南边疆芒市等地,被称为"超高疟疾区",疟疾的流行造成了人口大量死亡,有的村寨十室九空,芒市原有5000多名傣族,但到解放前只有1800多人。① 历史上曾有120万人口的西双版纳傣族自治州,解放前只剩20万人。人们对这些地方极为恐惧,称之为"瘴疠之区"。②

新中国成立以后,中国共产党对少数民族地区的卫生防疫采取了一系列的措施,从人力、物力、财力上给予巨大帮助。从1950年起,中国共产党就不断地派出防疫大队、民族卫生工作大队等大批医务组织和人员,分赴西南民族地区农村各地,进行巡回医疗,开展卫生宣传教育,培养民族卫生干部。③ 1951年2月5日,政务院发布了《关于民族事务的几项决定》,责成中央人民政府各部门开展民族事务工作,并决定在下半年适当时间召开有关少数民族卫生、教育、贸易的三个专业会议。④ 1951年8月下旬,在召开的全国少数民族卫生会议上,重点研究了危害各族人民的性

---

① 沈其荣编:《民族工作手册》,云南人民出版社1985年版,第66页。
② 李德全:《我国少数民族卫生工作》,《民族团结》1959年第10期。
③ 民族出版社编:《十年民族工作成就(1949—1959)》,民族出版社1960年版,第159页。
④ 《中央人民政府政务院关于民族事务的几项决定》,《人民日报》1951年3月22日。

病、疟疾和妇幼疾病的防治问题,确定了民族地区卫生防治的方针、任务和工作重点。1951 年 11 月 23 日,卫生部副部长贺诚在政务院 112 次政务会议上作了《卫生部关于全国少数民族卫生会议的报告》,强调建立卫生机构,配备和培养卫生干部,实行收费、减费或免费治疗,以及首长负责,应是民族卫生工作的重点。① 在中共中央的高度重视之下,西南民族地区农村的卫生治理逐渐走向制度化,卫生防疫与治疗卓有成效。

一方面是卫生机构的逐步建立和医务人员的增加,缓解了西南民族地区农村缺医少药的困境。各级民族卫生机构的建立,使得少数民族有了固定寻医问药的地点,随着民族卫生机构数量和质量的提升,这种寻医问药的成本也大幅度降低。同时,大批投身于医疗卫生实践的医疗卫生工作者的培养,也为卫生机构的扩展和质量的提升给予了保障。

在云南省,除省民族学院、医学院和卫生学校培养的各族卫生人员外,各地区均举办了卫生训练班,培养了一大批防疫、化验、妇幼保健的卫生人员。到 1964 年,云南省边疆民族地区已有医疗机构 269 个(州、县医院 31 个,区卫生所 184 个,防疫站 31 个,妇幼保健站 23 个),病床 2100 张,医务人员 1200 多人。相比较于 1952 年,卫生机构增加了 7 倍、病床增加了 9.5 倍、人员增加了 4.7 倍。另外,还有集体联合诊所 32 个、卫生所 125 个,脱产半脱产保健员和接生员 2500 多人、不脱产的 4400 多人。② 可以说,此时云南民族地区医疗状况已有了根本性的提升。

在四川省,卫生机构和医务人员的增加幅度也很大。在阿坝州,1950 年只有 25 个卫生机构、136 名卫生工作人员、15 张病床,到了 1966 年,卫生机构已经增加到 335 个、卫生人员达到 2370 名、病床达到 1672 张,分

---

① 《卫生部关于全国少数民族卫生会议的报告》(1951 年 11 月 23 日贺诚副部长在政务院第 112 次政务会议上的报告),见《中央人民政府政务院政务会议文件汇辑》(第 5 册),中央人民政府政务院秘书厅印,内部资料,1953 年 10 月,第 237—240 页。

② 《云南民族工作四十年》编写组编:《云南民族工作四十年》(上卷),云南民族出版社 1994 年版,第 677 页。

别增长了 13.4 倍、17.4 倍和 111.5 倍。① 1963 年,甘孜州、阿坝州、凉山州和西昌等地区级以上的卫生医疗机构就有 323 个、病床达到 2440 张(具体见表 5)。②

在贵州省,1949 年,黔南布依族苗族自治州医院、病床和医师人员的数量还很少,1950 年以后逐步发展,到 1958 年已经拥有公办医院 13 个、其他公办医疗机构 103 个、公办医院病床 1130 张、公办医师 79 名,社办医院 233 个、其他社办医疗机构 1984 个、社办医院病床 1081 张、社办医师 145 名(具体见表 6)。③

表5　1963年底四川省藏族、彝族地区卫生事业情况统计

	合计	甘孜州	阿坝州	凉山州	西昌专区
医疗机构(个)	323	131	82	86	24
病床(张)	2440	1020	640	700	80

注:1.根据州报数据统计。
　　2.不包括乡村医疗防治,只是区以上数据。
资料来源:省民工委办公室:《四川省民族地区基本情况和农、牧业生产情况统计资料》(1965 年 6 月),四川省档案馆:建川 48—282。

表6　黔南布依族苗族自治州主要卫生事业

	单位	1949	1950	1951	1952	1953	1954	1955	1956	1957	1958(公办)	1958(社办)
医院院数	个		11	12	14	13	14	13	14	16	13	
其中:公社医院数	个											233
其他医疗机构数	个			32	60	67	89	98	160	126	103	1984

① 阿坝藏族羌族自治州计划经济委员会编:《阿坝藏族羌族自治州经济社会发展四十年(1950—1990)》,四川民族出版社 1993 年版,第 261 页。
② 省民工委办公室:《四川省民族地区基本情况和农、牧业生产情况统计资料》(1965 年 6 月),四川省档案馆:建川 48—282。
③ 《1949—1961 年文化教育资料、1949—1958 年卫生资料及 1949—1958 年分县文化、教育、卫生历史统计资料》,黔南州档案馆:58—1—8。

续表

	单位	1949	1950	1951	1952	1953	1954	1955	1956	1957	1958（公办）	1958（社办）
医院床位数	张		40	61	150	217	279	296	352	427	1130	
其中:公社医院床位数	张											1081
医师人数	名		10	10	40	53	75	92	120	129	79	145
其中:西医	名		10	10	23	31	34	41	46	48	60	28
其中:中医	名		17	17	17	22	41	51	74	81	19	117
其中:护士	名			14	23	40	56	76	80	112	90	2

注:本表包括民族自治地方及设在非民族自治地方主要为少数民族服务的卫生事业;医院、医院床位表包括疗养院在内;其他医疗机构指门诊部、县卫生院(所)、保健所(站)、驻军所等为居民服务的医疗机构等。

资料来源:《1949—1961 年文化教育资料、1949—1958 年卫生资料及 1949—1958 年分县文化、教育、卫生历史统计资料》,黔南州档案馆:58—1—8。

另一方面是组建巡回医疗队,深入山区乡间开展卫生防疫工作。为了防止鼠疫、性病、疟疾等烈性传染病的蔓延,中央人民政府先后派出多支防疫大队和医疗大队,到西南民族地区农村送医送药,开展免费治疗。1951 年 11 月,中央卫生部组建了中央民族卫生工作大队,到西康省藏族自治区开展巡回医疗、性病防治、妇幼卫生、防疫及人员培训工作。1953年,贵州省组织了 7 个民族巡回卫生工作队和 7 个巡回医疗组,为少数民族免费治病。[①] 1954 年,西南地区防疫队组建了大小不等的巡回医疗队分别进驻德宏、缅宁、西双版纳、文山、蒙自、昭通、丽江等地,云南省也组织了 13 个巡回医疗队、1 个妇幼卫生工作队、1 个凉山医疗队分别赶赴各民族地区开展卫生防疫工作。[②]

巡回医疗队采用多种方式积极开展卫生防治工作,效果显著。仅

---

① 《文化简讯》,《人民日报》1953 年 7 月 5 日。

② 《云南民族工作四十年》编写组编:《云南民族工作四十年》(上卷),云南民族出版社 1994 年版,第 676 页。

1953年,西康省各县与色达地区的各级卫生机构配合中央民族卫生工作大队一起,通过卫生防疫的具体工作培养了民族卫生人员和新法接生人员207名,共初复诊313500多人次,其中预防接种54754人,防止性病2067人,为各族人民免费治疗150794人次,有效提升了各族人民的身体素质和健康水平。① 云南省先后派出1500多名医疗卫生工作者深入疟疾高发区,进行疾病防疫和治疗,他们"叩门问病""送药上门",很好地控制了疫情,降低了疟疾的发病率。1953年8月到12月间,耿马县疾病发病率比1952年同期减少50%以上;1952年8月到12月间,芒市疾病发病率为14.14%,1953年同期降为3.09%。② 1953年,贵州省开展了以防治疟疾为中心任务的卫生工作,7月至9月间,诊疗人数达到154718人,一些危害少数民族健康的地方疾病,如疟疾、天花、痢疾等得到初步遏制。③ 1956年,黔南州的都匀县发生疫情,在2月13日到18日的5天内,全县共发病301人,其中死亡3人。在感染人群中,以麻疹和流行性感冒最为严重。④ 为此,中共都匀地委和县委研究决定统一安排,建立指挥部,将所有中西医务人员统一组织起来进行防疫工作部署,很快控制了疫情。⑤ 云南省边疆的一支中国人民解放军抗疟队,两年内走过50多个县帮助各族人民进行疟疾防治。抗疟队员们经常带着药包,在村寨里逐户为少数民族群众进行体格检查,给他们服药预防,喷射杀虫剂灭蚊。工作队在各村寨喷射的杀虫药剂面积达270多万平方米;受到治疗或预防的人口共

---

① 《西康省藏族自治区人民政府一年来工作总结和1954年工作任务报告》,四川省档案馆:建川109—78。

② 《云南民族工作四十年》编写组编:《云南民族工作四十年》(上卷),云南民族出版社1994年版,第676—677页。

③ 贵州省民族事务委员会编:《贵州民族工作50年》,贵州民族出版社1999年版,第13页。

④ 中共都匀县委:《都匀县委关于疫情情况的第二次报告》(1956年2月25日),黔南州档案馆:1—2—98。

⑤ 中共都匀县委:《县委转批文教卫党组贯彻地委关于消灭病疫开展春季防疫卫生运动的具体执行意见报地委并发各区委》(1956年3月5日),黔南州档案馆:1—2—98。

15万人次。经过抗疟队和地方卫生机关的积极防治,疟疾发病率显著下降。以前疟疾流行最严重的思茅,发病率已经下降为防治前的7%。以前被称为"高度疟区"的双江县,在疟疾流行的季节里也很少有人生病了。傣族农民的一首民歌真实地反映了这种变化:"往年谷黄床上躺,今年谷黄收割忙。"①

　　基层医务工作者的工作和生活实践亦能反映出西南民族地区农村卫生治理的演进。1956年,云南省的洪禹疏在昆明医士学校毕业以后,被分配到滇西北怒江峡谷最北端的贡山独龙族怒族自治县。洪禹疏刚到贡山时,县卫生院的条件十分简陋,卫生工作人员极为缺乏,只有2名医士、1名护士、1名药剂员、1名中医师,特别是病人也很少,每天只有10多人,住院病人还不到10人。② 但这并非是贡山县的疾病发病率低,而是因为少数民族得病以后,大部分是请"尼扒""纳姆萨"之类的巫师祭司杀牲祭鬼,或请喇嘛打鼓念经来祈祷许愿,以求得到神鬼的庇护,根本不懂得如何寻医找药来根治疾病。为此,包括洪禹疏在内的医护人员就将工作重点转移到农村,亲自上门找病人。有时候,听说某村寨有重病人,当洪禹疏等人身背药箱辛苦赶到时,还常常被拒绝。不过,经过医务人员长年累月地进行巡回医疗和宣传工作,逐渐取得了各族群众的理解和接受,拒绝医治的状况有了很大改变,贡山独龙族怒族自治县的公共医疗卫生工作也一定程度上实现了"医疗下乡"。③

　　可以说,是新中国成立之后,民族地区民众新的卫生理念才得以逐渐形成。几千年来,由于医学发展的落后,许多疫病无法医治,民众形成了相信命运、迷信鬼神的疾病观念。特别是民族地区,一旦有了疾病,往往

　　① 新华社:《在云南边疆的解放军抗疟队帮助五十多县人民防治疟疾》,《人民日报》1955年8月2日。
　　② 政协云南省怒江傈僳族自治州委员会文史资料委员会编:《怒江文史资料选辑》(第18辑),贡山独龙族怒族自治县文史专辑,1991年,第93页。
　　③ 政协云南省怒江傈僳族自治州委员会文史资料委员会编:《怒江文史资料选辑》(第18辑),贡山独龙族怒族自治县文史专辑,1991年,第94—95页。

认为这是命中注定或是鬼神施疫使然,因此,卫生观念非常淡薄。新中国成立初期,经过对传统巫师的批判,以及现代药物的使用,民族地区的民众逐渐接受了现代卫生观念和医药理念,新的防病治病观念开始形成。

三、公共社会文化

文化事业产品具有鲜明的准公共产品特征,大致可以分为两类,即公益性的文化活动和营利性的文化活动。其中,公益性的文化活动是以满足社会成员的基本文化生活需要为目标,着眼于提高全体公众的文化素质和文化水平,既给公众提供最基本的文化精神享受,也是维持社会生存与发展所必需的文化基础与条件。公益性文化事业主要包括公共图书馆,文物、博物馆,纪念馆,群众艺术馆,文化站等公众文化事业。[①] 新中国成立以后所提供的文化事业产品就属于公益性的文化活动,主要包括创办各级新华书店、建立图书馆、设立文化站、组建文工团等。

中国共产党的公共文化事业是从接管旧政权遗留的公益性文化产品开始的。贵州最早是通过农民协会等组织接收了县级的民众教育馆,并使之成为宣传新政权思想的强有力武器。同时,逐渐新建了一批文化馆、文化站和大众阅览室。可见,中国共产党的公共社会文化是在接管和新建两种实践探索下寻求可实现的治理路径。1950 年,贵州省仅有文化馆 8 个,到 1951 年就发展到 29 个,并建立文化站 2 个、大众阅览室 10 个。在农村,中国共产党积极引导自治地区的少数民族参与唱翻身歌、演翻身戏、跳翻身舞等文化活动。1952 年以后,贵州的公共文化事业发展渐入正规化,大众性、普及性的社会文化活动成为文化工作的主流。在 1952 年贵州省召开的全省第一届文教工作会议上,就专门确定了"面向农村,面向生产"的文教发展方针。此后,贵州省的农村社会文化活动广泛开展起来,据 1953 年

---

① 李军鹏:《公共服务学:政府公共服务的理论与实践》,国家行政学院出版社 2007 年版,第 274 页。

上半年统计,全省制作放映幻灯 1510 场、观众 542726 人次;放电影 4827 场,观众 965 万人次;举办图书图片展览 117 次,观众 24.7 万人次;开办夜校识字班 497 所,学员 18 万人次;开办图书阅览室 40 个,读者 30.28 万人次,借阅者 3.3 万人次;群众性文艺演出 127 场,观众 7.9 万人次;办板报、专栏 99 块,1613 期。[①] 这其中有很大比例是在民族地区的农村进行的。

拥有土家族、彝族等少数民族的思南县农村公共文化事业也发展很快。1950 年,仅有少量报刊供群众阅读。1953 年,思南文化站改为思南县文化馆,农村公共文化事业随之丰富起来,文化馆利用 13 部幻灯机、12 个图书箱,到许家坝、塘头、孙家坝等地组织读报组,帮助合作组、社办夜校,指导积极分子放幻灯,从事图书轮回借阅等。馆内还定期编印《文化通讯》,不定期编印群众演唱材料,发放到农村中。1956 年,思南县还建成了多个农村俱乐部、业余宣传队、农村图书室。1957 年,又以塘头、许家坝为重点开始建立农村文化站,自制农村文艺汇演。[②] 黔南布依族苗族自治州地区也是如此。1949 年,黔南州的公共文化事业几乎为空白。到 1957 年,黔南州就已经拥有电影院 3 个、电影放映队 17 个、剧场 5 个、剧团 2 个、文化馆 13 个、文化站 3 个、公共图书馆站 2 个、农村俱乐部 396 个、业余剧团 73 个、报纸的发行份数达到 5464490 份(具体见表 7),[③]公共文化事业建设初见规模。

表 7 黔南布依族苗族自治州社会文化事业

	单位	1949	1950	1951	1952	1953	1954	1955	1956	1957
电影院	个								1	3
电影放映队	个						6	10	15	17

① 贵州省文化厅编:《贵州文化事业六十年》,贵州人民出版社 2010 年版,第 4 页。
② 政协思南县委员会文史资料研究委员会编:《思南文史资料选辑》(第 4 辑),内部资料,1983 年 2 月,第 71—72 页。
③ 《1949—1961 年文化教育资料、1949—1958 年卫生资料及 1949—1958 年分县文化、教育、卫生历史统计资料》,黔南州档案馆:58—1—8。

	单位	1949	1950	1951	1952	1953	1954	1955	1956	1957
剧场	个			1	1	1	2	2	3	5
剧团	个			1	1	1	1	1	1	2
文化馆	个		6	7	10	10	12	12	13	13
文化站	个		3	3	5	5	3	3	3	3
公共图书馆站	个									2
农村俱乐部	个					5	10	23	232	396
业余剧团	个		6	11	13	16	21	24	41	73
报纸发行量	份				858133	1411741	1717810	2443185	3903207	5464490

注：广播站 1957 年为 4 个，1958 年为 16 个；喇叭数 1957 年为 782 个，1958 年为 4172 个；剧团数 1958 年为 3 个，民族歌舞队 1 个。

资料来源：《1949—1961 年文化教育资料、1949—1958 年卫生资料及 1949—1958 年分县文化、教育、卫生历史统计资料》，黔南州档案馆：58—1—8。

　　四川省阿坝藏族羌族自治州的公共文化事业也日渐兴盛，比如他们的电影放映和文工队组建。阿坝州的电影放映事业经历了一个从无到有、从小到大不断发展的过程。1952 年，第一个电影队在阿坝州成立。1957 年已经发展到 13 个，并建立了 6 个业务管理组。1959 年，州电影公司成立。1964 年全州放映单位发展到 54 个，包括国办的农村、牧区放映队。① 文工队也是如此。刚解放时，阿坝州有文工队和筑路指挥部文工队两个专业表演团体为少数民族进行各种汇报演出。1950 年到 1952 年的三年间，共演出大型剧目 36 个、舞蹈节目 62 个、器乐曲 78 首，大多是老解放区的优秀节目。除此之外，文工队还根据本地的实际情况，编演《挖洞洞》《毛主席像》等小型歌剧以及《阴山地也有了红太阳》等大型歌剧。1953 年到 1957 年，阿坝州已有岷江歌舞团（州文工队改名）、和平京

　　① 阿坝藏族羌族自治州计划经济委员会编：《阿坝藏族羌族自治州经济社会发展四十年（1950—1990）》，四川民族出版社 1993 年版，第 90 页。

剧团、茂县川剧团等三个专业表演团体。川剧团和京剧团演出了不少新编历史剧和改编的传统戏;歌舞剧团坚持"三化"(民族化、大众化、多样化)方向,深入群众创作演出了不少反映社会主义建设的新节目。1958年,受"大跃进"运动的影响,和平京剧团和茂县川剧团相继撤销,歌舞团也一度组成大型文工团。1959年再次成立州川剧团。20世纪60年代,专业表演团体被缩编,此时从事文艺工作的人员主要是深入矿山、农村和牧区,徒步跋涉,巡回演出。1963年,川剧团创作了大型话剧《风雪初牧区》,并参加省话剧会演,受到好评。① 截至1963年,四川省藏族、彝族地区公共文化组织已有较大规模,甘孜州、阿坝州、凉山州、西昌专区的新华书店已有56个、电影院(队)达到129个、文化馆(站)为47个,文工团(队)也有4个(具体见表8)。② 这些公共文化组织为民族地区民众提供了各种各样且内容丰富的文化节目。

表8　四川省1963年底藏族、彝族地区文化事业情况统计

	合计	甘孜州	阿坝州	凉山州	西昌专区
新华书店(个)	56	23	19	12	2
电影院、队(个)	129	36	54	32	7
文化馆、站(个)	47	21	14	10	2
文工团、队(个)	4	1	2	1	0

注:1.新华书店和电影院、队系文化局数据,西昌民族地区是专报数据。
　2.文化馆、站和文工团队是州、专报数据。
资料来源:省民工委办公室:《四川省民族地区基本情况和农、牧业生产情况统计资料》(1965年6月),四川省档案馆:建川48—282。

西南民族地区农村公共社会文化建设对于丰富农民文化生活、提高农民思想道德素质和科学文化素质、促进农村社会稳定都具有重要的意义。

---

① 阿坝藏族羌族自治州计划经济委员会编:《阿坝藏族羌族自治州经济社会发展四十年(1950—1990)》,四川民族出版社1993年版,第92页。
② 省民工委办公室:《四川省民族地区基本情况和农、牧业生产情况统计资料》(1965年6月),四川省档案馆:建川48—282。

在农村公共社会文化建设中,思想政治教育和新型农村精神的塑造成为农村基本发展服务建设的潜在目的。1953 年 11 月 17 日,贵州省委专门下文强调对电影教育工作的领导问题,认为"过去规定不够明确",以后就是"由省委宣传部(通过党组),统一掌握,由各地委宣传部(通过政府党组)负责具体领导"。并特别表明,"这样做的目的,在于加强对电影教育工作队的政治思想领导,使之更好地为各地中心任务服务"。最后规定:"当前的迫切要求,是在电影教育工作队中建立党的组织,并加强管理与教育工作。"[1]实际上,从新中国成立伊始,少数民族农村的公共社会文化建设就与反帝、反霸、反封建等宣传紧密地联系在一起。此后的土地改革、清匪反霸、农业互助合作、宣传婚姻法、扫除文盲、爱国卫生、抗美援朝、增强民族团结、稳定社会等,更与社会文化事业建设浑然一体。论者谈及扫盲教育时指出,社会主义"'新人'锻造,不仅在直观可见的权力技术运作中,更潜藏于扫盲这类'和风细雨'的观念改造中"[2]。西南民族地区农村的公共社会文化就具有这样的特点。需要说明的是,相比较激烈的阶级斗争和政治运动,民族地区的思想重塑更需要这种"静悄悄的变革"。

总之,西南民族地区的公共教育、公共卫生、社会文化等基本发展服务的建设提高了西南少数民族的基本素质,保障农民的身体健康,丰富了农村文化和农民生活,从而成为公共服务体系建设的重要内容。

第三节　基本环境服务的建设

对农村社会而言,基本环境服务就是为农业的发展、农村的稳定和农

---

　　[1]　贵州省委:《贵州省委批转文化局、文联党组关于省文化局电影教育工作队今后工作问题的请示报告》(1953 年 11 月 24 日),黔南州档案馆:1—1—159。
　　[2]　满永:《文本中的"社会主义新人"塑造——1950 年代乡村扫盲文献中的政治认同建构》,《安徽史学》2013 年第 4 期。

民的生活提供环境保障的公共服务,其涉及公共交通、公共通信、公用设施和环境保护等。对于交通闭塞的西南山区,公共交通尤为重要;公共通信在新中国成立初期更多地表现为邮政和广播事业的发展,这里用大众传播媒介来说明;公用设施因其涉及医疗、水利建设等,在前文已有举证;新中国成立初期,环境保护还未能成为一种思潮,即便是有相关行为,也不能称之为环境保护的治理;考虑到以农村供销合作社为主的基层贸易市场为农民生活提供了基本的保障,固将其列入其中。因而,基本环境服务的建设主要讨论公共交通、大众传播媒介,以及基层贸易市场三个方面。

一、公共交通和公用设施

近代以来,西南少数民族大多生活在交通闭塞,公用设施薄弱的深山之中,因而提高其基本环境服务水平,就必须加强西南民族地区的公共交通和公用设施建设。一般情况下,广义的公共交通包括民航、铁路、公路、水运等交通方式,狭义的公共交通是指城市范围内定线运营的公共汽车及轨道交通、渡轮、索道等交通方式。公共设施则是由政府提供的属于社会公众享用或使用的公共物品或设备。新中国成立以后,与西南民族地区农村联系最为紧密的公共交通和公用设施就是公路建设①,部分多山地区还涉及索道。

解放前西南民族地区的公路主要修筑于抗战前后,由于国民党政府控制区域的西迁,云贵川三省的交通建设得以大规模发展。抗战前后修筑的公路线主要有:四川境内的川黔线191公里,系四川公路局于1935年修筑,另有4条支线,计有84公里;川湘线川段707公里,系四川公路

---

① 实际上,云贵川民族地区的公路建设在全国的地位十分重要。1990年,四川民族自治地方的公路里程为27130公里,贵州民族自治地方的公路里程为18628公里,云南民族自治地方的公路里程为52906公里。三者合计98664公里,占全国少数民族公路里程总数293728公里的33.59%。也就是说,云贵川三省民族自治地区的公路里程占全国民族地区总数的三分之一,足见其在全国的重要地位。见国家民委经济司、国家统计局综合司:《中国民族统计》(1949—1990),中国统计出版社1991年版,第142页。

局于 1933 年修筑,1937 年完工。贵州境内的东线长 114 公里,系周西成
主黔政时所举,1929 年完工,1935 年国民党第二陆军总指挥部又增加修
筑 256 公里;南线 304 公路,于 1934 年完工;西线 269 公里,最终于 1937
年完工;北线 259 公路,系周西成于 1928 年修筑完工。云南境内由昆明
以达彝东小街,长 242 公里,系 1935 年由云南省公路总局督修完成。①
不过,上述几条全面抗战前修筑的公路,很少伸延至民族地区,近代的阿
坝地区就没有一寸公路。

　　新中国成立以后,修筑公路成为西南民族地区基本环境服务建设的
重要内容,其中最为著名的就是康藏公路的修建。康藏公路东起西康省
雅安,西至西藏的拉萨,全长为 2255 公里,所经区域几乎全为民族地区。
公路穿越了大雪山、宁静山、他念他翁及唐古拉诸大山脉,翻过了海拔
4000—5000 米的 14 座大山;横跨了金沙江、澜沧江、怒江和雅鲁藏布江,
以及其他许多河流;通过了泥沼、流沙、冰川、地震等地带。康藏公路于
1950 年 4 月开工,1954 年 12 月完工,历时 45 个月。② 康藏公路的修建,
充分展示了中国共产党改造西南民族地区落后交通的决心。

　　对于解放前没有公路的阿坝地区,新政权建立后就着手修筑成阿公
路。1952 年底,阿坝州已拥有公路 55 公里,当年货运量 1.2 万吨,货周转
量 93.2 万吨公里。1954 年,阿坝州成立了拥有 20 余辆牛车的群运社,随
后各县也相继成立群运机构,以牛马畜力车、手推胶轮车和架架车为主要
运输工具,从事各种物资、各族人民生产生活必需品及农副土特产的运
输。1955 年,成阿公路通车,当年货运量就达到 9.6 万吨,其中汽车运输
量 6.3 万吨。为满足阿坝州物资运输的需要,1958 年,阿坝州正式建立
了国营专业汽车运输公司,该公司有"却贝尔"柴油货车 54 辆,客车 10

---

　　①　交通部公路总局西南公路工务局编:《西南公路史料》,内部资料,1944 年,第
3—5 页。
　　②　康藏公路修建司令部、修路史料编辑委员会:《康藏公路修建史料汇编》,内部资
料,1955 年 12 月,第 47 页。

辆,职工 284 人,汽车站 12 个。该年阿坝州通车里程达到 1596 公里。①
在县份和乡镇上,1952 年只有汶川县通车,乡镇都还未实现公路相通,
但到 1965 年就有理县、阿坝、马尔康、红原、茂县、金川、黑水、松潘、若
尔盖、南坪、壤塘、小金等多个县份通车,乡镇通车总数达到 113 个。②
1963 年,阿坝州的公路通车里程达到 2453.4 公里,甘孜州的公路通车
里程达到 2106.28 公里,凉山州的公路通车里程达到 1070 公里,加上
西昌专区的 2064.7 公里,四川省藏族、彝族地区通车里程总计 7694.38
公里(具体见表 9)。③

表 9　1963 年底四川省藏族、彝族地区公路通车里程统计

	合计	甘孜州	阿坝州	凉山州	西昌专区
公路通车里程(公里)	7694.38	2106.28	2453.40	1070.00	2064.70

注:公路通车里程,三州根据州报数据,西昌根据省公路局数据。
资料来源:省民工委办公室:《四川省民族地区基本情况和农、牧业生产情况统计资料》(1965 年 6
　　　月),四川省档案馆:建川 48—282。

　　驿道是中国古代陆地交通的主要通道,属于重要的军事设施之一,主
要是用于传输军用粮草物资、传递军令军情。近代以来,由于新式交通工
具的广泛应用,大部分驿道都已废止。不过,由于西南民族地区是以山地
为主的地质构造,交通条件落后,所以驿道仍是少数民族生产生活的主要
通道之一。为此,中国共产党在公路交通修建和改造的同时,新建和改建
了一批驿道。从 1950 年到 1957 年,阿坝州共新建驿道里程 392.6 公里,

　　① 阿坝藏族羌族自治州计划经济委员会编:《阿坝藏族羌族自治州经济社会发展四
十年(1950—1990)》,四川民族出版社 1993 年版,第 53—54 页。
　　② 阿坝藏族羌族自治州计划经济委员会编:《阿坝藏族羌族自治州经济社会发展四
十年(1950—1990)》,四川民族出版社 1993 年版,第 184 页。
　　③ 省民工委办公室:《四川省民族地区基本情况和农、牧业生产情况统计资料》
(1965 年 6 月),四川省档案馆:建川 48—282。

改建驿道里程 1375.5 公里;新改建桥梁 166 座,新改建渡处 1 处。① 这些新建和改建的驿道成为改变西南民族地区落后交通的重要补充。

除国家修建的主干公路外,乡村公路也成为西南民族地区交通建设的重要内容之一。贵州省思南县除思遵公路和思铜公路在境内经过外,县内第一条乡村公路就是沙(沟)张(家寨)公路。1955 年合作化期间,思南县依靠公路附近二区和三区的农民开始修筑沙张公路,经过两个冬春的努力,1957 年 1 月 7 日建成通车。不过,由于路面质量太差,汽车长期无法通行。6 月,有一辆运输肥料的货车,从沙沟爬上堰子青就无法行驶了,之后只好把肥料卸到堰子青岩脚,空车开到张家寨。② 此例印证了当时所修筑乡村公路的质量和运输能力之差。直到 1958 年休整后,这条乡村公路才正式通行汽车,并在 6 月延伸到许家坝,改称为沙许公路。1964 年 4 月,又延伸到宽坪、亭子坝。沙张公路全长 11.5 公里,1957 年初建成通车时,从沙沟上堰子青,途经翟家坝小煤窑顺山扭成一个接一个的"之"字拐,有"小九道拐"之称,汽车上山时十分吃力。由于弯度太大,要几次挂倒挡才能掉过头,后来便改修绕山脚一公里的大弯道。1964 年,思南车站开设农村客运班车,由县城出发经英武溪,从沙沟乡折沙许公路,过林家寨、张家寨、溪底,到终点站,当日往返,单程 54 公里。③ 从思南县沙张公路的修筑和通行看,乡村公里的修筑显然缺乏充足的经费,人力和物力多来源于乡村公路周边的农村,因而导致所修公路质量极差,难以通行。直到 1964 年才开设农村客运班车,也说明思南县农民长期以来出行十分困难。实际上,西南民族地区崇山峻岭,少数民族

---

① 阿坝藏族羌族自治州计划经济委员会编:《阿坝藏族羌族自治州经济社会发展四十年(1950—1990)》,四川民族出版社 1993 年版,第 184 页。

② 张云桥:《思南第一条乡村公里——沙张公路》,见政协思南县委员会文史资料研究委员会:《思南文史资料选辑》(第 4 辑)上,内部资料,1983 年,第 50 页。

③ 张云桥:《思南第一条乡村公里——沙张公路》,见政协思南县委员会文史资料研究委员会:《思南文史资料选辑》(第 4 辑)上,内部资料,1983 年,第 50—51 页。

只能依靠自己的双脚出行,甚至于改革开放以后,这种情况仍广泛存在,足见西南民族地区农村交通建设的困境和加强公共交通建设的重要性。

二、大众传播媒介

新中国成立以后,中国共产党在对旧有新闻媒介和新闻载体整顿之后,逐渐建立了以《人民日报》、新华通讯社、中央人民广播电台为核心的全国规模的新型新闻事业网。[1] 西南民族地区的农村也和全国其他地区一样,建立了一整套比较完备的大众传播媒介。不过,考虑到西南民族地区地广山多的地理状况,这种大众传播媒介的建立更加困难,这里以邮电和广播事业的发展为例进行讨论。

邮电事业在近代就已存在。清光绪十年云南就出现了最早的电话,云贵总督岑毓英奏请清廷设置线路之后,1887 年就接通了迤东的可渡河,和四川的电线接通,这就是历史上有名的"滇川线","滇川线"也成为云南设置电报的创始。不过,到 1910 年云贵电报总局改称云南电政管理局时,昆明仅有 100 名用户。1930 年后,电话用户也仅增长到 300 户。而且"那时,绝大多数用户都属于官府和官办学堂使用"[2]。少数民族地区更加落后,国民政府曾于 1932 年拟架设松(潘)灌(县)、威(州)懋(功)电话线,均以失败告终。邮运速度发展十分缓慢,从灌县寄信到松潘,最快也要 15 天。[3]

新中国成立以后,中国共产党开始重视邮电通信事业的发展。1952年,在阿坝州先后建立了邮电局 1 个,邮电代办所 40 个,邮电职工由 1949年的 30 人发展到 174 人。马步班邮路发展到 941 公里,并架设长途线路

---

① 李飞龙:《建国初期农村传播媒介述论》,《古今农业》2009 年第 1 期。

② 彭波:《电报往事》,《云南经济日报》2013 年 8 月 15 日。

③ 阿坝藏族羌族自治州计划经济委员会编:《阿坝藏族羌族自治州经济社会发展四十年(1950—1990)》,四川民族出版社 1993 年版,第 54 页。

74 杆程公里,149 线条公里,共有电报机 11 部,收发报机 2 部。1957 年全州共设立邮电局 13 个,邮电支局 3 个,邮电所 26 个,代办所 40 个,流动服务所 2 个。县级邮路 2038 公里,县内邮路 2261 公里。已通邮的区 44 个,占区总数的 88%,已通邮的乡 140 个,占乡总数的 80.9%。该年,阿坝州共有线路 183 万杆程公里,2134 线条公里,通话区 23 个,通话乡 91 个,汶、理、茂、小金四县乡乡通电话,其中长途电话线路 267.4 杆程公里,683.8 线条公里,电话 560 门。① 仅就农村而言,到 1956 年,阿坝州已经拥有农村电话交换点 6 处、农话交换机部数 6 部、农话交换机容量 160 门、杆路长度 814 公里、架空明线线条长度 942 对公里、电话机部数 38 部。② 将阿坝州邮电通信的发展与全国进行比较,可知这种快速发展并非该区独有,乡村邮政在全国范围内的农村都有较快发展。截至 1956 年初,全国乡村邮路由 1950 年的 60 万公里发展到 130 多万公里;乡村邮政机构增加到将近 7000 处;此外,还建立了 8 万个乡油站,几百个农业生产合作社实行了邮递员制度。在乡村电话方面,已经有 83% 的区和 19.5% 的乡通了电话,装电话的合作社已有 700 多个。通过整修线路、加强维护与管理等措施,乡村电话的通话质量也有了较大改进。③

不过,需要说明的是,即便到了合作化运动时期,农村邮电建设距离普及仍有较大差距。全国大约还有 17% 的区和 80% 的乡不通电话,有 20% 的乡没有直接邮路,乡以下的邮件投递大多依靠农民捎转。④ 电话和邮电广播的结合还存在串音和影响通话质量的情况,已有的电话设备质量很低,管理落后,通话还不能保证。乡村电话和邮电广播服务机构还

① 阿坝藏族羌族自治州计划经济委员会编:《阿坝藏族羌族自治州经济社会发展四十年(1950—1990)》,四川民族出版社 1993 年版,第 54 页。
② 阿坝藏族羌族自治州计划经济委员会编:《阿坝藏族羌族自治州经济社会发展四十年(1950—1990)》,四川民族出版社 1993 年版,第 205—207 页。
③ 社论:《加快乡村邮电建设》,《大公报》1956 年 1 月 5 日。
④ 社论:《加快乡村邮电建设》,《大公报》1956 年 1 月 5 日。

很少,管理薄弱,群众使用很不方便。①　为此,在 1956 年的全国乡村邮电工作会议上,邮电部提出了乡村邮电发展的初步规划,要求全国在七年内建成乡和大型农业生产合作社的电话网;通乡的电话要新建 100 万左右杆程公里的线路,通大型农业生产合作社的电话要新建几十万公里的线路。到 1962 年,乡村邮政要在农村的集镇和必要的乡都设立邮电服务机构,发展规模将为 1955 年的 6 倍左右;到 1957 年,乡邮路线除极少数边远地区的乡以外,要全部发展到乡。②　在此规划下,从 1956 年开始,阿坝州的农村电话设备步入一个快速发展的时期。到 1966 年,阿坝州有农村电话交换点 49 处、农话交换机部数 64 部、农话交换机容量 1750 门、杆路长度 47277 公里、架空明线线条长度 3347 对公里、电话机 1143 部,整个农村电话设备都是成倍增长。③

　　近代以来,西南民族地区的电子媒介并不发达。在现代媒介中,也只有广播才有一定范围的应用。广播是从无线开始的,同近代报刊和通讯社一样,中国境内的第一批广播电台也是由外国人开办的。国民政府建立后,亦致力于在全国范围内建立电台,1928 年 8 月 1 日,中央广播电台在南京开始播音,到 1944 年,国民党的广播电台有 23 座,总功率为 154 千瓦,略超过战前规模。④　不过,西南民族地区的广播站数量极少,1936 年到 1942 年,四川省阿坝地区先后在松潘、茂县、汶川、懋功(今小金)、靖华(今金川)建立过县政府无线电收音室,收音室内配有 1 部直流收音机和 1 名收音员,主要任务是抄收当时国内外重要新闻,分送国民党政府

①　人民邮电出版社编:《乡村邮电建设文件汇编》,人民邮电出版社 1956 年版,第 18—19 页。

②　人民邮电出版社编:《乡村邮电建设文件汇编》,人民邮电出版社 1956 年版,第 1 页。

③　阿坝藏族羌族自治州计划经济委员会编:《阿坝藏族羌族自治州经济社会发展四十年(1950—1990)》,四川民族出版社 1993 年版,第 205—207 页。

④　袁军:《新闻媒介通论》,北京广播学院出版社 2000 年版,第 92—95 页。

及各机关团体参阅,或抄贴于街上供人们阅看。①

新中国成立以后,广播事业得到了恢复、改造和发展。针对民族地区,陆续开办了少数民族语言广播节目。1951年初,西南电台与西南民族事务委员会合办了藏语广播节目,这是当时全国各大行政区电台中,唯一办有少数民族语言的广播电台。从1953年起,中共云南省委试办了时间、节目不固定的西双版纳傣语和德宏傣语广播。1955年6月19日,云南电台与云南省委边疆工作委员会、云南民族事务委员会联合举办了时间固定的西双版纳傣语和德宏傣语广播节目。1954年,西康省第一届人民代表大会期间,西康电台创办了藏语、彝语特别节目,是为第一次采用省内两个主要的少数民族语言进行广播。1955年6月1日,西康电台藏语广播(采用康巴方言)正式开播。从此,西康省50多万藏区人民就可以收听到本民族语言的广播。② 阿坝地区的茂县地委于1950年12月着手创建各县收音站,到1953年四川省藏区自治区成立时,已有松潘、茂县、金川、若尔盖、南坪、小金、马尔康、绰斯甲等县建立了县人民政府收音站。1955年11月,阿坝州农村广播网管理站建立。从1958年1月汶川县人民广播站成立到1966年1月,全州13个县都建立了广播站。此后乡村级广播网逐渐形成高潮,1965年12月,从汶川县雁门羌族乡广播放大站建立开始,至1969年底阿坝州建成乡广播放大站119个,共架设有线广播线路5100多杆公里,安装广播喇叭21000多只。③ 云南省寻甸回族彝族自治县于1956年正式建立起寻甸县人民广播站。到1958年,全县农村有线广播初步形成,其传输方式是利用农村电话线路作为传播手

① 阿坝藏族羌族自治州计划经济委员会编:《阿坝藏族羌族自治州经济社会发展四十年(1950—1990)》,四川民族出版社1993年版,第96页。
② 聂武主编:《广播电视广告播放管理办法实施手册》(1),国家行政学院音像出版社2003年版,第51页。
③ 阿坝藏族羌族自治州计划经济委员会编:《阿坝藏族羌族自治州经济社会发展四十年(1950—1990)》,四川民族出版社1993年版,第96页。

段,把县站的广播送到通电话的区乡人民政府,然后再由基层领导机关用当时仅有的直流电子管电话会议机接受,组织收听。1964 年,在彝族聚居的板桥公社建立了全县第一个农村有线广播站,装设有 500 瓦特有线广播机一台,并配备专职广播工作人员,再由公社所在地架通横河、阿么果村寨的广播专用线,利用邮电所的电话线路,对全社各村寨进行有线广播宣传。① 1963 年底,四川省藏族、彝族地区的长途电话线路长度总计已有 7480.05 公里(具体见表 10)。"文革"前夕,西南民族地区的大部分农村已实现了广播网络的覆盖,各族人民随时都可聆听来自北京的声音。

表 10　1963 年底藏族、彝族地区长途电话线路长度统计

	合 计	甘孜州	阿坝州	凉山州	西昌专区
长途电话线条长度(对公里)	7480.05	3119.16	2072.00	681.06	1607.85

注:长途电话线条长度根据省邮电管理局数据。
资料来源:省民工委办公室:《四川省民族地区基本情况和农、牧业生产情况统计资料》(1965 年 6 月),四川省档案馆:建川 48—282。

不过,对于边远民族地区而言,这种大众传播媒介的建设亦不可夸大。直至 1965 年,四川省民族事务委员会还在《关于给边远区乡购买配发半导体收音机问题的请示》中强调,四川省"民族地区,由于地处边远,辽阔分散,交通不便,干部阅读报刊很不及时,有的地方要半月甚至到一月才能看到一次报纸"②。为了解决此问题,1964 年 9 月 2 日,四川省委专门在《转批省委民工委关于民族地区干部福利问题的若干意见》的请示报告中指出,为了"便于这些地区的区、乡干部及时学习时事政策,并向群众进行宣传教育,同意财政厅关于国家给予解决区和少数边远乡收

---

　　①　孔贵华主编:《云南寻甸回族彝族自治县概况》,民族出版社 2008 年版,第 191 页。
　　②　《四川省民族事务委员会关于给边远区乡购买配发半导体收音机问题的请示》(1965 年 8 月 26 日),四川省档案馆:建川 48—603。

音机经费的意见,即今年各地可在预算经费内调剂解决一部分,以后视省、州的财力逐步解决"①。不过,由于落实此项工作已经到了1964年底,加之没有经费支持,各地对边远地区派发收音机一事都未能付诸实践。1965年,四川省各州又提出这一问题,要求给予解决,并且他们强调:"由于民族地区普遍缺乏电源,海拔又高,收程遥远,需要质量较好的半导体收音机才能达到使用要求,而各州(专)在解决货源上又有困难,希望由省统一购置配发。"②鉴于此,四川省民族事务委员会在请示了省民工委和取得省财政厅同意后,与有关部门联系了货源,基本解决了经费和货源问题。后四川省民族事务委员会从1965年四川省民族地区财政补贴和自治州县特别补助费待分配经费(原有待分配经费连同中央增发的经费,尚余70.5万元)中,拿出5.5万元,代买了"美多"牌11管半导体收音机320部,分发各州(专)。从而最终解决了边远地区的广播问题,其中区(包括镇)收音机共计发放237部,少数边远地区收音机共计发放383部(占民族地区总乡数的7.8%)。③从收音机的分配和发放可以看出,即便是到了1965年,西南边疆地区的大众传播媒介建设仍有很大不足,需要国家通过各种途径进行不断完善。

三、基层贸易市场

在国家治理的探索中,基层贸易市场一直是国家与乡村社会协调与冲突的重要场所,也是满足农民生存和生活的重要途径。不过,在"大跃进"运动高潮时,代表国家权力与利益的供销合作社在管理体制、经济效益和供应关系等环节上都出现了诸多问题,对政府信誉、地方财政和社会

---

① 《四川省民族事务委员会关于给边远区乡购买配发半导体收音机问题的请示》(1965年8月26日),四川省档案馆:建川48—603。
② 《四川省民族事务委员会关于给边远区乡购买配发半导体收音机问题的请示》(1965年8月26日),四川省档案馆:建川48—603。
③ 《四川省民族事务委员会关于给边远区乡购买配发半导体收音机问题的请示》(1965年8月26日),四川省档案馆:建川48—603。

凝聚力都产生了不小的负面影响,急需国家进行调整。

(一)"大跃进"运动期间基层市场的混乱

第一,管理体制混乱。"大跃进"之前,农村供销合作社有一套完整且行之有效的管理制度,包括社员代表会、理事会、监事会等决策、执行和监督机构;供销合作社主任要向理事会、社员代表会议报告财务收支、盈亏情况;社员代表会、理事会、监事会定期召开。在毕节地委鸭池区供销社,半年开一次社员代表大会,每月开一次理事会;①在铜仁地委坝黄公社,社员代表大会一年要开四次,理事会一月开三次,监事会一月开一次。② 毕节地委鸭池区供销社的群众说:"要买要卖,经过商量,讲清道理,订立结合合同,大家心中有底,人人满意。"③"大跃进"时期,供销合作社与国营商业被合并,由国家统负盈亏,经营方式与国营商业完全相同,集体职工过渡为国营职工,拿固定工资,供销合作社的性质由集体所有制变为全民所有制。随之而来的是经营管理的混乱,比如任意赊销商品、挪用资金等,社员代表会、理事会、监事会在许多地方被放弃,合并后国营商店的决策脱离农民生活,执行变成强迫命令,监督无从谈起,使得国营商店离农民的生活越来越远。坝黄公社社员代表杨通光很有怨言地说:"我原来是供销社的代表监事会,又是社员组长,现在我代表也不代了,监事又不监了,组长也不组了,我什么也不知道了。"④

一些行之有效的规章制度被废除后,违法乱纪、贪污盗窃、徇私舞弊的现象即不可避免。在鸭池区供销社,一月一次的实物盘点制和分销店

---

① 中共毕节地委调查组:《关于恢复供销社问题的调查报告》(1961 年 5 月 25 日),贵州省档案馆:9—1—428。

② 中共铜仁地委工作组:《关于恢复供销社问题在铜仁县坝黄公社的调查》(1961 年 5 月 27 日),贵州省档案馆:9—1—428。

③ 中共毕节地委调查组:《关于恢复供销社问题的调查报告》(1961 年 5 月 25 日),贵州省档案馆:9—1—428。

④ 中共铜仁地委工作组:《群众对当前商业工作的几点要求》(1961 年 5 月 27 日),贵州省档案馆:9—1—428。

采购农产品库存不超过 59 元的制度被废除,出现了严重的账目不清、管理无责。供销社营业员尹焕文,在 1958 年到 1961 年初,几年经手的账目就短少 7000 多元,责任不清;1960 年,鸭池区供销社向农具厂购进 120 部马车和手推车,由于没人管理,就摆在露天日晒雨淋,腐朽生菌,车架车轮各在一处,到 1961 年清理时已有 10 部不知去向。在 1961 年的整理中,社员甚至从废纸堆里还查出不少成药、图书。① 管理体制的混乱,以及违法乱纪、贪污盗窃、徇私舞弊的现象导致政府信誉严重下降。

第二,经济效益低下。"大跃进"开始以来,供销合作社的经营内容发生了很大变化,生产资料和生活资料的比重大幅降低。以毕节鸭池区供销社为例,1958 年以前,供销社供应的生产资料,要占总销贷额的28%;1958 年以后,商店经营生产资料的比重却逐年下降:1958 年占22%,1959 年占 20.6%,1960 年占 18%,到 1961 年第一季度,只占 5.3%,仅供应了铁制小农具 923 件,竹木农具 1049 件,比起 1957 年一季度供应的铁制小农具 9489 件,竹木农具 7409 件,分别减少了 91% 和 86%。20世纪 60 年代初期,农民生活十分困难的情况下,国营商店及其分销店应该以农民最为需要的生产生活资料为主要经营内容,但有些分销店却以水果糖这样的零食为主要经营对象。鸭池区供销社头步桥分销店,1961年上半年每天营业额 120 元左右。其中,水果糖约 40—50 元,占总数的30% 以上。②

1958 年以后,盈利状况也是每况愈下,甚至亏本。在"大跃进"之前,毕节鸭池区供销社经营效果较好,从 1952 年到 1957 年共赚了 46752 元,但 1958 年之后国营商店则是年年亏赔,从 1958 年到 1961 年 4 月底,3 年多共亏本 60924 元,将供销社 6 年的积累全部赔光,还欠 14172 元。在资

<hr/>

① 中共毕节地委调查组:《关于恢复供销社问题的调查报告》(1961 年 5 月 25 日),贵州省档案馆:9—1—428。
② 中共毕节地委调查组:《关于恢复供销社问题的调查报告》(1961 年 5 月 25 日),贵州省档案馆:9—1—428。

金流动方面,1957年供销社用于商品部分的流动资金就有8万元,占流动资金总额的89%,60天就周转一次,所产生的成本非常低,才5.6%;但在1960年,流动资本增加到77万元。其中,商品资金36万元,仅占46.7%(其中还有16万元积压残次商品),其余资金多为赊销、预付、挪用。因而,资金要361天才能周转一次,成本则上升为13.3%。到1961年一季度,供销社资金周转更为缓慢,要529天才能周转一次,成本上升为16%。① 1960年,凯里下司人民公社资金周转天数是1957年的2.09倍,是1955年的2.89倍;1961年第一季度的成本比例达到15.0%,是1955年的2.52倍。由此,下司人民公社国营商店的利润率逐渐减少,到了1961年第一季度已亏损4831元。② 从国营商店的经营内容、盈利状况看,随着农村供销合作社的撤并和下放,国营商店资金流动速度明显减慢、资金周转时间变长、成本上升、利润率下降,经营效益每况愈下,亏本时常发生。

第三,农民生产生活必需品供应严重不足。1958年,农村供销合作社撤并和下放以后,原来的商业网点不断收缩,影响了原有供求关系的满足。1957年,毕节鸭池区供销社有17个分销店和经营点,职工39人,其中农副产品采购员13人,加工员1人,到外地买崽猪1人,驻队负责烤芋等经济作物培植、生产3人,固定赶流动场12人,行政及其他人员不过9人。③ 1958年以后,上述情况即被改变:一方面是商业网点减少。1959年撤掉了5个商业网点,1961年3月又撤销了5个,只剩7个,大量供销社时期设立的走乡串寨的货郎也被取消。分销店、经营点和流动销售点的减少,影响了社员对基本生产生活资料的需求。另一方面,商业网点工

---

① 中共毕节地委调查组:《关于恢复供销社问题的调查报告》(1961年5月25日),贵州省档案馆:9—1—428。

② 黔东南州、凯里县委财贸工作调查组:《凯里县下司人民公社农村商业体制的调查报告》(1961年6月10日),贵州省档案馆:9—1—428。

③ 中共毕节地委调查组:《关于恢复供销社问题的调查报告》(1961年5月25日),贵州省档案馆:9—1—428。

作人员的分工也不再合理。1961 年,商店行政人员达到 24 人,占全部职工总数的一半,竟没有一个专职农产品采购员。① 这种供销体系显然不能满足生产生活资料的需求。

1959 年以后,一些生产生活资料相继得到退赔,不过仍不能满足农民生产生活资料的需求。此时商业网点又不能保证供应,农民的生产生活举步维艰。铜仁地委桂花大队三小队的基本生活用品相当缺乏,有的农民说:"有些商品供应紧张,我们没有意见,因当前生产的少,但有时连洋火、煤油都买不到,做饭烧不着火,晚上睡觉看不见。特别是食堂下放以后,日用家具如锅碗等买不到。"社员饶得福说:"商业工作要适应群众需要,多了解下边情况,食堂下放以后,我们七口人,只有五个碗。"社员王治家有 3 口人,但只有 2 个碗,没有办法,只用罐罐吃饭。桂花大队三小队有 40 多户,只有五挑水桶,十家才一副。在生产资料方面,桂花大队三小队急需铧口,可一件也没有,全队只有 4 床晒席。铜仁地委马家大队有农民 183 户,人口 738 人,劳动力 414 人,耕牛 129 头,田亩 1252 亩,生产工具大量缺乏。②

(二)基层市场管理体制的调整

为此,不仅为改变农村严重的供求矛盾,也为给农民提供最基本的服务,国家随即对农村供销合作社进行了政策上的调整。

首先是恢复了农村供销社的原有体制、网点与人员配备。中共毕节地委财贸部规定,农村以公社为单位恢复基层供销社组织,基层社是一个经济核算单位,受到当地及上级社的双重领导。在管理区一级设分销店,在大队一级一般不设机构,但在地广人稀和居住分散的大队,可由分销店派人设购销点。除了固定网点以外,基层社和购销点还组织货郎串乡串

---

① 中共毕节地委调查组:《关于恢复供销社问题的调查报告》(1961 年 5 月 25 日),贵州省档案馆:9—1—428。
② 中共铜仁地委工作组:《关于恢复供销社问题在铜仁县坝黄公社的调查》(1961年 5 月 27 日),贵州省档案馆:9—1—428。

寨,约时定点,流动服务。① 根据将马场公社划分为马场、马路和林卡三个公社的实际情况,安顺平坝县马场公社建立了三个供销社,实行独立核算,自负盈亏。② 同时,还恢复了供销社的民主管理制度,建立了社员代表大会、理事会和监事会,按期召开理监事会和社员代表大会,经营计划要由社员代表大会决定,经营成果按期公布,理监事会按期向社员代表会报告工作。

其次是恢复国营商店和供销社的分工。国营商业和供销合作社在经营范围上有着详细的划分。在农副产品的收购方面:像粮食这样的一类商品由国家经营,或委托供销社代购;二类商品,供销社在完成国营代购计划后可以自营;三类商品中国家需要的主要物资供销社亦应为国营代购。在工业品供应方面:国营商业是批发和零售的兼营机构,只设立到重点集镇,其他地区的工业品完全由供销社经营。在生产资料方面:排灌机械、大型农具、化肥、农药和外来原材料、器具等生产资料由国营商业经营,调拨给供销社或直接供销人民公社的各个生产单位,其他小农具由供销社经营。③ 具体到基层,操作要更加容易,安顺平坝县马场公社规定:国营商店只经营工业品的批发,主要农产品的收购和大型农具、农药、化肥的供应;供销社主要业务是组织小农具、小土特产、小手工业品的产销和经营工业品的零售。另外,还可根据力量与国营商业签订代购合同,代购农副产品。④

最后是供销社的资金和利润得到合理分配。在资金上,根据来源做

---

① 中共毕节地委财贸部:《关于恢复农村供销合作社的意见(草稿)》(1961年6月21日),贵州省档案馆:9—1—428。

② 安顺地委工作组:《关于平坝县马场公社恢复农村供销社的试点情况》(1961年6月1日),贵州省档案馆:9—1—428。

③ 中共毕节地委财贸部:《关于恢复农村供销合作社的意见(草稿)》(1961年6月21日),贵州省档案馆:9—1—428。

④ 安顺地委工作组:《关于平坝县马场公社恢复农村供销社的试点情况》(1961年6月1日),贵州省档案馆:9—1—428。

不同处理:供销社原有社员股金现存国营商业账上的资金,全部退还给供销社;供销社原有的公积金等各项基金,因为在 1959 年全部转化为银行贷款,这部分由银行来归还。[①] 在盈余与社员分红上,供销社与国营商业合并期间的盈余,按照国家资金和供销社资金比例分配,社员分红比例不超过供销社资金应摊盈余部分的 20%。但由于国营商店多数属亏本经营,所以规定如果这段期间亏损的,应公布账目,亏损部分由国家承担,不再分红。在供销社盈余分配上,实行的是"分肥"政策。毕节地区实行的具体办法是公积金不得少于 55%,股金分红不超过 20%,教育基金 5%,建设基金 10%,调剂基金 6%,奖励基金 1%,公益金 3%。[②] 安顺平坝县马场公社实行的是供销社盈余"分肥",盈余部分除去按规定缴纳所得税、公社提成、大队分成外,其余 50%作为公积金,10%作为教育基金,10%作为建设基金,5%作为公益金,5%作为奖励金,20%作为社员分红。[③] 除此之外,供销社领导、原有商品和固定财产移交、发展新社员和清理社员、人员移交、商业网点等问题,都进行调整和改进。

(三)政策调整后的基层市场

通过农村供销社的恢复和改进,干群关系、国家任务、经济市场等诸多环节都得到优化,农村基层市场得以重新建立。

首先是改变经营方式,转变服务态度,重新树立乡村干部的良好形象。一方面是改变了经营方式,将单纯靠门市经营改为下乡串寨购销。1961 年 6 月 15 日,供销社工作人员到下司人民公社德新生产队帮助插秧,通过与社员龙向芝的交流,了解到他们需要各种日用品和生活用品,并要求送货下乡。第二天供销社就组织了一批商品送到田间销售,只一

① 中共毕节地委财贸部:《关于恢复农村供销合作社的意见(草稿)》(1961 年 6 月 21 日),贵州省档案馆:9—1—428。
② 中共毕节地委财贸部:《关于恢复农村供销合作社的意见(草稿)》(1961 年 6 月 21 日),贵州省档案馆:9—1—428。
③ 安顺地委工作组:《关于平坝县马场公社恢复农村供销社的试点情况》(1961 年 6 月 1 日),贵州省档案馆:9—1—428。

个多钟头就卖了 38 元的商品。① 另一方面,工作人员的态度也变得和蔼。恢复供销合作社之前,商店工作人员服务态度生硬,用商店职工们的话来说:"独家经营,物资紧张,有货不愁卖,要买就买,不买就算。"②有的地方甚至停止营业,坝黄公社营业员杨全昆白天锁上门市部,从窗子里钻到屋里睡觉,群众说:"向他买东西,跟求老爷一样。"③恢复供销社以后,这种生硬的服务态度得到改变,商店的工作人员说:"以前门市部开门晚,关门早,营业时只讲买卖,不向群众进行政策宣传,对顾客有时还耍态度;现在是早开门,晚关门,边卖货,边宣传,对顾客态度和蔼。"④作为国家权力和利益的代表,供销社工作人员服务态度的改变,一定程度上达到了重塑干部良好形象之目的。

其次,保证了农产品采购任务的完成,重新实践了国家政策的执行力。由于在"大跃进"中,强硬地推行国家政策,很多地区不顾农民利益,对农产品采取收净收光,甚至采用硬性派购的方式来采购农产品。凯里下司人民公社派购活鸡,一家一只;派购生猪不管大小,一律收光。1960 年,下司人民公社龙堡生产大队队长张学高仅有一头 40 斤重的架子猪,在收购干部的"动员"下,也"带头"卖了。⑤ 群众反映:"商店干部下去,就是喊有粮糖换蛋,听说没有蛋,扭头就走,既不宣传政策,也不讲清道理。"⑥

---

①　黔东南州、凯里县委财贸工作调查组:《凯里县下司人民公社商业体制改革后业务开展情况的初步总结》(1961 年 6 月 20 日),贵州省档案馆:9—1—428。

②　黔东南州、凯里县委财贸工作调查组:《凯里县下司人民公社农村商业体制的调查报告》(1961 年 6 月 10 日),贵州省档案馆:9—1—428。

③　中共铜仁地委工作组:《关于恢复供销社问题在铜仁县坝黄公社的调查》(1961 年 5 月 27 日),贵州省档案馆:9—1—428。

④　黔东南州、凯里县委财贸工作调查组:《凯里县下司人民公社商业体制改革后业务开展情况的初步总结》(1961 年 6 月 20 日),贵州省档案馆:9—1—428。

⑤　黔东南州、凯里县委财贸工作调查组:《凯里县下司人民公社农村商业体制的调查报告》(1961 年 6 月 10 日),贵州省档案馆:9—1—428。

⑥　中共毕节地委调查组:《关于恢复供销社问题的调查报告》(1961 年 5 月 25 日),贵州省档案馆:9—1—428。

农村供销社恢复以后,这种强硬摊派的做法大为改变,农民的积极性得到提高,收购量也有所增加。安顺平坝县马场公社在恢复供销社的第一个月,就扭转了月月完不成计划的局面。5 月份全社收购 6503 元,超计划 35.7%;销售 3837 元,超计划 120%。[①] 凯里下司人民公社龙堡购销点,1961 年 5 月 10 日到 6 月 12 日,一个月才收蛋 40 个,而 6 月 13 日到 16 日,就收蛋 50 个(凯里下司供销合作社是 1961 年 6 月 13 日恢复的)。龙堡大队侯家湾生产队社员侯永书在知晓收购政策后,主动卖了 10 个蛋给国家,并保证以后要卖 100 个蛋给国家。还有一位 104 岁的侯老太将仅剩的两个鸡蛋也卖给了国家。[②] 毕节鸭池区供销社社员代表石连栋说:"群众是会听话的,只要反复讲清出售农产品,支援国家建设,好处自己有一份的道理,有东西还是会拿出来卖的。"[③]统购统销政策的顺利推行,表明了国家政策的执行力得以延续。

最后,活跃了农村市场,改善了供求关系,重新满足了农民的基本生活需求。供销社网点设立的主要任务就是"三小"商品(即小农具、小土特产和小手工业品)的销售,像斗笠、锅碗等小商品得到大量供应,从而活跃了农村基层贸易市场。1961 年 6 月 13 日恢复供销社以后,凯里下司人民公社就增加了锄头、镰刀、铁锅等六种商品的供应(共 765 件,其他生活日用品 30 多种)。[④] 由于大量小商品的供应,加之农村集市的开放,使得农村市场上的商品价格呈大幅下降之势。惠水县农村市场上的商品价格逐渐回落,少数商品已接近国家牌价,如把 1961 年元月和 7 月

---

① 中共毕节地委财贸部:《关于恢复农村供销合作社的意见(草稿)》(1961 年 6 月 21 日),贵州省档案馆:9—1—428。

② 黔东南州、凯里县委财贸工作调查组:《凯里县下司人民公社商业体制改革后业务开展情况的初步总结》(1961 年 6 月 20 日),贵州省档案馆:9—1—428。

③ 中共毕节地委调查组:《关于恢复供销社问题的调查报告》(1961 年 5 月 25 日),贵州省档案馆:9—1—428。

④ 黔东南州、凯里县委财贸工作调查组:《凯里县下司人民公社商业体制改革后业务开展情况的初步总结》(1961 年 6 月 20 日),贵州省档案馆:9—1—428。

的商品价格进行对比,大部分商品价格下降幅度都很大:大兔由每只(4—5斤)35元左右下降到15元左右;小幼兔由每只11元左右下降到2元左右,下降了60%—75%;鲜蛋、竹木用具一般下降了15%—20%左右;鸡蛋由每个销售5角,到7月下降到4角;箩筐原每对6元5角,下降为4—5元;水桶原每对6元,下降为4元5角;镰刀原每把5元多,下降为4元;锄头原每把8元,下降为5元。[①] 农村市场中商品的丰富和价格的下降,不仅有利于减轻农民的生活压力,更有助于重塑国家与农村之间的关系,也许"柴米油盐酱醋茶"才是基本公共服务建设的关键。

总之,新中国成立十七年西南民族地区农村的公共交通有了较大程度的发展,大众传播媒介亦有本质提高,以供销合作社为中心基层贸易市场得以恢复,这些公共服务为西南民族地区农业的发展、农村的稳定和农民的生活提供了最为基本的环境保障。

[①] 　贵阳市工商管理局、税务局调查组:《惠水县农村集市贸易调查》(1961年9月23日),贵州省档案馆:7—1—282。

第六章　农村社会法治的探索

　　治理的有序化、规范化和法治化是现代国家治理的必由之路。从新中国成立伊始，中国共产党就致力于探索民族地区的法治建设，从 1949 年的《中国人民政治协商会议共同纲领》，到 1954 年的《中华人民共和国宪法》，民族地区的法治探索贯穿于各项民族政策的推行之中。国家法律在推行过程中的表达与实践，国家法与民族习惯之间的冲突与调适，以及民族地区婚姻纠纷的调解机制将成为本章讨论的重点。

第一节　国家法律的表达与实践

　　现代法治的形成是一个长期的、渐进的、艰辛的社会历史进程。西方国家法治现代化自发轫到成熟，至少经历了长达八个世纪的复杂演变才最终形成现代较为完备的法治体系。论者指出："西方现代法制形成能够给予我们的真正教益不仅是它的具体内容，更应该是它的历史过程。"[①]中国的法治发展与西方不同，属于"后发外生型"。[②] 尤其是在新

---

　　① 徐忠明：《通过西方思考：法律与经济的互相解释》，《南京大学法律评论》1997 年秋季号（总第 8 期），第 196 页。

　　② 公丕祥：《外部影响与内发力量：中国法制现代化的动因机理》，见韩延龙主编：《法律史论集》（第 1 卷），法律出版社 1998 年版，第 550—551 页。

中国成立初期的西南民族地区,这种"后发外生型"特征更为明显。那么,民族地区如何推行国家法律,又如何与日常生活相联系,就显得更有代表性。这里以 20 世纪 50 年代民族地区推行《中华人民共和国全国人民代表大会及地方各级人民代表大会选举法》中的表达与实践为例进行讨论。

一、《选举法》的基层实践

1953 年初,国家经济建设的中心工作逐渐由恢复转变为有计划的建设,此时已经具备了在全国基层进行普选人民代表的条件。为此,在 1953 年 1 月 13 日举行的中央人民政府委员会第 20 次会议上,专门讨论了召开全国人民代表大会和地方各级人民代表大会的问题,会议通过了《中央人民政府委员会关于召开全国人民代表及地方各级人民代表大会的决议》。① 2 月 11 日,中央人民政府委员会举行第 22 次会议,正式通过了《中华人民共和国全国人民代表大会及地方各级人民代表大会选举法》,其中专门谈到了少数民族代表性的问题,"有少数民族聚居的地方,每一聚居的少数民族都应有代表参加当地的人民代表大会。"为了确保选举的顺利进行,中央选举委员会于 4 月 3 日又作了《关于基层选举工作的指示》,强调了选举的重要性、程序和举办的时间等。② 此后,基层普选工作在全国范围内得以广泛开展。

在西南民族地区,中共中央西南局于 1953 年 4 月转发了中央宣传部《关于普选宣传工作的指示》,强调了普及知识和宣传教育的目的。《指示》要求:"普选的宣传应力求最大限度的普遍和深入,以便使全国每一处每一人都受到关于普选的宣传教育。"③5 月,针对《四川省委关于普选准备工作的指示》,西南局发布了《关于基层选举工作的指示》,主要强调

---

① 中共中央文献研究室:《建国以来重要文献选编》(第 4 册),中央文献出版社 1993 年版,第 16 页。

② 中央选举委员会:《关于基层选举工作的指示》,《山西政报》1953 年第 7 期。

③ 《关于普选宣传工作的指示》,《西南工作》1953 年第 163 期。

"关于基层选举运动中结合'新三反'的问题",即"必须明确以普选为主结合'新三反'"。但同时又指出:"在农村普选中,结合'新三反'只能作恰当的要求,不可过高,更不可在选举工作中把'新三反'当成主要内容,而只能以保证普选中揭发民主和使干部受到一番民主教育为目的。"①实际上,此时正值西南局"新三反"运动的高潮,政治运动的中心工作就是"新三反"的揭发和批判,因而上述要求的目的是保证普选工作不被政治运动所冲淡和边缘化,进而保证普选工作的顺利推行。

普选前的系统学习,是普选工作开展的前提。中共麻江县委在区乡干部会议结束以后,即组织了为期七天(1953年6月28日到7月4日)的文件学习,参加学习的区乡干部共143人。学习分为两个阶段:前段是学习中央至地委的各种文件,掌握方法和步骤;后段主要是在案例讨论中提升实际操作的能力。在学习中,也出现了一些问题,比如一些干部顾虑大,担心被选掉,五区乡长表示,"如果被坏人诬告,当不了区干,那就冤枉";一些老干部说:"自五大任务以来,就有很多干部因为一点小错误被选掉。"再比如很多干部对普选的全套办法弄不清楚。有的干部在学习开始后还不知道什么是代表大会,什么是候选人,不懂得如何分配名额。这些问题的存在,起码说明了普选存在各种阻力,乡村干部担心被选掉,意味着日常工作中,干群关系并不和谐;对普选知识的欠缺,表明宣传力度不足,选民的基本素养仍需提高。②

普选程序有序合理的推进,也是顺利完成民族地区普选工作的重要条件。为了保证民族地区普选工作的开展,各地首先进行了试点,都匀县就在一区大河乡率先进行试点。③ 然后再全面铺开,最后总结贯穿《选举

---

① 西南局:《关于基层选举工作的指示》,《西南工作》1953年第166期。

② 中共荔波县委会:《学习普选文件的报告》(1953年7月13日),黔南州档案馆:1—1—196。

③ 中共都匀县委会:《普选试办总结报告》(1953年7月19日),黔南州档案馆:1—1—196。

法》的精神、公布选举候选人，以及查找问题。丹寨县将普选工作分为三个环节：首先是人口调查和选民登记，这是宣传动员的准备工作，也是贯穿全部基层普选的基础，是最复杂、最细致、最困难的一项内容。在这一段工作中要严格分清有无选举权和被选举权的界限。其次是解决干群关系与提出讨论候选人，这两个问题是民众行使自身权利的关键，因而最慎重，争论也最大。最后是动员最大多数选民参加选举，开好选举大会和人民代表会，选举工作的结果和群众的政治觉悟是动员选举实践的直接表现。① 福泉县则将普选的程序分为四个环节：一是结合生产进行宣传讨论酝酿，主要是结合收购小麦、油菜和秋征工作；二是召开乡支部大会，进行宣传教育，并邀请党员、青年团、妇女、合作社干部、武装干部、少数民族代表进行协商，提出候选人代表；三是协商过程中发扬民主，进行广泛动员；四是以生产工作为中心，将生产的发展和普选结合，并将生产作为衡量普选工作的重要指标之一。② 正是充分的准备和有效的程序才确保了普选工作的有序开展和顺利完成。

二、普选的广泛性和民族性

在西南民族地区普选工作中，参与的广泛性和代表的民族性成为1953年普选的主要特征。广泛性代表了少数民族对《选举法》的认知度，民族性则是少数民族当家作主的重要体现。

从选民人数和比例看，少数民族对选举工作的热情很高，参与度极广。丹寨县的基层选举工作共分两期进行。第一期是从1953年7月7日开始，到9月6日完成，共用2个月时间（期间由于抗旱工作而停止选举15天），共有17个小乡（镇）6353户33482人参加了选举，投入到各小

---

① 中共丹寨县委会：《丹寨县苗族自治区基层选举工作总结》（1954年4月28日），黔南州档案馆：1—1—228。

② 中共福泉县委会：《福泉县选举工作总结报告》（1954年4月23日），黔南州档案馆：1—1—228。

乡的普选干部共 228 人(包括 10 个教员)。其中,少数民族聚集乡 7 个,少数民族人口 11690 人(苗族 11264 人、布依族 426 人),汉族人口 436 人;杂居乡 10 个,苗族 12898 人、布依族 838 人、回族 1 人,汉族人口 7619 人。以上的 17 个小乡,少数民族人口共计 25427 人。第二期基层选举工作于 1954 年 3 月 1 日开始训练技术人员(共 92 人),共学习三天,用于指导工作的干部有 18 人。3 月 6 日开始普选,3 月底结束,5 个乡实行普选,2082 户 10154 人参加。其中,少数民族聚居乡 1 个,苗族 1448 人,汉族 59 人;杂居乡 4 个,苗族 6445 人、布依族 410 人、侗族 1 人,汉族 8647 人。此外,还有一部分乡镇采用民主协商的办法产生代表,这样的单位共有 19 个乡,苗族 27878 人、布依族 2205 人、瑶族 237 人、侗族 13 人,汉族 8087 人。其中,少数民族聚居乡 4 个,少数民族人口 6991 人(苗族 6915 人、布依族 76 人),汉族 388 人;杂居乡 15 个 31041 人,苗族 20963 人、布依族 2127 人、瑶族 237 人、侗族 13 人,汉族 7699 人。以上两期及民主协商产生代表共计 22 个单位 82056 人,其中少数民族聚居乡 12 个,少数民族人口共 20129 人(苗族 19627 人、布依族 502 人),汉族 883 人;杂居乡 29 个,少数民族 43935 人(苗族 40306 人、布依族 3377 人、瑶族 237 人、侗族 14 人、回族 1 人),汉族 17109 人。[①] 通过以上数字的讨论,丹寨县参加选举的少数民族人数众多,且比例极高,约占总选民的 93.16%,其中第一期普选参与比例高达 95.26%。福泉县也是如此,在统计的 24 个普选乡(镇)中,年满 18 岁以上的有 50362 人(男 25727 人、女 24635 人),其中有 4422 人系地主阶级或反革命分子被剥夺了选举权利,76 人为精神病患者而无选举权,其他 47864 人中有 42634 人参加了选举,占选民总数的 87% 强。[②] 丹寨县和福泉县的案例都说明少数民族地区的普选工作具有

---

① 中共丹寨县委会:《丹寨县苗族自治区基层选举工作总结》(1954 年 4 月 28 日),黔南州档案馆:1—1—228。
② 中共福泉县委会:《福泉县基层选举工作总结报告》(1954 年 4 月 17 日),黔南州档案馆:1—1—228。

极高的参与性。

表1　丹寨县普选工作统计表

项别/数目/期别		第一期	第二期	民主协商产生代表(二区)	合计
选民数		16901	5355		22256
到会选民(人)		16100	4634		20734
到会选民占选民的百分比(%)		95.26%	86.8%		93.16%
剥夺政治权利人数	地主阶级及反革命分子	1191	156		1347
	精神患者	4	5		9
	合计	1195	161		1356
代表数	汉族	88	28	70	186
	苗族	289	148	311	748
	布依族	23	10	21	54
	瑶族			3	3
	侗族			1	1
合计	男	330	161	351	842
	女	70	25	55	150

注:剥夺政治权利者占18岁以上人数的5.71%;第二期选民到会选只第三区的5个乡,代表数是7个乡;民主协商代表是第二区17个乡的代表数据。

资料来源:中共丹寨县委会:《丹寨县苗族自治区基层选举工作总结》(1954年4月28日),黔南州档案馆:1—1—228。

被选举出的委员会代表还具有明显的民族性特征。1953年《选举法》的第二十七条明确规定:"一、凡聚居境内的同一少数民族的总人口数占境内总人口数百分之十以上者,依本法第二章代表名额之规定,其每一代表所代表的人口数,应相当于当地人民代表大会每一代表所代表的人口数。二、凡聚居境内的同一少数民族的总人口数不及境内总人口数百分之十者,其每一代表所代表的人口数,得酌量少于当地人民代表大会每一代表所代表的人口数,最少以不少于二分之一为原则。但人口特少者,亦应有代表一人。"①上述规定就将少数民族参与各级政府管理的权利从法律的高度上明确下来。丹寨县 992 名当选的代表中就有少数民族806 名,占全部当选代表的 81.25%。在麻江县选举委员会的推荐名单中,中共都匀地委更是直接修订已经定好的名单,目的就是为了增加更多的少数民族委员。在表 2 中,麻江县上报给中共都匀地委的选举委员会委员共有 11 人,大部分都是具有丰富工作经验之人,其中少数民族 3 人,分别为胡朝伦、熊兴科、尹腾华,全是苗族。但中共都匀地委并不认可这份名单,而是将刘章换为潘大勋(侗族)、熊兴科换为陈仲三(彝族、老秀才、68 岁),这样就使得选举委员会委员中的少数民族人数增加到 4 人,②民族的代表性也由之前单一的苗族,增加到苗族、侗族和彝族,更加体现了选举委员会中少数民族的代表性和广泛性。

表 2　麻江县选举委员会委员名单

姓名	王振秋	杨甄	王桂芳	吴邦莱	刘章	胡朝伦	熊兴科	陈学海	杨锦椿	尹腾华	文德祥
性别	男	男	男	男	男	男	男	男	男	女	女
年龄	32	41	29	45	29	24	24	28	24	49	38
个人成分	学生	教员	学生	商人	学生	农民	农民	农民	学生	农民	工人
家庭出身	富农	富农	中农	地主	地主	中农	贫农	贫农	富农	富农	工人
文化程度	初中	初中	高小	初中	高中	初小	高小	初小	初中	文盲	文盲
职业（部别）	县委会	县政府	公安局	政府	政府	三区政府	四区政府	县武装部	团县委	县妇联	总工会
现任职务	县委书记	县长	局长	农林科长	文教科长	区长	副区长	部长	副书记	副主任	生产委员

---

① 中央人民政府委员会:《中华人民共和国全国人民代表大会及地方各级人民代表大会选举法》,《山西政报》1953 年第 7 期。

② 中共麻江县委:《关于选举工作中各个问题的指示》(1953 年 8 月 12 日),黔南州档案馆:1—1—196。

续表

姓名	王振秋	杨甄	王桂芳	吴邦菜	刘章	胡朝伦	熊兴科	陈学海	杨锦椿	尹腾华	文德祥
参加何党派团体	1939年参加共产党	1949年参加共产党	1946年参加共产党	曾参加过帮会	曾参加过三青团	1951年参加新民主主义青年团团员	为新民主主义青年团员	1939年参加共产党	1953年参加共产党	1954年参加共产党	无
社会工作经历	任过区委书记、宣传科长等	任财科科员、科长等职,教书数年	经商二年,参加工作任公安干事、股长、局长等职	经商多年,曾任伪连长、镇长等职,1949年留用任镇长、副区长、科长等	解放前任过教员,1949年参加工作任文教科员、副区长、科长等职	解放前务农,曾当过一年乡丁,解放前当匪数年,参加工作任乡长	解放前务农,任教一年,当匪十天(文书),参加工作任乡干、镇长、副区长等职	1939年务农,任部队班连长等职	1949年参加工作任青年团县委副书记、县团委副书记等职	解放前务农,后参加农会任妇女委员、妇女主席(村干)	解放前雇员二十余年,后为搬运工人
族别	汉	汉	汉	汉	汉	苗	苗	汉	汉	苗	汉
备考	为主席	为委员	为委员	为委员	为委员	为委员	为委员	为委员	为委员	为委员	为委员

资料来源:中共麻江县委:《关于选举工作中各个问题的指示》(1953年8月12日),黔南州档案馆:1—1—196。

三、普选与生产的结合

对于西南民族地区的广大农村而言,农业生产始终是农村工作的中心任务,这一点也为普选中的各级党委和政府所强调。1953年5月,在中共中央西南局发出的《关于基层选举工作的指示》中强调:"由于整个过程正是生产紧张时期,要做到普选生产两不误,就必须善于在各个生产季节中进行普选活动,无论宣传教育、调查登记、推候选人、选民小组会议以及选举大会等一系列的活动,都应抓紧时间,利用生产空隙,紧密地结合生产进行,大力提倡就群众方便的工作方法。"①如在插秧、薅草、秋收等重要生产季节期间,应从组织领导群众完成生产任务中去进行普选工作;在遇到夏荒、天旱、水涝以及其他自然灾害时,又应从领导群众战胜各种灾害中进行普选。丹寨县在第一期选举时,就遇到了严重的旱灾,中共丹寨县委会决定立即停止选举工作15天,集中力量抗旱,

---

① 西南局:《关于基层选举工作的指示》,《西南工作》1953年第166期。

从而保证了抗旱工作的顺利完成。在此影响下,第一期普选工作成功举行。①

有两个案例可以直接证明基层普查中的选举与生产的关系。

其一是福泉县普选过程中的生产安排。在福泉县普选工作进行到选民登记、公布选民名单、协商提出候选人的关键时期(福泉县黎山的普选工作进行得稍早,此时已召开选举大会),中共福泉县委提出:"普选必须紧密结合生产,服从生产,才能做到普选、生产两不误。"因为县委已经注意到,"很多干部对'紧密结合生产'的原则,思想上只是一个概念的了解,布置工作任务时,普选说的很具体,生产只是略提,思想上、行动上与生产脱节。"②对此问题,福泉县委特别部署了普选期间生产工作的具体内容,主要包括四个方面:一是注意解决生产过程中需要的水具、烘房等生产资料和农民缺口粮的问题;二是要和各种自然灾害作斗争,主要有灭虫(提出的灭虫口号是"今天我们消灭一个苞谷虫,即等于消灭明年五六十万苞谷虫")、防旱(提出旱灾严重地区,抗旱保苗应作为临时的中心任务)、防兽(要利用追捕、毒杀、设暗箭刺杀、安套等办法)等工作;三是改良耕作技术,主要有防止水稻倒伏和烤芋烘烤技术两个问题,中共福泉县委决定通过施肥和农田管理来防止水稻倒伏,通过组织小型技术人员交流会和座谈会来解决烘烤技术问题;四是整理互助组,要求各地将垮掉的互助组再建起来。围绕此部署,福泉县决定,当普选和生产在时间发生冲突时,推迟普选,尤其是当遭遇未能预见的自然灾害时,更应将自然灾害视为头等大事。③

---

① 中共丹寨县委会:《丹寨县苗族自治区基层选举工作总结》(1954年4月28日),黔南州档案馆:1—1—228。
② 中共福泉县委会:《县委关于普选地区生产工作的指示》(1953年7月28日),黔南州档案馆:1—1—228。
③ 中共福泉县委会:《县委关于普选地区生产工作的指示》(1953年7月28日),黔南州档案馆:1—1—228。

　　其二是从江县在普选过程中解决杉木的分配问题。林业是西南民族地区经济发展的重要支柱之一,从江县和黎平、锦屏、天柱、榕江、雷山、台江、剑河、三都、赤水 9 县一起并称为"贵州十大林业县"。在林业经济中,又以杉木栽种为主。解放后,从江县的杉木数量十分庞大。在普选过程中,如何分配杉木成为急需解决的一个重要问题。由于从江县土改的时间过短,土改工作组只是单纯重视田土的分配,对高质量的杉木重视不足,杉木问题未得到妥善地解决,土改工作组就已返回。普选期间由于杉木价格上涨,农民都想借此增加收入。[1] 因此,各种矛盾、乱砍滥伐、偷盗现象时常发生,主要表现在:(1)只是笼统的没收,没有进行分配。如玉堂乡的四村和六村就有 3094 株未分配,尤其是在杉木价格提高以后,少数民族就更加迫切地要求分配杉木。这种情况基本占到四分之一。(2)按片或论幅分到自然村或行政村。大融大乡一村分到组、寨以后,选出专门人员负责保管,将山林填写在保管人的土地证上,但保管期间一、二、三组保管员吴荣才、李捕株等四人自行入山砍了大杉木 30 余株出卖,对此群众意见很大,要求将山林分配到户。这种情况也基本占到四分之一。(3)未经详细调查,就直接分配到户,但分配不清,责任不明,尤其是杉木价格提高以后,造成了乱砍滥伐。这样的情况基本占到了三分之一。(4)土改分配果实时,因杉木价格便宜,很多贫农雇农希望得到粮食、农具等土改果实,有的贫农甚至怕分配到杉木而多缴公粮,故都不愿意要杉木。但普选期间,杉木价格大涨,这些贫农雇农要求重新分配。如西山大乡的一村、大融大乡的一村等。这样的情况数量不大。此外,由于杉木所处位置界限不清故未分配,土改时中农怕提高成分而故意不要杉木等情况也有。普选期间,这些地区的少数民族都要求重新分配。[2] 为了将选

---

　　① 中共从江县委:《从江县第一期选举地区结合选举解决杉木问题的报告》(1953年 9 月 25 日),黔南州档案馆:1—1—196。
　　② 中共从江县委:《从江县第一期选举地区结合选举解决杉木问题的报告》(1953年 9 月 25 日),黔南州档案馆:1—1—196。

举工作深入开展下去,普选干部认识到首先应解决杉木问题。于是根据"贫雇农多分,中农少分;无杉木多分,有杉木的少分或不分"的原则,采取了以下步骤:首先结合选举宣传了解情况,以召开乡政府委员会为主,吸收各村各族重要人物(村干、自然领袖等)参加座谈会,协商研究,提出处理的初步意见。其次是乡政府委员、老干部、民族领袖回村后,以政府委员为主召开组长会议,交代政策文件,研究分配的具体办法,打乱重新分配成为协商以后的主要意见。再次是各组派出代表,组织力量,上山清点和统计杉木的数量和大小。最后根据先前制定的原则,以及群众的成分、房屋的大小、生活的情况等进行分配。这种分配方法,基本上是按照乡政府委员会确定意见、组长会议决定措施、清点杉木、分配实践四个步骤,做到了上层定原则、群众定措施,并能紧密联系少数民族上层,因而为大多数民众满意和认可。在杉木顺利分配以后,普选工作也随即完成。①

从上述普选与福泉县生产安排和从江县解决杉木分配的关系看,普选过程中往往要以解决生产为先,在满足农民的经济需求后,普选才有顺利推进的基础。纵观20世纪中国"革命"与"生产",或者说"政治运动"与"农业生产"的关系,两者原本就是一对复杂的矛盾,是有着复杂关联的话语和历史实践。在政治运动来临时,生产不可避免地受到影响,甚至破坏,此时唯有强调生产的重要,才能确保政治运动的推进,生产的话语实践和分散的小农经济相配合,很快又造成了政党国家在农村生产领域的权力危机,这或许也是开展合作化运动的因素之一。李放春在研究土改过程中的"革命"与"生产"关系时,就认为在"文化大革命"时期,"抓革命、促生产"的著名纲领、"政治挂帅、思想领先"的经济发展模式以及持续十余年的"农业学大寨"政治运动热潮都清晰地体现复杂关联的话

---

① 中共从江县委:《从江县第一期选举地区结合选举解决杉木问题的报告》(1953年9月25日),黔南州档案馆:1—1—196。

语和历史实践的关联,"革命"与"生产"而生成的诸话语和历史因素之间的实践关系并非协调一致,而是充满紧张、错位乃至"斗争"。①

四、基层普选的意义

新中国成立初期《选举法》的实践,虽然直选范围和规模不大,手段和方法亦相对单一,尤其是采取运动型的治理方式,使得法律的实践带有过多的政治色彩。但是,这次普选对西南民族地区农村的治理现代化仍具有重要的意义。

第一,各级干部在普选中受到了教育,体会到了权力来源于人民的深刻内涵。在普选中,只有经过群众投票后的认可,才能当选为委员会代表,这一点可遏制大汉族主义的倾向。汉族干部在处理民族问题时,或多或少地存在着大汉族主义的思想和行为,但为能够在选举中当选,保持其在政党和政府工作的连续性,就需要检讨自己的大汉族主义思想和行为,甚至是公开的自我批评,以求群众的谅解。在实践中,各级干部,特别是县乡干部体会到了权力来源于人民的道理,当选后,基层干部也会一定程度上改变原有的工作作风,以更积极的态度为少数民族服务。黎山乡代表和政府委员经过普选的教育后,工作认真负责,有的代表帮助群众解决各种纠纷,文树清、李炳清、项士钊经常帮助群众解决纠纷和互助合作问题,五村群众有大小事务都找文代表(文树清),晚上文树清还经常到各小组中主持开会,帮助群众解决困难;有的代表帮助群众化解互助组的团结和生产问题,代表蒋木林帮助高树荣互助组解决了不团结的问题后,该互助组九天之内就将所有的田犁好。在普选中得到了锻炼和洗礼的代表,很快成为乡村治理中的骨干力量。黎山乡37个代表有3人当选互助组组长,1人当选农业合作社社主任,其余几乎全为合作社和互助组的骨

---

① 李放春:《北方土改中的"翻身"与"生产"——中国革命现代性的一个话语—历史矛盾溯考》,见《中国乡村研究》(第三辑),社会科学文献出版社2005年版,第231页。

干,其中还有 3 人入了党。①

第二,选举促进了民族之间的团结。在普选中,各级党委和政府利用选举的有利时机,向各族人民宣传民族平等、民族团结和各民族共同繁荣的各项政策。通过说服教育和物质利益的分配,逐渐消解了历史上的民族隔阂。丹寨县一区长青乡,由于历史原因造成了汉族与苗族之间互相歧视,寨子与寨子之间也是矛盾不断。为了钓鱼、割草、砍柴等事情,长青堡街上的汉族与岩寨的苗族经常发生暴力冲突,汉族骂苗族"死苗子",苗族骂汉族"老乌鸦"。划乡时,岩寨的苗族就不愿意和长青堡的汉族划作一乡;普选时,马鞍五里村选区选民不愿意选汉族代表候选人。经过普选的说服教育,民族团结和民族政策的宣传,民族关系逐渐由隔阂转变为团结友爱,长青堡的汉族与岩寨的苗族还一起抗击天灾人祸,苗族与汉族之间长期的不通婚问题也有所缓解。② 同时,国家还有意识地利用普选,给少数民族地区以肥料、资金、农具等农业发展必需品的补助,从物质条件上予以帮助,以求增加宣传中物质导向的作用。

第三,普选使各民族、各阶层受到了一次深刻的普及性的政治民主教育,政治参与意识不断增强。由于选举活动的开展,爱国主义思想得到广泛普及,少数民族深切地感受到中国共产党代表着人民的利益。福泉县三堡乡人民代表大会代表王咏承是该乡摆嘴村的自然领袖,由于表现积极被选为代表。普选结束后,他积极带头从事生产,维护互助组,对合作化的发展起到了积极的推动作用。在统购统销政策的推行中,他也积极响应。摆嘴村有群众 32 户,由于单干农民较多,农民普遍不愿意将余粮出售给国家,仅单干农民姜克宽一户就少报粮食 10 余挑,全村隐报开荒粮食产量 18110 斤,结果全村只卖余粮 5000 斤,统购的粮食任务未能完

---

① 中共丹寨县委会:《丹寨县苗族自治区基层选举工作总结》(1954 年 4 月 28 日),黔南州档案馆:1—1—228。

② 中共丹寨县委会:《丹寨县苗族自治区基层选举工作总结》(1954 年 4 月 28 日),黔南州档案馆:1—1—228。

成。为此,三堡乡专门组织了王咏承等人参加的乡人民代表大会,帮助他们认清国家、集体和个人三者之间的关系。王咏承回到摆嘴村后,即召开小组会议进行传达,并第一个站出来进行自我检讨,启发群众,将自己隐报的 12 挑粮食和 2 石白米主动报出来,然后挨家挨户地进行教育和动员,最后该村卖出的粮食达到 26 万多斤。① 普选的实践普遍提升了少数民族的政治意识。

第四,妇女的参政意识得到提升,男女平等的观念得到强化。在传统社会,妇女的社会地位和政治地位较男性而言都十分低下,妇女参加工作、生产劳动,甚至外出都受到了极大的限制。近代以来,虽然已有诸多男女平等政策的推行,但男女之间的平等地位始终未能得到实质性的建立。新中国成立以后,中国共产党试图在多种政治实践中贯彻男女平等思想,普选的开展就是具有普及性和实质性意义的一次。通过选举,妇女对自己的社会地位和政治地位有了进一步的理解,大批妇女被选入政府委员会中,直接从事政府管理工作,即便是仅仅获得了选举权,也是生平第一次参与到政治活动中。福泉县在第一期、第二期选举中,有 146 名妇女代表当选为人民代表大会代表。② 麻江县委员会的 11 人代表中,也有女性代表 2 名。③ 在丹寨县的普选中,共选举出女性代表 150 名,其中第一期选举产生代表 70 名,第二期选举产生代表 25 名,民主协商产生代表 55 名。虽然对比男性代表的 842 名,还有一定差距。但和历史上妇女的社会地位和政治地位相比,已经有了实质性的进步。④ 甚至可以认为,基

---

① 中共福泉县委会:《福泉县基层选举工作总结报告》(1954 年 4 月 17 日),黔南州档案馆:1—1—228。
② 中共福泉县委会:《福泉县基层选举工作总结报告》(1954 年 4 月 17 日),黔南州档案馆:1—1—228。
③ 中共麻江县委:《关于选举工作中各个问题的指示》(1953 年 8 月 12 日),黔南州档案馆:1—1—196。
④ 中共丹寨县委会:《丹寨县苗族自治区基层选举工作总结》(1954 年 4 月 28 日),黔南州档案馆:1—1—228。

层妇女广泛的参政议政就是从普选开始的。从此以后,基层政权中的妇女参政即作为一项日常性的政治制度被长期继承。

第二节 民族习惯与国家政策的冲突与调适

法律发挥作用不可能单靠强制,群众的普遍认同也十分重要。伯尔曼曾指出:"法律应该被信仰,不然它将形同虚设。"①关于这一点,少数民族的习惯法表现得尤为突出,它是各少数民族在长期实践中逐渐形成,体现本民族全体成员意志和利益,为本民族成员所信守,并由他们共同认可的社会力量保障实施的普遍性行为规范的总和。② 新中国成立以后,随着国家权力和法律对西南民族地区的介入,民族习惯与国家政策并存所带来的冲突日渐明显,因而需要积极探索民族习惯与国家政策的调适和融合之路。当然,这种调适和融合之路并非一帆风顺,而是极其复杂与波折。

一、耕牛:冲突与调适的切入点

新中国成立初期,中国的农业技术水平依然处于传统的畜力耕作阶段,耕牛仍旧是农村最为重要的生产工具。因此,禁止任意宰杀耕牛也成为"农民诸禁"之一。其实,毛泽东早在《湖南农民运动考察报告》中就已指出:"牛,这是农民的宝贝。'杀牛的来生变牛',简直成了宗教,故牛是杀不得的。"③在陕甘宁边区生产建设时,边区政府也明确规定:牛"凡可

---

① [美]伯尔曼:《法律与宗教》,梁治平译,中国政法大学出版社2003年版,第124页。

② 贾德荣:《对民族习惯法与国家法冲突与调适的思考》,《西北民族大学学报》(哲学社会科学版)2012年第2期。

③ 《毛泽东选集》第一卷,人民出版社1991年版,第37页。

耕作者,严禁宰杀"①。实际上,耕牛与农民的生产生活息息相关,宰杀耕牛对农民来说是一件很难发生的事件。不过,在合作化运动中,却出现了大量宰杀耕牛的现象,"浙江以统购来促合作化。全省耕牛减少5.7万多头。"②1954年底到1955年初的几个月内,"不少地区发生大量出卖耕畜,畜价猛跌,和滥宰耕畜的严重现象,有的省估计至少杀了三十万头,有的省估计耕畜减少20%。"③1955年上半年,从新华社《内部参考》的报道中,可以清楚地了解到当时的社会恐慌和困难程度之大。④

对其原因的讨论,研究者更多的是将耕牛的减少与合作化运动联系起来。陆益龙认为:"合作化强行把农户的耕牛和土地低价折算给合作社,使得农户对耕牛不爱护甚至破坏,结果导致最重要的生产工具被破坏。"⑤张一平也持相似的观点,土改中"耕牛由公家分配,可能就会多鞭策而少喂食",很难保证和私有者一样的爱惜和保护。⑥ 不过,也并非所有的研究者都对合作化与耕牛的关系持否定态度。韩丁就认为,个体农民不能人人拥有耕牛,要想让有限的牲畜和工具物尽其用,就必须要组成合作社充分发挥牲畜的劳动力。⑦ 即便观点迥异,耕牛与合作化运动终究密不可分。需要说明的是,黔南少数民族地区宰杀耕牛的原因却并非如此,而是苗族多年一次的盛大节日,只是新中国成立以后的第一次大规

---

① 新华社:《陕甘宁边区政府明令禁杀耕牛》,《人民日报》1949年9月12日。

② 杜润生:《杜润生自述:中国农村体制变革重大决策纪实》,人民出版社2005年版,第49页。

③ 《中共中央关于大力保护耕畜的紧急指示》(1955年1月15日),见中共中央文献研究室编:《建国以来重要文献选编》(第6册),中央文献出版社1993年版,第15页。

④ 杨奎松:《从"小仁政"到"大仁政"——新中国成立初期毛泽东与中央领导人在农民粮食问题上的态度异同与变化》,《开放时代》2013年第6期。

⑤ 陆益龙:《嵌入性政治对村落经济绩效的影响——小岗村的个案研究》,《中国人民大学学报》2006年第5期。

⑥ 张一平:《现代中国的土地改革与地权思想》,《上海财经大学学报》2008年第3期。

⑦ [美]韩丁:《深翻:中国一个村庄的继续革命纪实》,《深翻》译校组译,中国国际文化出版社2008年版。

模"牯臟节"恰巧发生在合作化运动的 1954—1956 年,国家对农村中宰杀耕牛的现象异常敏感。同时,考虑到民族地区政策的特殊性和国家对民族地区的照顾,也使得民族地区的宰杀耕牛问题更加棘手。不过,也正因为此,才使得这次"牯臟节"将耕牛保护、国家法律与民族习惯联系起来。

二、牯臟:合作化进程中的民族习惯

土改完成以后,"组织起来"的合作化运动被提上了国家的议事日程。不过,此时黔南地区的权力控制还远未达到国家所期望的程度。比如土改不彻底的三类村比例很高,再比如基层干部出现了"松劲"现象。同时,党组织建设和党员发展的缺口也较大。由于是新解放区,黔南州农村大多是在土改的基础上逐渐建立起了党组织。1954 年,中共都匀地委在境内共有党员 6600 名,建立了 699 个农村党支部。[①] 而 1953 年全国第一次人口普查时,全州总人口为 1595138 人。[②] 比较而言,党员占黔南地区人口的比例远低于全国平均水平。在国家权力控制相对薄弱的苗族山区,少数民族的"吃牯臟"习俗,尤其是习俗中的宰杀耕牛现象普遍存在。其中榕江县五区的情况比较严重,该区八开乡摆料寨宰杀耕牛 59 头,高忠乡高水寨苗族杀牛 45 头,加去乡四个小寨杀牛 25 头。不仅宰杀耕牛,杀猪、作酒、招待客人同样也是"吃牯臟"习俗的组成部分。八开乡摆料寨 69 户苗民"吃牯臟",来的客人达到 3500 余人,以荔波县、三都县、从江县的外来人居多。其中杀猪 70 只、作酒用谷 13900 余斤,封寨三天,大吃七天,所有乡民 12 天到半月不出寨。高忠乡高水寨苗族 148 户,1953 年捆鼓("吃牯臟"的准备)来客 2500 余人,大吃三天,杀猪 35 只,统计该寨

---

① 黔南州布依族苗族自治州史志编纂委员会:《黔南布依族苗族自治州志·党群志》,贵州人民出版社 2003 年版,第 82 页。

② 黔南布依族苗族自治州史志编纂委员会编:《黔南布依族苗族自治州志(上)》(简编本),贵州人民出版社 2007 年版,第 146 页。

使用谷子达到 40000 余斤,仅酿酒一项即开支 22000 余斤,平均每户 150
斤。加去乡四个小寨 64 户,"吃牯臟"来客 1000 余人。兴华乡摆桥寨有
60 余户,"吃牯臟"来客 2000 余人。① "吃牯臟"村寨的来客动辄数倍于
原有苗民,其食物消耗可想而知。

　　1955 年,黔南民族地区共有 11 个乡和 2 个寨的少数民族组织了"吃
牯臟",其中黎平县高岩乡苗族每距 13 年"吃牯臟"一次,1955 年正是牯
臟年,10 月 25 日,来自附近苗族乡和广西大苗山、三江的苗族农民 12000
人参加了节日。在参加节日的人员中,青年占据绝大比例,主要活动是吹
芦笙、拉鼓。11 月 24 日,约有 1000—2000 人参加了"吃牯臟",杀黄牛 15
头、水牛 6 头,11 月 11 日,荔波县水围乡与从江县白岩乡有百余户苗族
举办"吃牯臟",约 3000 人参加,杀牛 170 头、猪 300 头。11 月 20 日,榕江
县敬化乡苗族"吃牯臟"一次,杀耕牛 200 多头、猪 100 多头。② 在 1955
年的"吃牯臟"中,榕江县龙额区高垅乡共宰杀耕牛 17 头(其中水牛 6
头、黄牛 11 头),按当时 55 元每头的价格计算,共折合人民币 935 元。此
外猪、鱼、酒、家禽、米等附带品的消耗数额也很大。包括猪 45 只,每只按
35 元算,共折合人民币 1575 元;鱼 4000 条,每条半斤按 0.2 元算,共折合
人民币 800 元;酒 360 斤,每斤按 0.28 元算,共折合人民币 90.8 元;家禽
206 只,每只按 0.4 元算,共折合人民币 84.8 元;米 11030 斤,每斤按 0.1
元算,共折合人民币 1103 元;先后投入人力 20724 个,每个人工按 0.3 元
算,共折合人民币 6217.2 元。以上各种食物消耗总共折合人民币
10805.8 元。③

　　此时苗族的"吃牯臟"恰巧发生在国家推行增产节约运动中,国家号

---

　　① 苏相信:《关于榕江五区少数民族吃牯臟浪费现象严重情况及意见的报告》
(1953 年 12 月 31 日),黔南州档案馆:1—1—270。
　　② 中共都匀地委:《都匀地委关于少数民族吃牯臟情况和意见向省委的报告》
(1955 年 11 月 26 日),黔南州档案馆:1—1—442。
　　③ 中共都匀地委检查组:《了解龙额区高埃乡吃牯臟情况报告》(1955 年 12 月 28
日),黔南州档案馆:1—1—442。

召"全党和全国人民开展爱国增产节约运动","使这个运动成为真正的全体人民运动"。① 中共都匀地委也认为"吃牯臟"会"造成严重浪费和影响秋冬生产政策进行,给予不少的贫苦农民造成生产生活上很大困难"②。在高垈乡的调查中,检查组还特意将"吃牯臟"消耗所折合的10805.8元人民币作了一番详细计算:按"吃牯臟"的381人每日一斤大米算,每人则可以吃47天;如按其所穿的粗布礼服2.5元一套算,每人可制十一套;如盐巴每斤按0.18元算,每人可买食盐157斤;如每人需用盐量一两,则可食2512日(即六年多)。如此算来,中共都匀地委检查组显然认为,"这种浪费数字是十分庞大惊人的"。③

实际上,这种大规模的"吃牯臟"对国家政策推行和农民生产生活确实存在很大影响。"吃牯臟"期间对食物的巨大消耗有悖于国家"爱国增产节约"运动的推行,尤其是1953年10月16日,国家为了解决"供销不平衡,市场紧张"问题,特发出《中共中央关于实行粮食的计划收购与计划供应的决议》,从此粮食买卖就演变为计划收购和计划供应,"吃牯臟"对粮食的大规模消耗,显然与国家所推行的统购统销政策不符。榕江县五区的农民就公开向地方政府提出,农业贷款"留着吃牯臟,明年再还"。④ 即便是受灾的农民也要参与到"吃牯臟"中,榕江县一区高备寨60余户于1952年全遭火灾,1953年秋季国家对粮食征购进行了大量的减免,在此情况下,高备寨仍举行了大规模的"吃牯臟"。⑤

---

① 中国社会科学院中央档案馆编:《中华人民共和国经济档案资料选编·工业卷》(1949—1952),中国物资出版社1996年版,第610页。

② 中共都匀地委:《都匀地委关于少数民族吃牯臟情况和意见向省委的报告》(1955年11月26日),黔南州档案馆:1—1—442。

③ 中共都匀地委检查组:《了解龙额区高垈乡吃牯臟情况报告》(1955年12月28日),黔南州档案馆:1—1—442。

④ 苏相信:《关于榕江五区少数民族吃牯臟浪费现象严重情况及意见的报告》(1953年12月31日),黔南州档案馆:1—1—270。

⑤ 苏相信:《关于榕江五区少数民族吃牯臟浪费现象严重情况及意见的报告》(1953年12月31日),黔南州档案馆:1—1—270。

　　面对如此困难的生活条件和统购统销的压力,苗族农民为什么还要执意地"吃牯臓"呢? 其实牯臓节是历史上长期流传下来的民族祭祀活动,祭祀的主要内容就是杀牛祭祖。"吃牯臓"的祭祖可以免除灾害、生育小孩,还可以保佑庄稼的丰收。如果不吃,祖先就会降罪。在龙额区高垱乡的调查中,祭祖的原因是祖先每十三年就要来捉拿其子孙一次,为此到时每家则杀猪宰牛代替,即可免去灾害和死亡。在调查中,牯臓头夏梅花向调查组反映:过去其哥哥——夏梅英(徐垱村的牯臓头,后远徙至广西),因不想做牯臓头,拉牯臓又不杀鸡来祭祖,结果拉牯臓回去不久就被祖宗捏死了(据调查组了解,其死是事实,但是因房子倒塌而压死的)。牯臓头夏梅兴也举例说:"过去广西高安王泽的妇人由于没有生出孩子,经吃牯臓后结果就生一孩子了"。①　不仅是苗族,周围的侗族等其他少数民族也参与"吃牯臓",理由是老人与苗族同住一个村子,不吃怕生病。②祭祖活动本质上是一种地方组织的重现,以神明信仰来结合与组织地方人群,表现出组织性和地域性的特征,即在特定地域内,祭祀以共同的信仰将居民结合为一体,有某种形式的共同祭祀组织,并维持例行化的共同祭祀活动。黔南民族地区的"吃牯臓"就是这种地方组织的重现,在牯臓头的组织下,少数民族生活在一个特有的社会组织结构之中,对此有共同的信仰,因而具有强烈的认同感。

三、治理:国家法与习惯法的调适

　　鉴于黔南地区"吃牯臓"与国家政策的相悖性,中共都匀地委逐渐意识到对"吃牯臓"治理的重要性。1954 年 1 月 3 日,中共都匀地委根据副书记苏相信的《关于榕江五区少数民族吃牯臓浪费现象严重情况及意见

---

　　①　中共都匀地委检查组:《了解龙额区高垱乡吃牯臓情况报告》(1955 年 12 月 28 日),黔南州档案馆:1—1—442。
　　②　中共榕江县委办公室:《榕江县委关于苗族吃牯臓问题的一般工作情况和意见》(1955 年 12 月 28 日),黔南州档案馆:1—1—442。

的报告》,起草了《都匀地委批转苏相信同志关于榕江五区少数民族吃牯脏浪费现象严重情况及意见的报告》,认为:"少数民族吃牯脏浪费现象极为严重,这不仅直接不利于统购统销工作的推行,更重要的是将大大的消耗了农民的生产资本,而造成生产生活上的困难,影响生产。"并且判断"吃牯脏"现象在黔南地区"各县是较为普遍的"。在处理原则上,中共都匀地委特别强调,要"通过本民族干部、自然领袖很好协商,决不能采取粗暴草率态度"。在这份上报中共贵州省委的报告中,中共都匀地委已经把"吃牯脏"定性为"极为严重的浪费行为",基本是否定性的判断。同时,该报告重申了与本民族干部和自然领袖协商的重要性,苏相信要求各地"要以县为主的召开吃牯脏的乡、村、寨牯脏头和民族自然领袖会议"。①

但是,并非所有的工作组干部都能对少数民族采取耐心的说服教育,民族政策执行的偏差时常存在,表现为不尊重少数民族风俗习惯,甚至侵犯少数民族的利益。中央于1952年和1956年曾在全国范围内进行了两次民族政策执行情况的大检查,也说明了民族政策的执行并非尽善尽美。在少数民族吃牯脏的调查中,榕江县五区有5个乡16个自然寨发生吃牯脏的情况,宰杀耕牛254头。在此情况下,中共榕江县委立即召开党委会,并派遣副县长杨光禄(侗族)到五区动员民众少杀或不杀耕牛,杨到兴寨、摆具寨后,即动员少数民族减少了28头(原58头),又到高中、高伟寨动员减少了39头,之后返回县里开"人代会"。不过,在动员中存在着比较严重的简单粗糙现象,实际上就是未能耐心教育,就采取强迫命令的方式下达指标和任务,因而耕牛宰杀并未得到制止。杨走后,高中、高维等寨的牯脏头、鬼师魏老洪、蒙正华等7人坚持要举办大规模的"吃牯脏",并称"不吃牯脏要死人",并举行数次集会,诱导农民继续"吃牯脏"。为此,榕江县委派区委书记和杨二次前往,杨到五区后,仍未仔细研究即

① 中共都匀地委:《都匀地委批转苏相信同志关于榕江五区少数民族吃牯脏浪费现象严重情况及意见的报告》(1954年1月3日),黔南州档案馆:1—1—270。

召开了群众大会,"拿着匣枪",结果引起了少数民族的普遍不满。会后,民众派代表蒙正华(牯臟头、寨老干部,任调解委员)前往杨处,企图说服杨增加几头耕牛以便宰杀,杨即"拍桌大骂",并认定"是蒙搞的鬼"。后杨在小组会上说,"反正里边有坏人,一定要消灭他",将蒙正华定性为"坏人",革命的对象。此时,工作组也觉察到如此强硬的态度容易引起群众的不满,随向杨请示能否适当地变更和调整,但杨反而将请示的干部定为"右倾"。实际上,此时少数民族群众、基层干部、牯臟头都倾向于用协调的方式解决此事,只是由于杨的独断专行而未能成行。群众对此十分不满,部分少数民族甚至表示,"他来硬,我们也来硬",结果使得群众大会未能召开。同时,由于杨硬性制止群众的请示和送肉行为,结果引起群众破口大骂:"你不关心我们,你是国民党县长,狗县长,不要你,罢免你。"杨无法解决此事,回到县里要求用武力镇压。县委在了解此事后,即对杨进行了批判,并派二区区委副书记和杨三次前往解决。此时,少数民族群众对杨等在思想上已有很大抵触,普遍存在"要杀就杀,有祸大家当"的情绪,显然此时工作的首要任务是消除已经非常严重的敌对情绪。可是,杨在群众大会上只提出三项任务(公粮要交、不准尾欠,余粮要卖给国家,农贷谷要还),未进行"吃牯臟"问题的调解和协商。等杨走后,群众即杀了 59 头牛、46 头猪、9 只羊,其中还包括 7 头土改后分得的牛。[①] 榕江县五区"吃牯臟"的劝说与调解以失败告终。

对于这种由于基层干部工作粗暴而引发的国家政策与农民习惯之间的对立,中共都匀地委给予了比较客观的评价,认为基层干部是"以一种简单生硬方法制止农民多杀,结果引起反抗,农民和政府形成对立态度,造成不应有的损失"[②]。

---

① 中共都匀地委办:《关于五区少数民族为吃牯臟发生事件的报告》(1954 年 12 月 6 日),黔南州档案馆:1—1—270。

② 中共都匀地委办:《关于五区少数民族为吃牯臟发生事件的报告》(1954 年 12 月 6 日),黔南州档案馆:1—1—270。

1955 年 11 月,中共都匀地委再次上报中共贵州省委,将黎平、榕江、从江、荔波等县少数民族"吃牯臟"的情况进行了详细汇报,并提出了解决此问题的基本原则,即"应认真积极的贯彻毛主席关于农业合作化问题中所指的保护耕牛的重要意义,不仅动员群众不要任意的宰杀耕牛,而且要号召群众保护耕牛安全过冬,这对发展生产有极为重要的意义。把群众精力引导到互助合作生产方面来,大力做好粮食统购统销工作"。"正面进行节约教育,反对浪费,帮助他们算好吃牯臟对生产损失和物资浪费的二笔账,在广大群众觉悟提高基础上去解决少数民族吃牯臟等风俗习惯问题。本着有利生产,有利粮食统销,在适当保留其民族风俗习惯又要尽量节约的原则下,进行妥善处理。达到不吃或少吃,不办或争取缩短时间,不杀耕牛或以鸡鸭代替,不浪费或少浪费的目的。"①在上述的原则中,中共都匀地委已经明确表达了对"吃牯臟"的态度,即将宰杀耕牛置于国家统购统销政策和农业合作化运动的背景下进行讨论,保护耕牛就是顺应国家农业合作化的号召,相反,宰杀耕牛就是破坏农业合作化。中共都匀地委还强调了宣传教育是解决问题的基础,要进行正面的教育,帮助群众算好账,以提高农民的思想觉悟。对"吃牯臟"也非完全禁止,而是采取了相对折中的态度,可以少吃、可以缩短时间、可以杀鸡鸭代替,其目的是既"保留其民族风俗习惯又要尽量节约"。

在具体的治理实践中,为了达到重塑乡村社会的目的,基层政府会选择一定的策略和手段,包括划分阶级成分、使用"积极分子"和"落后分子"的标签等政治性压力,提供农业贷款、新式农具、良种以及日常生活用品等稀缺资源的经济性调控,强大的宣传手段和动员技巧等。就黔南民族地区的"吃牯臟"而言,国家治理的策略和手段具体包括以下几种:

第一,依靠严密的行政组织体系和新型基层干部,重塑乡村权力结构。

---

① 中共都匀地委:《都匀地委关于少数民族吃牯臟情况和意见向省委的报告》(1955 年 11 月 26 日),黔南州档案馆:1—1—442。

新中国成立初期,黔南地区基本由中共都匀地委实行管辖,下设都匀、独山、平塘、罗甸、三都、荔波、平越、黎平、丹寨、榕江、从江等县,在县下设有数量不等的区,区下又设有大小不一的小乡,乡级政府下才是村寨。相对于解放前的乡村社会组织,这种多层级的行政机构,会使国家对乡村社会的治理要更加便捷、有效。在村寨内部,互助组和合作社数量的不断增加,青年组织、民兵组织和妇女组织的广泛建立与发展,使得村寨内部的组织机构和制度建设日臻完善。同时,还有相当数量的新型基层干部,他们在运动已经成为常态的乡村权力结构中,逐渐由社会人和经济人向政治人转变。在"吃牯臟"的治理中,中共都匀地委就特别强调了依靠农村支部、少数民族干部、积极分子的重要性,要求通过党团员骨干、积极分子向广大群众做好宣传教育工作。[①] 在榕江县人民代表大会上,县委对减少宰杀耕牛进行了详细的分工,要求乡村干部回去动员,分别负责具体到每头牛。[②] 可以说,严密的行政组织体系和新型乡村干部,保证了国家意志的有效执行。

第二,进行对比和算账教育,引发小农理性思维。

在"吃牯臟"的治理中,对比和算账教育是实践者最为常用的手段之一,且在对比和算账教育中糅合了阶级观点。在教育中,工作组分析了"吃牯臟"对谁有利和对谁有害,并将富农与贫农"吃牯臟"进行对比,强调富农可以负担起"吃牯臟",而贫农则"一年牯臟,十年背帐"。榕江县的八开、高牙、鸭里、二寨有"吃牯臟"户 49 户,共计杀牛 52 头,招待民众 1470 人,酒及吃饭 3 天需大米 5200 斤,合人民币 560 元,牛价合 6860 元,其他鸡鸭盐肉等物 3415 元,共计耗费 15475 元。如果用所耗资金可买山地犁 380 余部,这些村寨所有家庭每户可得到 2 部,按增产 5%算,将会增

---

① 中共都匀地委:《都匀地委关于少数民族吃牯臟情况和意见向省委的报告》(1955 年 11 月 26 日),黔南州档案馆:1—1—442。

② 中共榕江县委办公室:《榕江县委关于苗族吃牯臟问题的一般工作情况和意见》(1955 年 12 月 28 日),黔南州档案馆:1—1—442。

加 15 万斤谷子。若做成棉衣(按一身表一丈五布,里一丈四计,合 12.4 元一套)可买 625 套,可供每人一套。同时还算了一户的账,每户要耗费 150 元左右,买成棉衣,可买 12 套。潘冬保(原任乡长)"吃牯臟"耗费了 169 元左右,全年收成都不够,若把牛卖了买成米可供全家 5 口人吃一年 半。解放前榕江县高排田东有一户贫农由于"吃牯臟",没有耕牛结果导 致几年贫困,生活困难,只到土改时才分了牛,如果将牛吃掉,贫困将长期 存在。因为仅吃牛就得 150 元(四人一头计算),另还需要 30 担谷子和 120 斤大米,共计一户耗费 3170 余斤谷子(油盐不计)。这样算来,一年 打的谷子还不够这次"吃牯臟",第二年即没有办法生活。高排的牯臟头 (贫农)喂的牯臟牛死了(价值 120 元),为了"吃牯臟",他拿三条黄牛换 一条牯臟牛,结果造成生活困难。[①] 通过上述实例的对比和算账教育,可 以逐渐引发小农的理性思维,减轻历史习惯所产生的影响。

第三,保持对"吃牯臟"的政治压力。

伴随着对"吃牯臟"的治理,黔南地区还发动了反对富农思想的批评 运动,但对富农思想的界定却相当泛化。[②] 中共都匀地委认为:"一般可 以粮食统购统销、生产互助合作、服从国家计划方面为主,可联系到与党 和政府关系、工农联盟、厉行节约、反对浪费、镇反、与地富联系、不干工 作、不交党费、向退党、不买国家建设公债……等方面。总之,凡是牵涉富 农思想有关方面,都可以联系实际加以检查批判和提高,从各方面堵塞富 农思想的引诱和侵袭。"[③]实际上,就是一切与中共中央走社会主义合作 化道路设想相违背的思想、一切与国家意志相悖的行为都被可称之为富 农思想。在对待"吃牯臟"的问题上,中共都匀地委也将其列入其中,足

---

① 中共榕江县委办公室:《榕江县委关于苗族吃牯臟问题的一般工作情况和意见》(1955 年 12 月 28 日),黔南州档案馆:1—1—442。

② 李飞龙:《土改后国家对乡村新精英的思想改造——基于黔南"批判富农思想"运动的分析》,《当代世界社会主义问题》2013 年第 6 期。

③ 中共都匀地委:《各县党代会情况第一次简报》(1955 年 11 月 2 日),黔南州档案馆:1—1—429。

见基层政权对此事判断的严重性,因为"反对富农思想的斗争,即是尖锐、复杂的阶级斗争和两条道路的斗争"①。也就是说,"吃牯臓"问题已经上升为阶级斗争和道路斗争。其实,这样的论断反复出现在"吃牯臓"问题的调查报告中,在上报中共贵州省委的报告中,中共都匀地委就认为:"少数民族吃牯臓集中上千、上万人,绝不能只看作是单纯的风俗习惯问题,还要擦亮眼睛,提高警惕。"并强调:"发现吃牯臓的地区,多为三类村,工作基础差,镇反不彻底,地处边沿,其中是否有敌人破坏活动或掌握操纵,必须引起足够地重视。"②这种判断自然会给"吃牯臓"治理带来很大的不确定性,因为实践中完全有可能将一些坚持"吃牯臓"的牯臓头排入敌人的行列,后果也就可想而知。此时三类村、落后村正在进行改造落后乡村运动,一大批地主富农反革命遭到镇压。③ 如此紧张的政治环境势必会对"吃牯臓"者施以无形的政治压力。

四、政治:合作化运动对民族习惯的影响

(一)国家治理下的牯臓节

通过重塑乡村权力结构、引导小农理性思维,以及强大的政治性压力,黔南地区长期流传下来的"吃牯臓"习俗的规模大大缩小。榕江县龙额区高垱乡"吃牯臓"的时间由原有的 2 天改为 1 天,并且不通知"吃牯臓"的日期,以达减少外地来客之目的。宰杀牲畜时,原计划 103 户要杀103 头,每户杀 1 头,后改为只杀 1 头水牛、11 头黄头。而且厉行节约减少粮食浪费,外地来客一律自备食粮。④ 对民族地区而言,反对"吃牯臓"

---

① 中共独山县委:《关于县第八次党代会议情况向地委的简报》(1955 年 11 月 10日),黔南州档案馆:1—1—429。

② 中共都匀地委:《都匀地委关于少数民族吃牯臓情况和意见向省委的报告》(1955 年 11 月 26 日),黔南州档案馆:1—1—442。

③ 李飞龙:《土改后改造落后乡村政策的历史演变》,《东岳论丛》2013 年第 10 期。

④ 中共都匀地委检查组:《了解龙额区高垱乡吃牯臓情况报告》(1955 年 12 月 28日),黔南州档案馆:1—1—442。

的教育就是一场崭新的社会主义教育、阶级斗争教育,是将社会主义的理想信念和阶级观念传输给少数民族。比如说各种形式的会议,几乎全是宣传和治理"吃牯臟"的会议。针对苗族老人"吃牯臟"的传统意识更浓,工作组专门在高垓乡召开老年会;针对"吃牯臟"治理要依靠贫农,工作组专门召开了贫农会;针对牯臟头思想工作难做,专门组织了牯臟头会议。在会议中,重点讲解国家建设的伟大成绩和社会主义建设的实际需要,当然阶级斗争的宣传也必不可少。在此教育之后,龙额区高垓乡少杀耕牛18头,并说服用猪代替,少杀耕牛45头。贫农滚业衡说:"我们此前为吃牯臟有60户倾家荡产,逃出去亦不知死活,以前我们贫农是买不起一头牛的,而现在解放了,有了牛,我们应该节约,不应把它白白浪费掉。"①

"吃牯臟"治理还是一场文化建设的变革。在传统社会中,"吃牯臟"除了祭祀祖先、免除一切灾害的功能外,文化娱乐和增加交流的功能也很突出,尤其是一些青年男女可以在盛大的祭祀活动中结识年龄相似的异性,高垓乡牯臟头滚义宁说:"之前由于汉族有戏看、有舞跳,而我们样样都没有,故其祖先在很久之前在天上丢六笙给他们吹,丢牯臟来给他们拉。"②新中国成立以后,国家逐渐在少数民族地区推广内容丰富、形式活泼的文艺活动,文艺工作队走村串寨的演出成为乡村新的娱乐活动形式。此外,建立的文化站、举行的文艺晚会、成立的人民文化馆、组织的农村电影放映队等,都成为黔南地区娱乐活动的重要载体。随着新型文艺活动的出现和发展,以及国家对"吃牯臟"的限制,牯臟节的娱乐功能逐渐让位。

---

① 中共都匀地委检查组:《了解龙额区高垓乡吃牯臟情况报告》(1955年12月28日),黔南州档案馆:1—1—442。

② 中共都匀地委检查组:《了解龙额区高垓乡吃牯臟情况报告》(1955年12月28日),黔南州档案馆:1—1—442。

(二)合作化运动下的"吃牯臓"

在对"吃牯臓"的治理中,宰杀耕牛不可避免地和合作化运动联系起来。这里首先需要考察一下新中国成立初期黔南地区黄牛和水牛数量的变动,在黄牛的数量上,从 1949 年到 1955 年逐年增加,其中 1953 年比 1952 年增加 1438 头,1954 年比 1953 年增加 2008 头。不过,到了 1955 年增幅开始下降,只比 1954 年增加 310 头。到 1956 年,黄牛的数量则是大幅度减少,是年比 1955 年减少 16149 头,减少的数量超过 1950 年到 1955 年增加数量的总和(13358 头),到 1957 年更是减少了 18066 头,可以说是彻彻底底的"一夜回到解放前"。水牛的数量也基本如此,1956 年水牛数量比 1955 年减少 2581 头,1957 年水牛数量又比 1956 年减少 7380 头,其减幅也超过了解放后各年增幅的总和(从 1950 年到 1955 年水牛增加数量为 8071 头)。① 这说明,合作化时期黔南地区的黄牛和水牛都出现了严重的宰杀现象,虽然目前还不能统计"吃牯臓"到底宰杀了多少耕牛,但可以肯定的是,黄牛和水牛减少的数量要远远超过"吃牯臓"所宰杀的耕牛。也就是说,合作化运动中的"吃牯臓"与合作化运动中耕牛的减少是有关系,但并非是一种完全的因果关系。

在两者关系中,可判断为合作化运动间接推动了"吃牯臓"规模的扩大。在榕江县的调查中,"吃牯臓"的原因主要有两点:一是"有牯臓牛的户顾虑办社来了,喂牯臓牛耽误活路",二是"怕牯臓牛入社不自由,不能再吃"。喂养牯臓牛是项长期的工作,需要耗费大量的人力、物力,随着合作化的来临,主要的劳动力都需投入到工分的挣取之中。在两者的取舍下,生活的考虑无疑成为第一选择。同时,入社以后,包括牯臓牛在内,所有的耕牛都将成为集体财产,不能够随意宰杀,而是集

---

① 黔南州统计局:《1949—1961 年农业生产统计资料》(1964 年 9 月 4 日),黔南州档案馆:58—2—78。

体经济中主要的劳动工具。权衡之下,还不如将牯臟牛在入社之前就进行宰杀。因而,合作化运动一定程度上也成为大规模"吃牯臟"的诱因。

(三)国家与乡村之间的民族习俗

新中国成立后,伴随着国家权力向基层社会的不断延伸,中国共产党对极为复杂的新解放区实行了彻底的改造和治理,土地改革、镇压反革命、农业集体化等运动都是国家对乡村社会改造的重要实践。不过,在国家权力向乡村社会渗透的过程中,乡村并非被动单向的接受,农民以种种"反行为"对国家权力的干预进行了抵制,并可能触发国家政策的调整。关于这一点,在对"吃牯臟"的治理中表现得尤为明显,因为黔南地区的"吃牯臟"恰巧出现在国家推行合作化的浪潮中,就使得宰杀牯臟牛极其敏感。"吃牯臟"会造成粮食和生活用品的消耗,给农民生产生活带来不小的影响,这种有悖于国家"爱国增产节约"运动的行为肯定会受到来自外力的限制,特别是宰杀耕牛更为国家所明令禁止。为此,国家通过重塑乡村权力结构、引导小农理性思维,以及强大的政治性压力等策略和手段,试图对"吃牯臟"进行治理。但在具体的实践中,国家政策的推行与乡村原有的逻辑结构不可避免地发生了矛盾与冲突,少数民族地区的风俗习惯和农民的"经济人"思维一定程度上成为了国家权力推行的阻力。在此情况下,即便是国家采取了相对折中的态度,可以少吃、可以缩短时间、可以杀鸡鸭代替,致力于既"保留其民族风俗习惯又要尽量节约"的协调,但也不能阻止"吃牯臟"治理中的情感对立与利益冲突。不过,这种折中的处理原则也只停留于在文字层面,在具体的操作中,"吃牯臟"已经成为富农思想的组成部分,受到了来自诸多方面的批判。需要说明的是,国家与乡村之间围绕"吃牯臟"等民族习俗的博弈一直存在,虽然集体化时期"吃牯臟"曾一度消失,但改革开放后又很快恢复,足以显示出民族习俗顽强的生命力。

第三节　民族地区的婚姻纠纷调解机制

中华人民共和国成立之始，因为"各少数民族地区政治、经济、文化发展的极不平衡"。"一切性急的做法，必会犯严重的错误甚至造成严重的损失。"①因此，为了维护少数民族地区的社会稳定，"按照各民族大多数人民的觉悟和志愿"，国家在民族地区采取了"慎重稳进"的方针。②1950 年《婚姻法》的宣传与贯彻亦秉承"慎重稳进"的工作原则。由于历史渊源、地理区域、文化认同等因素的影响，少数民族的婚姻关系具有非常独特的宗法性色彩。在西南地区，少数民族多居于交通封闭、经济落后的山区，因而保留了婚姻制度中最为原始的部分，如早婚、童子婚、指腹婚、抢婚、联姻婚、世代婚、交换婚、等级婚、主子婚配、抱斧婚、穆塔婚等特殊的婚姻形态，在民族地区广泛存在。③也正因此，1950 年《中华人民共和国婚姻法》在颁发之日就明确规定，此法并不适用于少数民族。

不过，伴随着新中国成立初期民族地区政党组织的发展、社会结构的重塑以及民生问题的解决，国家权力与基层社会的关联性日渐增强。但民族地区基层社会原有的行为准则直接或间接地受到了国家权力的侵蚀，诸多民族风俗习惯或多或少地因来自外力的介入而发生改变。在国家的外力和民族地区的村规民约之间，基层社会演绎着社会延续和社会

①　乌兰夫：《民族事务委员会关于当前民族工作问题报告大纲》，见中央人民政府政务院秘书厅印：《中央人民政府政务院政务会议文件汇编》（第二册），1954 年 6 月，第 379 页。

②　周恩来：《在欢宴各民族代表大会上的讲话》（1950 年 10 月 1 日），见《民族政策文件汇编》（第 1 编），人民出版社 1960 年版，第 4 页。

③　唐仁郭：《试论近代少数民族婚姻形态的宗法性》，《贵州民族研究》2007 年第 3 期。

变迁的应对。

一、维护稳定:1950 年《婚姻法》在民族地区的变通

相比较汉族地区贯彻《婚姻法》运动的如火如荼,中国共产党对《婚姻法》在民族地区的推行则显得尤为慎重。1950 年《中华人民共和国婚姻法》在颁发之日就明确表明,此法并不适用于少数民族,"在少数民族聚居的地区,大行政区人民政府(或军政委员会)或省人民政府得依据当地少数民族婚姻问题的具体情况,对本法制定某些变通的或补充的规定,提请政务院批准施行。"①

在具体的执行层面,因部分婚姻案件涉及少数民族与汉族的通婚问题,到底是按照《婚姻法》来实行法治,还是尊重少数民族的村规民约,当时并无明确指令。1950 年底,华东法院即遇此问题,他们报称:"各地均发现回女与汉男结婚,但回族并非家长(也可能是家长不愿意要阿訇出面反对)反对致涉讼。各地人民法院认为依照《婚姻法》男女婚姻自由的原则,应准许结婚,但涉及团结少数民族问题,似不应准许,可是又违反《婚姻法》自主自愿原则。《婚姻法》中对此问题,尚没明文规定,只是要各大行政区制定补充办法,但现也尚未颁布补充办法,如何办?"作为华东法院虽然陈述了自己的理由,但仍不能决断,于是请示中央人民政府最高人民法院判决。1951 年 1 月 22 日,中央人民政府最高人民法院给华东分院以原则性批复,因最高人民法院是国家级审判机关,因而该批复具有法律补充条例的功能。最高人民法院回复道:"根据《共同纲领》第五十三条与《婚姻法》第二十七条以尊重少数民族的风俗习惯有利民族团结为原则,回汉民族间男女婚姻要求,应该服从这个原则,只有在个别场合,例如非少数民族聚居之处,个别回汉男女要求结婚,而回民家长及回

---

① 《中华人民共和国婚姻法》,见华东政法学院民法教研组编:《中华人民共和国婚姻法学习参考资料》,华东政法学院出版社 1955 年版,第 6 页。

教团体表示无异议者,始得为准予结婚的考虑。"①

同时期,内务部也给予相似的批复。1950 年 12 月 13 日,内务部在回复内蒙古自治区政府民政部海凤舞同志的批复中指出:"不同民族的革命干部(群众也同)间,是否可以结婚,不是一个单纯的法律问题。法律上并不限制不同民族间的结婚,但如因民族的风俗习惯或教规关系,不准与外族通婚时,应本个人利益服从整体利益的原则,说服男女双方当事人尊重民族习俗,不要勉强结合,以免引起群众反感和民族纠纷。""假定汉族男子愿与回族女子结合,应劝他按照回教规矩办事,否则即须放弃与回女的结婚。另一方面,亦应说服回民尊重妇女人权,不得因回女要求与外族结婚而加以虐待。"②

从立法原理和实践角度看,法律的变通性由其自有属性所决定,因为法律规则得以表达的主要载体是语言文字,但由于人的认知能力或利益诉求的差异可能导致对某一概念或术语的不同理解,规则得以适用的时空条件的变化也可能导致规则含义的模糊。③ 因此,任何选择用来传递行为标准的工具——判例或立法,无论它们怎么顺利地适用于大多数普通案件,都会在某一点上发生适用上的问题,表现出不确定性,这就是空缺结构的特征。从学理上探究,④1950 年《婚姻法》在民族地区的变通正是为了解决空缺结构的法治实践。

实际上,即便是 1953 年 3 月的"婚姻法运动月"也未在少数民族地区

---

① 《中央人民政府最高人民法院关于少数民族与汉族通婚问题的复示》,见华东政法学院民法教研组编:《中华人民共和国婚姻法学习参考资料》,华东政法学院出版社 1955 年版,第 209—211 页。

② 民政部基层政权和社区建设司编:《婚姻登记管理资料汇编》,中国社会出版社 2003 年版,第 193 页。

③ 田钒平:《〈刑法〉授权省及自治区人大制定变通规定的法律内涵及合宪性辨析》,《民族研究》2014 年第 1 期。

④ ［英］哈特:《法律的概念》,张文显等译,中国大百科全书出版社 1996 年版,第 127 页。

宣传和推行。1953 年 3 月,中共中央特别发布《关于目前不要在少数民族中进行贯彻婚姻法运动的指示》,强调:"在散居的回民和回民村庄中进行宣传婚姻自由,据现在回民习惯,这样作很可能引起混乱。中央特再指示,在目前情况下,一切少数民族人民中,不论是聚居、杂居、散居,都不要进行贯彻婚姻法运动。""散居或杂居在汉族区域的少数民族青年积极分子可能受周围汉族贯彻婚姻法运动的影响,发生自发的行动,当地党组织必须先交代清楚,并加以控制。个别先进自治区,如条件确已成熟,广大干部和人民都要求进行而可以进行者,须报经中央局审核,并报请中央批示。"①1954 年颁布的《中华人民共和国宪法》更是从国家宪法的层面确保了少数民族的自由权,其中第三条第三项明确规定:各民族"都有保持或者改革自己的风俗习惯的自由"②。

1950 年《婚姻法》在民族地区实行变通不仅出于立法原理,更重要的还是出于国家对维护民族地区政治稳定的思考。新中国成立初期"慎重稳进"一直是中央领导民族工作的主导思想。早在内蒙古自治区成立时,中共中央领导人就开始提出"慎重缓进"的方针。为了维持这种稳定状态,毛泽东还特别提醒全党:"少数民族地区的社会改革,是一件重大的事情,必须谨慎对待。我们无论如何不能急躁,急了会出毛病。条件不成熟,不能进行改革。"③1950 年 6 月,中共中央发出的由刘少奇负责起草、毛泽东修改审定的《中共关于处理少数民族问题的指示》中,更是要求民族地区的社会改革"必须从缓提出","必须严格防止机械搬用汉人地区的工作经验和口号,必须严格禁止以命令主义的方式在少数民族中去推行汉人地区所实行的各种政策。"④

① 《中央关于目前不要在少数民族中进行贯彻婚姻法运动的指示》(1953 年 3 月),见中共中央南局统一战线工作部编:《统一战线工作手册》(1),1953 年 9 月,第 112 页。
② 《中华人民共和国宪法》(1954 年 9 月 20 日第一届全国人民代表大会第一次会议通过),第 3 页。
③ 《毛泽东文集》第六卷,人民出版社 1999 年版,第 75 页。
④ 《建国以来刘少奇文稿》第二卷,中央文献出版社 2005 年版,第 220 页。

为了给基层干部行为以明确的指导,1953年4月5日的《人民日报》专门作出了解释:不在少数民族地区贯彻婚姻法,"是根据少数民族的具体情况和社会条件来决定的。中国是多民族的国家,中国各民族的发展情况极不相同"。"各民族的社会、经济情况、生活习惯、宗教信仰以及婚姻制度均有不同。中华人民共和国婚姻法基本上是按汉族地区情况制定的,不能原封不动地向少数民族地区硬性搬用。"为此,"中华人民共和国婚姻法是照顾了少数民族的具体情况,而不是要求在少数民族地区和汉族地区一样贯彻婚姻法的。"①

法律多元化是当今法律思想发展的重要趋势之一。而在多元化的发展过程中,就存在主流的法律和补充的法律之分。孟德斯鸠指出:"任何一个地方,都有一种占据统治地位的法律,以及与法律不发生冲突时用于补充处于统治地位法律的习惯。"②少数民族地区的习惯法就是国家主流法律的补充。新中国成立以后,伴随着《婚姻法》的贯彻和推行,国家在少数民族地区并未贯彻《婚姻法》,而是十分慎重地处理着民族之间的婚姻纠纷,使得彝、藏、回等民族仍保留了传统的婚姻习惯和婚俗机制。实际上,也正是这些村规民约的保留,才保证了民族地区基层社会的延续性和稳定性,有助于国家的长治久安。

二、文献观察:民族地区婚姻纠纷调解的实践

通过上文对1950年《婚姻法》在民族地区变通性的梳理,我们发现,新中国成立初期,国家致力于保留民族地区原有的村规民约,贯彻《婚姻法》运动也未在民族地区推行。但是随着政党组织的发展、社会结构的重塑,以及民生问题的解决,新政权的理念与实践必然要与民族地区原有的村规民约发生复杂的认知、碰撞和融合。1952年,就曾发动过一场彻

---

① 《为什么不在少数民族地区贯彻婚姻法》,《人民日报》1953年4月5日。

② [法]孟德斯鸠:《论法的精神(下册)》,孙立坚等译,陕西人民出版社2001年版,第366页。

底废除"孤立办案"和"坐堂办案"的审判改革运动,相对于国民党的庭审制度,革新之后的办案方式要求,法官在与原、被告单独谈话之后,应亲自"调查"案件的事实,而非仅仅在法庭内作出判决。① 那么,此时民族地区的婚姻纠纷案件如何调解? 这种调解机制又具有什么样的特点? 这里将以黔南地区和西康省的两个案例对此进行考察。

贵州省苗族结婚纠纷案件主要涉及福泉与开阳两县的监正学(贫农,男,苗族)、王成美(贫农,男,苗族)、王三妹(富农,女,苗族)三人之间的婚姻纠纷,因未能及时解决,进而演变为两地群众的纷争,甚至上升到扣押人员、示枪恐吓的地步。

整个纠纷的过程分为三个阶段:

1954 年 12 月 26 日,由开阳县平寨乡乡长(党员)介绍该乡王三妹与监正学谈婚论嫁,但 1955 年 1 月王三妹又与福泉县王卡乡王成美自由恋爱,并自行约定结婚日期。之后,王成美就将王三妹带到王卡乡。监正学听闻此事后,于当天夜里约同平寨乡乡长袁志成等人赶到王卡乡,同时将王成美、王三妹叫到王卡乡政府。第二天早上,由王卡乡干事王泽云进行初步调解,以自由恋爱为原则,倾向于王成美、王三妹的结合,于是叫王三妹到平寨乡办理手续。孰知王三妹回到平寨乡后,即被监正学等强行留住意欲结婚。

1955 年 3 月 6 日,王三妹在监正学家河边碾米,因不愿嫁与监正学,便私自逃回王卡乡王成美家。当天晚上,监正学等人约集兄弟 4 人赶到王卡乡王成美家,欲强行将王三妹带回平寨乡。彼此言语不和,发生冲突,最终无果。此后,基层政府人员开始直接介入到纠纷主体中,3 月 7 日下午,平寨乡乡长袁志成又约同开阳县仓库干部柏班全、副乡长监在云等 7 人到王卡乡,时因王卡乡正、副乡长均因公不在,就找到组长和乡代

---

① [美]黄宗智:《离婚法的实践——当代中国民事法律制度的起源、虚构和现实》,见[美]黄宗智主编:《中国乡村研究》(第四辑),社会科学文献出版社 2006 年版,第 8 页。

表。当时柏班全、袁志成带有步枪一支,加之柏班全态度恶劣,当场责备组长王正开,监正学更是拿绳子一根打算捆绑,以致冲突升级,引起王卡乡新寨村群众反对,发生争吵,随即发生柏班全对组长和群众示枪吓唬的事件。事后王卡乡代表王明贵又与柏班全争吵,问题仍未得到解决。

3月8日,平寨乡开始以政府名义给王卡乡发送公函,"强调王卡乡要交出王三妹",并强调:"如不及时解决,我乡群众要与你乡发生问题。再说今天是三八节,群众要王三妹去斗争。"王卡乡政府因当时无人,未能答复,没有产生政府间的直接对话。3月9日,平寨乡有代表连同群众50余人先后赶到王卡乡,准备带走王三妹,不过未发生斗殴,平寨乡群众即自行离去。3月10日,开阳县第七区区长监仕伦又到王卡乡了解情况并进行调解,纠纷暂时停止。3月19日,王成美的嫂嫂张启华去开阳县高寨赶场,途经平寨乡时被监正学扣留于平寨乡政府一夜,始得放回。扣留时平寨乡乡长并未在乡。①

上述的案件涉及苗族农民三人,属于苗族内部的婚姻纠纷。根据《婚姻法》不在少数民族内部贯彻与推行的指示,本应遵循少数民族的习惯法来解决。在苗族的历史上,以往的纠纷通常是经过寨老评理后,才由纠纷双方达成一致。苗族历史上是没有文字的,需要通过诸如"破竹筒"之类的仪式,使得纠纷的调解程序与结果变成一种"事实的秩序",②以便强调其不以人们意志为转移的客观事实,使"人们已经在一定的时间内赋予了事物一定的物质格局"。③ 不过,1955年的黔南乡村已有所不同,它的行政层级机构已经建立,相应的乡人民政府、人民法院、人民调解委员会、人民监察委员会势必会给原有的乡村习惯法以前所未有的冲击,其

---

① 福泉县民族事务委员会:《关于调解监正学、王成美、王三妹婚姻纠纷的专题报告》(1955年4月14日),黔南州档案馆:51—3—427。

② 曹端波等:《贵州东部高地苗族的婚姻、市场与文化》,知识产权出版社2013年版,第271页。

③ [英]安东尼·吉登斯:《现代性的后果》,田禾译,译林出版社2000年版,第12页。

实这也是一次"静悄悄的革命"。在监正学、王成美、王三妹三角婚姻纠纷的处理中,福泉县法院和开阳县法院联合行动,深入乡村进行调查,他们组织专门的调查组,在宣传贯彻民族政策的背景下,召集两乡干部和代表采取协商的方式,试图通过思想教育来解决。由于未涉及彩礼、嫁妆等物资利益,使得此案变得相对容易。最后,调解主任召集婚姻当事人根据民族习惯,经过当事人的同意,协商达成一致,即"王三妹当场表示愿意与王成美结婚","经说服教育后监正学不再愿与王三妹争执,同意王三妹与王成美结婚,并认识到扣留王成美嫂嫂一夜的错误。"对涉及纠纷的基层干部则是按照国家纪律进行处理,柏班全、袁志成由开阳县人民法院、开阳县第七区会同开阳县人民监察委员会给予行政处分,代表王明贵则由王卡乡人民政府进行适当教育。①

西康省彝汉离婚诉讼案件主要是越嶲县城厢乡第四村许文贞(汉族,中农,女,34岁)状告越嶲县第二区王有奎(彝族,男,34岁,任彝族自治区区长)的逼离案。王有奎系越嶲县山嘴彝族人,原国民党137师师部副官。王有奎早有妻室,后改嫁其兄王有章,又娶一妻,在家中同其父母共同生活。另有潘学源之妻马童芳,原是王有奎第三房妻,实际是被王有奎父子设计表面离婚,借此收取嫁银一百两。许文贞原本家境殷实,有房屋一座(值银300两),铺面、银钱、首饰、家具等财产若干。1946年与王有奎情投意合,双方自愿结婚。当时,由于王有奎父亲拒绝王有奎回家,他们只好生活在城内,家庭支出主要由许文贞负担,直至解放后一直都是家庭和睦。不过,银钱消耗也较大,许文贞卖房钱银300两、收进账目生银100多两、大米数石,以及陪嫁铺陈、四季衣服28套都耗费完毕。此后,两人感情发生危机,1951年10月,王有奎欲再重娶,无条件申请法院逼许文贞离婚。但许文贞"以彝族联姻,尚属典模,且夫妻情深似海,患

---

① 福泉县民族事务委员会:《关于调解监正学、王成美、王三妹婚姻纠纷的专题报告》(1955年4月14日),黔南州档案馆:51—3—427。

难相处",不同意离婚。在越嶲县法院,许文贞找到王有奎,非但没有解决问题,反被凶打,致使许文贞怀孕胎儿坠落。但是,法院却认为是,"未成熟婴孩既已坠落不予追究。""如若同意离婚加倍照顾生活,否则便做判决。"之后,王有奎调往普雄工作,法院未对其进行传唤,一直拖延两年有余。1953年2月,王有奎花去钱银200两,在白泥湾南箐环路上,又娶一个妇人。为此,许文贞要求法院"速予认真处理这件逼离案。付给全部生活费用,依法处理重婚之徒,以贯彻新婚姻法精神而保证妇女权益"①。

由于离婚纠纷发生在凉山地区的彝族和汉族之间,并且王有奎为彝族自治区区长、民族干部,此事较前案影响更大。此时,彝族上层对新生政权还未产生足够认同。1952年春,马边县乌抛家五大头人之一乌抛日铁曾与西康阿侯家及峨边甘家的黑彝木干打鸡盟誓,组织攻守同盟,1953年2月,新政权工作队准备深入挖黑地区工作,遭乌抛日铁拒绝。同月,乌抛日铁还密谋欲攻打三河口工作队。② 为此,在处理离婚纠纷时,更应谨慎。1953年5月25日,西康省人民政府将许文贞控告其夫王有奎重婚案件抄送到西康省民族事务委员会,并请省民族事务委员会与省法院研究,提出初步处理意见。③ 5月26日,西康省民族事务委员会将省法院的研究意见转交省委办公厅,并通知越嶲县。④ 他们提出如下处理意见:西康省人民法院首先对越嶲县人民法院将农民许文贞与王有奎离婚一案拖延两年之事提出批评,指出:"此案不予适当处理是不对的。"进而提出,处理该案的基本原则是本着有利于团结的原则,结合少数民族风俗习

---

① 许文贞:《为惨遭软计无故逼迫离婚未作判决后又重娶屡呈事实诉恳》(1953年5月6日),四川省档案馆:建康17—63。

② 中共四川省乐山分工委办公室:《乌抛日铁情况介绍》(1954年1月31日),四川省档案馆:建川48—77。

③ 《西康省人民政府笺》(1953年5月25日),四川省档案馆:建康17—63。

④ 《西康省人民政府民族事务委员会来文登记表》(1953年5月26日),四川省档案馆:建康17—63。

惯,邀请当代民族事务委员会、妇联及少数民族代表人物,用调解的办法
处理(最好不写正式判决书,只写调解书)。涉及女方的生活问题时,西
康省人民法院强调:"对女方及孩子的生活费用必须给予适当的照顾。
如男方经济情况不好,可由政府在社会救济费用内给予适当救济,并很好
的安置其生产。"对于王有奎的处理,考虑其是彝族干部,只给予一般政
治教育。① 西康省民族事务委员会在基本同意省法院的意见后,提出要
尊重少数民族的婚姻习惯,重婚问题原则不问,但涉及彝汉之间的婚姻问
题,如男方(彝族,干部)提出离婚(一般来说彝族是没有离婚风俗的),而
女方(汉族)不同意离婚时,只有站在调解的立场,尽可能地动员劝说男
子收回离婚的要求,男女双方重归于好。假如男方坚决提出离婚,只能说
服动员女方同意男方的离婚要求。②

在此离婚纠纷的处理中,民事调解始终是处理彝汉婚姻纠纷最为主
要和常用的实践手段,其中人民政府、人民法院、民族事务委员会,甚至妇
联都参与其中,体现了调解机构参与的广泛性。大部分离婚案件,包括少
数民族的重婚案件,都是双方作出一定让步,这点和传统的调解十分相
似。其实,在当代中国的民事法律制度中,法院调解涵盖了一系列法院行
为,从没有实质性内容的形式,到真正调解,到积极的干预,到简单的宣判
都被纳入这个宽泛的范畴。③

三、静悄悄的革命:社会动员下的民族地区婚姻纠纷调解机制

民族地区传统型婚姻纠纷调解机制是一种内生的自我管理方式,因

---

① 西康省人民法院:《为你院从速办理许文贞与王有奎婚姻案由》(1953 年 5 月 28
日),四川省档案馆:建康 17—63。

② 西康省人民政府民族事务委员会:《我们同意法院的意见,并提出一些补充》
(1953 年 5 月 30 日),四川省档案馆:建康 17—63。

③ [美]黄宗智:《离婚法的实践——当代中国民事法律制度的起源、虚构和现
实》,见[美]黄宗智主编:《中国乡村研究》(第四辑),社会科学文献出版社 2006 年版,
第 47 页。

其缺乏政府的强制力而存在执行方面的缺陷,现代型机制被认为是符合社会发展方向的进步趋势,其中国家对民族地区逐渐介入则是这种现代型机制的保障基础。上述两起婚姻纠纷案例大体上还是按照民族地区原有的自我管理方式来调解和实践,民事调解仍是民族地区处理婚姻纠纷的主要手段。不过,新中国成立初期,国家还是通过"静悄悄的革命"来实现民族地区原有习俗的改变,一种以国家为主体的新型婚姻纠纷调解机制逐渐建立。

新中国成立以后,随着民族干部、基层党员队伍的发展,以及社会组织网络的建立和完善,最终成功地将社会成员动员到崭新的社会结构中。而这种社会动员的力度和范围则是空前的,几乎将民族地区的单个民众过滤数遍。在 1952 年司法改革运动中,西南区直接受教育的人数达到 7185056 人,占总人口比例的 39%,群众提出意见 46889 条,其中包括大量的少数民族群众。[①] 此后的土地改革、基层选举、改造落后乡村等运动都几乎涉及每一位少数民族群众。通过国家权力的持续介入和乡村群众的广泛动员,国家、政府的影响和记忆渗入到每个少数民族个体,这就构成了新中国成立初期婚姻纠纷调解机制变迁的社会背景。

在持续的社会动员下,国家逐渐在民族地区建立起了一套新型的婚姻纠纷调解机制,其中寨老、头人等自然领袖,基层村落中的民族干部,法院是最为重要的组成部分。寨老、头人等自然领袖是民族地区婚姻纠纷者最早接触的调解主体。当纠纷发生时,自然领袖或根据村规民约,或依靠自己的威望,或利用化解纠纷的技巧,大多能使婚姻纠纷得到妥善解决。新中国成立初期,自然领袖在民族地区仍广泛存在,在 1954 年黔南地区的三类村改造中,中共都匀地委仍反复要求,改造工作需"坚决依靠

---

① 张培田主编:《新中国婚姻改革和司法改革史料:西南地区档案选编》,北京大学出版社 2012 年版,第 503 页。

少数民族干部和团结民族自然领袖"①。在彝族聚居地区县及县以下的人民政权建设中,凉山地区仿效抗战时解放区的"三三制"办法,彝族上层人士要占据政府人员构成总数的三分之一。②可见,即便是中共政权组织在民族地区全面建立以后,自然领袖在民族地区社会中仍具有相当高的地位,在婚姻纠纷中自然也会拥有较强的话语权。

基层村落中的民族干部是民族婚姻纠纷所面对的另一个调解群体。这些民族干部包括曾经参加革命斗争的少数民族老革命骨干,部分民族宗教上层人士,解放后在各种运动和学校中培养起来的干部,以及新吸收的干部或者是刚离开学校的青年学生。③不过,更多的则是在历次政治运动中涌现的积极分子和骨干,因其来源于农民,贴近农民,所以与农民的日常生活息息相关,虽然兼有执行国家意志的政治人、维护乡村利益的社会人、追逐自身利益的经济人三种不同的价值取向,但在国家权力的持续介入和乡村群众的广泛动员下,这些乡村干部逐渐由社会人和经济人向政治人转变,最终将干部与民众塑造成了委托—代理关系。④黔南苗族案例中的平寨乡乡长、王卡乡乡长、王卡乡干事、开阳县仓库干部、平寨乡副乡长、王卡乡副乡长、王卡乡组长、王卡乡乡代表、开阳县第七区区长皆是民族地区的基层干部,这样的民族干部数量庞大。到1958年底,全国有少数民族干部48万人,与1950年的1万人左右相比较,增长了47倍,干部队伍建设在一定程度上实现了民族化。⑤这些人也就成为民族地区婚姻纠纷调解主体的重要组成部分。

---

① 中共都匀地委:《都匀地委关于加强边沿区工作消灭三类村的几点意见》(1954年4月1日),黔南州档案馆:1—1—258。

② 伍精华:《我们是这样走过来的》,民族出版社2002年版,第76页。

③ 李维汉:《统一战线与民族问题》,人民出版社1982年版,第168页。

④ [日]韩敏:《回应革命与改革:皖北李村的社会变迁与延续》,陆益龙、徐新玉译,江苏人民出版社2007年版,第130页。

⑤ 民族出版社编:《十年民族工作成就(1949—1959)》,民族出版社1960年版,第74页。

以法院为主体的调解和审判则是婚姻纠纷的最终判决机构。尤其是1952年以后,以调解为主的审判程序成为全国推行的办案标准。在这种程序中,法官要亲自"调查"案件的事实,而非仅仅在法庭内作出判决。在此前提下,以法院为主体的国家机关逐渐扮演着更为重要的角色。西康省藏族自治区道孚县梭郎(藏族喇嘛)的侄儿巴松(藏族)与登朱的女儿康列(藏族)恋爱成熟,男方邀媒说合,但女方家长登朱不允,于是男女双方逃往他处。亲戚闻听出面调解亦无果后,"男女双方家长便申请县长军事代表政府委员进行调解"。政府秉着说服双方,遵循民族政策,按照当地风俗习惯的原则进行调解,最终由县长(少数民族领袖人物)和政府委员(少数民族领袖人物)调解成功,即巴松、康列永远结为夫妻,家庭财产共同享受。① 在这起婚姻纠纷中,婚姻纠纷双方的当事人都认同国家机关的调解和审判。以法院为主体的国家机关对民族地区婚姻纠纷的调解和审判并不是单向的,而是双向互动关系,即不仅是法院对民族地区婚姻纠纷进行处理,而且还需要积极吸收少数民族代表参与到国家机关的婚姻调解中。在贯彻《婚姻法》运动中,贵州省就要求各级法院对于具有重大教育意义和重大社会影响的婚姻案件,必须主动邀请妇联派员陪审。为了照顾少数民族的风俗习惯,要求少数民族派代表参加陪审。②

　　从自然领袖、民族干部、法院的婚姻纠纷调解看,每个调解主体都具有浓厚的国家权力烙印。以寨老、头人为代表的自然领袖在广泛的社会动员下,对国家的认同感不断提升;民族干部的政治人身份和地位不断凸显;法院更是秉承国家和政府意志。即便是未对民族地区贯彻《婚姻法》运动,国家仍静悄悄地改变着民族地区原有的婚姻纠纷调解机制。西南军政委员会民族事务委员会在对西康省人民法院少数民族司法工作报告

---

① 张培田主编:《新中国婚姻改革和司法改革史料:西南地区档案选编》,北京大学出版社2012年版,第352页。

② 张培田主编:《新中国婚姻改革和司法改革史料:西南地区档案选编》,北京大学出版社2012年版,第135页。

的意见中也认为:"凡调解成功的典型的案件,并可通过各种方式,进行广泛的宣传教育,逐步树立少数民族人民正确的法理观念,并注意积累各地的经验,为将来立法的根据。"①而且,汉族地区贯彻《婚姻法》运动的影响力也不可忽视。中国少数民族的居住特点是大杂居、小聚居、相互交错,多数民族在形成和发展的过程中都掺杂有其他民族的成分,先后融合、吸收、同化、渗入了其他民族成员。这样的居住特点和发展逻辑就决定了少数民族与汉民族的关联性,即在汉族地区宣传和贯彻《婚姻法》也会直接或间接影响民族地区的婚姻观。关于这一点,甚至引起了中共中央西南局的高度重视,1953 年 5 月 21 日,西南区贯彻婚姻法运动委员会在《关于宣传贯彻婚姻法运动的初步总结》中指出:"由于汉族地区宣传婚姻法的影响,使少数民族地区发生离婚及死人现象的增加,此情况已反映民族事务委员会,请他们研究考虑。"②西康省案例中许文贞的申诉书写于 1953 年 5 月 6 日,此正值国家贯彻《婚姻法》运动之时,社会上已掀起了婚姻自由的高潮,且许文贞为汉族,这种浪潮所产生的影响亦可想而知。

综观新中国成立十七年民族地区婚姻纠纷的调解机制,一方面,1950年的《婚姻法》与 1953 年的贯彻《婚姻法》运动并未在民族地区推行,而是实行了变通的稳定政策,从而保留了民族地区原有的婚姻调解机制;另一方面,国家又在社会动员的背景下影响了民族地区原有的婚姻调解机制,使其国家元素不断增强,从而为迈向现代型的婚姻与法律关系奠定了基础。在此悖论逻辑的背后,透视出新中国成立十七年中国共产党对民族地区的治理理念,即在保持民族地区相对稳定的前提下,对民族地区社会进行渐进性的改造。

---

① 张培田主编:《新中国婚姻改革和司法改革史料:西南地区档案选编》,北京大学出版社 2012 年版,第 315 页。

② 《西南区贯彻婚姻法运动委员会关于宣传贯彻婚姻法运动的初步总结》(1953 年5 月 21 日),《西南政报》第 31 期。

第七章 民族地区农村社会治理的历史经验

中国共产党在西南民族地区农村的社会治理经历了一个曲折发展的过程。其中既有成功的经验，也失败的教训。因此，回顾新中国成立十七年中国共产党在民族地区农村社会治理的历程，总结和凝练解决民族问题的经验，并从中汲取一些有益的教训，对于党和国家以后的民族工作都具有重要的意义。

第一节 推进社会组织化的历史经验

1943年11月29日，在中共中央招待陕甘宁边区劳动英雄大会上，毛泽东作了题为《组织起来》的重要讲话，号召劳动英雄和模范生产工作者"按自愿的原则把群众组织到合作社里来，组织得更多，更好"[1]。实质上已经阐发了一种改造原有社会关系，重组社会结构，以及再造农村社会基础的方法。[2] 对于新中国成立十七年西南民族地区的农村社会，中国共产党亦是着重推进了社会组织化的建设。其中发展基层党组织和党员，坚持自治机关的民族化，以及依靠少数民族干部是民族地区农村推进社

---

[1] 《毛泽东选集》第三卷，人民出版社1991年版，第935页。

[2] 王立胜：《毛泽东"组织起来"思想与中国农村现代化社会基础之再造》，《现代哲学》2006年第6期。

会组织化最为重要的历史经验。

一、在民族地区发展基层党组织和党员

新中国成立以后,中国共产党逐渐在西南民族地区建立了广泛的、统一的基层政权,发展了一大批代表国家意志和人民利益的基层党组织和党员。文山壮族苗族自治州党组织的发展就是一个例证。文山州的农村基层党组织是在土地改革的基础上逐步建立的。1953年初,遵循着中央"积极慎重"的建党方针和"公开建党、就地发展"的原则,文山州建立了第一个党支部。到1956年,文山州就已经发展了近1万名党员,全州744个乡全部建立了支部。截至1959年,农村党员数量增加到10514名,农村支部为836个,所有的管理区都建立了总支或支部,绝大部分核算单位都单独建立了支部或小组。① 民族地区基层党组织和党员的发展,对于中国共产党自身建设具有极为重要的意义,也对民族地区农村发展产生了重大影响。

首先,中国共产党在民族地区建立了相对完善的乡村基层党组织系统,夯实了民族地区治理的组织基础。从世界政党发展的历程来看,要实现地方社会的有效治理,一个重要方面就是相对完善有效的组织网络。在中央、地方、基层组成的组织体系中,政党的基层组织是组织体系中与民族地区农民联系最为直接和紧密的部分。民族地区农村基层党组织和党员建设与发展的成效,直接关系到中国共产党的执政基础是否巩固。新中国成立以后,中国共产党通过民族地区党支部和党员的大规模发展,实现了基层组织在乡村两级的覆盖,从而建构了中国共产党在民族地区农村的组织体系。1954年,四川省农村只有1个党委、25个总支、11226个支部,到1965年已经发展到6575个党委、940

---

① 《农村党的基层组织是党在农村的战斗堡垒》,《文山日报》1959年9月27日。

个总支、70605个支部。① 党委、总支,以及支部的数量以几何级倍数递增。"党支部建在村上"的建党方式,将中国共产党组织嵌入到民族地区乡村社会的最底层,密切了党和民族地区农民的联系。由此,中国共产党的组织体系成为民族地区乡村社会基本的组织资源,并成为民族治理的重要基础。

其次,民族地区党组织和党员的大规模发展,改变了村寨原有的权力结构、组织结构和政治生态,实现了党和国家对民族地区乡村社会的有效整合。民族地区传统的乡村社会存在着政权、族权、神权等多种权力支配系统。近代以来,这种权力支配体系虽有所改变,但仍居主导地位。新中国成立以后,民族地区乡村基层党组织和党员的发展,使得民族地区传统乡村权力支配系统发生了根本性变化,实现了党和国家以基层党组织为核心对乡村社会的整合,解除了政权、族权、神权对民族地区农民的影响。在权力结构中,基层党组织成为民族地区乡村权威的中心,以先进分子为骨干的中共党员逐渐取代了民族的自然领袖,成为乡村社会的直接领导者。原有的乡寨自治体系也让渡于新型的乡镇政府和之后的人民公社,政权组织、国家机构和政府人员真正意义上进入了民族地区的乡村社会。在组织结构中,中国共产党直接以党组织网络为资源对民族地区乡村社会进行再造,建立了以党的基层组织为核心的民族地区新乡村社会组织体系,包括民兵组织、青年团、农民协会、妇女联合会、儿童团等各类群众组织,把整个乡村社会成员完全组织起来。在经济组织中,中国共产党通过土改、合作化等乡村社会改造运动,把民族地区小农经济改造为集体经济,农民不再分散,而是成为受国家直接领导的集体组织成员。这样,在民族地区基层党组织和党员大规模发展中,中国共产党将原有的近乎封

---

① 新中国成立十七年,四川省农村总支在1957年数量最多,达到5349个。1959年,农村总支开始大规模减少,从1958年的4073个减为1959年的1795个。见中共四川省委组织部等编:《中国共产党四川省组织史资料(1949—1987)》,四川人民出版社1994年版,第219页。

闭的民族地区乡村社会组织起来,增进了彼此的联系,加强了互相的交流,确保了农村各项政策的贯彻和执行。

最后,民族地区党组织和党员的发展,为民族地区乡村社会治理提供了核心力量,奠定了农村社会发展的基础。现代政党组织在乡村社会治理和社会发展中所起到的作用已为中外历史发展所证实,而中国共产党所起的作用又超越了一般政党的意义,在政党结构和功能上形成了一种社会公共权力,一定程度上等同于国家组织,甚至又超越了国家组织。①正是中国共产党的超强权威及其向民族地区基层组织的延伸,使得农村基层党组织成为民族地区乡村治理的中枢机构,使得土生土长的农村党员成为民族地区乡村政治动员、社会治理与乡村发展的核心力量。新中国成立十七年,在西南民族地区农村社会的治理中,得益于基层党组织的强有力领导和广大党员的先锋模范作用,民族地区农村社会得到长足的进步,即便是在农村社会急剧变动时期(包括"大跃进"运动所引发的困难时期和"文革"大动荡时期),民族地区农村基层党组织和党员仍起到了维护社会稳定的作用。

二、坚持自治机关的民族化

新中国成立以后,不断加强自治机关的民族化成为民族地区农村推进社会组织化的又一重要历史经验。1953 年 6 月 15 日,中央民族事务委员会在《关于推行民族区域自治经验的基本总结》中概括了五条基本经验,其中第三条就是"必须逐步使自治机关民族化,这是加强和巩固民族团结,密切自治机关与各族人民联系的重要环节"。《基本总结》明确强调了自治机关民族化的内容,包括:"使自治机关以实行区域自治的民族人员为主要成分组成之,并包括自治区内适当数量的其他少数民族和汉族的人员;自治机关的具体形式,依照实行区域自治的民族大多数人民

---

① 胡伟:《政府过程》,浙江人民出版社 1998 年版,第 98 页。

及与人民有联系的领袖人物的志愿；使自治机关采取一种在其自治区内通用的民族文字，为行使职权的主要工具，并对不适用此种文字的民族行使职权时，同时采用该民族的文字；使自治机关在其工作中注意适用民族形式。"①上述内容可以概括为三点：一是自治机关的构成以自治民族人员为主组成；二是以当地民族通用的语言文字行使职权；三是自治机关的组织形式和工作方法要适应当地民族的特点。② 简言之，自治机关民族化就是实行区域自治的民族使用民族的形式，运用自己的语言，任用自己的干部来管理民族内部事务。

　　1954 年 10 月，中共中央转批了 1953 年 7 月全国统战工作会议所通过的《关于过去几年内党在少数民族中进行工作的主要经验总结》，系统地总结了过去几年内党在处理民族问题方面的主要经验。该《总结》认为："使少数民族地区机关（包括党的机关）民族化的政策，是我们党的民族政策中一个很重要的部分，其中党的领导机关的民族化，需要较多的时间，特别在某些民族区域需要相当长的时间才能做到，但我们必须坚持不懈地向这个目标努力。"③同时，毛泽东、周恩来等中央领导也多次要求自治机关要实现民族化。1956 年 7 月，毛泽东在中央政治局的一次会议上明确指出，"逐步以少数民族干部来代替汉族干部"，"县、州、区里的少数民族干部要逐年增加，少数民族中要出书记，委员中民族干部要占大多数"，"我们说的民族自治，就是在少数民族地区认真做到少数民族为主、汉人为辅"。④ 1957 年 8 月，在全国人民代表大会民族委员会召开的民族工作座谈会上，周恩来指出："既然承认各民族的存在，而我们又是多民

---

　　① 《中央民族事务委员会第三次（扩大）会议关于推行民族区域自治经验的基本总结》，《江西政报》1953 年第 18 期。

　　② 刘鸿文：《论国内民族问题》，河南人民出版社 1960 年版，第 36 页。

　　③ 中共中央文献研究室编：《建国以来重要文献选编》第五册，中央文献出版社 1993 年版，第 666—667 页。

　　④ 中共中央组织部调配局、中共中央统战部二局、国家民委人事局：《培养选拔少数民族干部》，中国工商联合出版社 1994 年版，第 259 页。

族的国家,民族化问题就必须重视。因为经过民族化,民族自治权利才会被尊重。""如果不重视这些民族化的问题,就不符合我们建立社会主义民族大家庭使各民族共同繁荣的政策。"他强调,"关于干部方面的民族化,就是民族干部应当有一定的比例。在汉族人多的地方,容易忽略少数民族干部的一定比例。即使少数民族人口少,也必须照顾这一点"。① 毛泽东、周恩来等中央领导的重视不仅表明了中共中央对自治机关民族化的态度,也有利于自治机关民族化的推行。

自治机关民族化并不是偶然为之,而是由以下几个方面的因素决定:首先,自治机关民族化符合现代化发展的历史规律。中国历史上的民族关系往往是强大的、先进的民族利用欺骗与暴力压迫和剥削弱小的、落后的民族,现代民族关系则呈现的是一种平等自由、自己当家作主的状态。从传统的民族关系到现代化的民族关系,自治机关民族化可以成为重要的实现手段。比如以贵州的苗族为例,在历史上,贵州苗族可谓是典型的被压迫民族。新中国成立以后,中国共产党在苗族地区的自治机关践行民族化,解除了民族之间尖锐的敌对关系,实现了本民族的当家作主,从而开启了苗族群众的现代化发展之路。② 其次,自治机关民族化也符合党和国家坚持的民族平等与民族繁荣原则。在现代化进程中,马克思主义者坚决反对所谓的民族隔阂和壁垒,主张民族之间的和谐相处,同时也反对超越发展阶段和消灭民族之间差距,主张各民族的平等发展与共同繁荣。而要真正实现各民族的共同发展与共同繁荣,就要实行自治机关的民族化。因为实行自治机关的民族化才能保障少数民族得到应有的平等自治权利;才能根据民族特点,继承和发扬本民族的优良传统和民族文化;才能发挥各民族的优点和长处,实现各民族之间的共同发展与共同繁荣。最后,实行自治机关民族化也有利于调动少数民族群众的积极性。

---

① 《周恩来选集》下卷,人民出版社 1984 年版,第 269 页。
② 杨荆楚:《自治机关民族化的几个问题》,《民族研究》1984 年第 6 期。

西北军政委员会民族事务委员会主任委员汪锋在 1951 年 12 月总结道："少数民族人民看见自己民族干部担任各级政权的负责领导工作，并用自己所喜好的形式，来管理本民族的事务，其兴奋程度是难以形容的。"①实行自治机关的民族化还容易启发少数民族群众对历任政府的对比，更有利于调动民众的积极性。玉树地区的藏民说："我们藏民过去在反动政府的统治下，连个当卡长、科长的人都没有，今天我们选本民族的人当主席，自己管理自己的事，多少年来的愿望，今天实现了，这是毛主席领导的好处。"②这些事例都说明，自治机关民族化后，少数民族群众积极性更高了。

三、依靠少数民族干部

毛泽东曾指出："要彻底解决民族问题，没有大批从少数民族出身的共产主义干部是不可能的。"③为此，早在抗日战争以前，中国共产党就已经开始着手培养和使用蒙古、回、壮等少数民族干部。长征途中，由于红军途经云贵川等少数民族聚居区和杂居区，也吸收了不少藏、彝、苗等少数民族干部。抗日战争时期后，中国共产党逐步开设了少数民族干部培训班、延安民族学院等常设机构，使得少数民族干部培养制度日臻成熟。截至新中国成立前夕，全国已经有少数民族干部 1 万多人。

新中国成立以后，中国共产党遵循解放前民族工作的经验，仍将培养和提拔少数民族干部视为民族工作的重要内容。1949 年 11 月 14 日，毛泽东在回复西北局第一书记彭德怀的电报中要求，在"合作中大批培养少数民族干部"。"青海、甘肃、新疆、宁夏、陕西各省省委及一切有少数民族存在地方的地委，都应开办少数民族干部训练班，或干部训练学校。"他强调："要彻底解决民族问题，完全孤立民族反动派，没有大批从

① 《民族政策文献汇编》，人民出版社 1953 年版，第 139 页。
② 《民族政策文献汇编》，人民出版社 1953 年版，第 140 页。
③ 《毛泽东书信选集》，人民出版社 1983 年版，第 349 页。

少数民族出身的共产主义干部,是不可能的。"①毛泽东的回复实际上指出了少数民族干部培养的方法和重要性。此后,以《培养少数民族干部试行方案》和《中华人民共和国民族区域自治实施纲要》为核心的系列文件的出台,标志着新中国少数民族干部政策的确立。

在实践中,中国共产党采取选送少数民族干部到外地学习、开办民族干部训练部、组织参观,以及帮助工作等措施,促使民族干部不断成长。在云南省,新中国成立时,只有少数民族干部1600多人。为发展少数民族干部队伍,云南省委采取了从社会上吸收少数民族干部、创办云南民族学院和地州民族干部学校、在土地改革等运动中培养农民出身的少数民族干部等多种方式。到1956年,云南省的少数民族干部已经达到2.7万人,占全省干部总数的17.3%。② 1956年底,红河哈尼族彝族自治州的少数民族干部即发展到干部总数的17.2%,为1952年实有干部的4.5倍,一部分民族干部还担任着各级领导职务,成为各级党委委员的就有173人。③ 从1949年到1959年,文山壮族苗族自治州共培养少数民族干部3300多人,其中1700多人在州、县级国家机关工作,1600多人在公社担任基层领导职务,仅州、县级的民族领导干部就有53人,包括壮、苗、瑶、彝、白、回等各少数民族。以往长期受压迫的少数民族妇女也逐渐担任了领导职务,如西畴县女县长侬惠莲(壮族),解放前就曾是一个被剥削被歧视的普通劳动妇女,解放后在土改中成为积极分子,后逐渐成为互助组组长、农业生产合作社社长、副县长、县长。④ 大量少数民族干部的培养和提拔,拉近了少数民族与中国共产党的距离,增强了少数民族对国家的认同度。

从新中国成立十七年中国共产党培养少数民族干部的总体情况看,

---

① 《毛泽东文集》第六卷,人民出版社1999年版,第20页。
② 沈桂萍:《少数民族干部教育问题研究》,民族出版社2004年版,第95页。
③ 《我州民族干部队伍不断成长》,《红河日报》1959年10月19日。
④ 《在党的关怀和培养下大批民族干部迅速成长》,《文山日报》1959年9月26日。

主要有以下几个方面的特点：（1）按照少数民族人口在总人口中的比例来发展少数民族干部是中国共产党民族工作的指导原则。时至今日，少数民族干部数量要与人口比例大体相当，仍是衡量民族地区工作成效的主要指标之一。（2）以民族院校为主体，以干部学校和培训学校为辅的基本培养模式。《培养少数民族干部试行方案》的制定和实施，为新中国少数民族干部队伍建设提供了基本模式。1950年11月，在第60次政务会议上，政务院就批准了《筹办中央民族学院试行方案》，明确规定了民族院校的任务和教学模式。此后，西北、西南、中南、广西、云南、贵州等民族学院的成立，以及民族干部学校和党校的设置，不仅承担起培养少数民族干部的重任，而且基本奠定了新中国少数民族干部培养的格局。（3）培养和使用少数民族干部既要遵循德才兼备的原则，又要照顾少数民族干部的实际情况。"德才兼备"是党选干部的一个重要原则，也是选拔民族干部所秉承的精神。但由于历史、环境等因素的影响，少数民族的教育水平相对落后，因此，在少数民族干部使用方面需要采取特殊政策。在任用上给予特殊照顾，对少数民族干部具有的"狭隘民族主义思想"给予理解和宽容，对于犯了错误的少数民族干部"采取特别耐心帮助的态度，在必要时对他们进行组织处理的时候，也应该从宽"。① 正是有了上述指导原则、培养模式和特殊照顾，才有了新中国少数民族干部队伍的不断壮大。实际上，这些特点也是中国共产党培养少数民族干部的重要经验。

第二节　社会稳定机制构建的历史经验

在民族地区农村社会的治理中，维护农村社会稳定是实现治理目标

① 中共中央组织部调配局、中共中央统战部二局、国家民委人事局：《培养选拔少数民族干部》，中华工商联合出版社1994年版，第350页。

的前提。通过诸多维护民族地区农村社会稳定的实践可以看出,在民族地区实行渐进性的社会改造、民族政策推行防止"一刀切"、反对大汉族主义和地方民族主义,以及争取少数民族上层人士是最为重要的历史经验。

一、在民族地区实行渐进性的社会改造

实行渐进性的社会改造是保持民族地区社会稳定的重要保证,也是新中国成立十七年西南民族地区农村社会稳定机制构建的重要历史经验。为什么要实行渐进性的社会改造? 究其原因,是由民族地区政治经济社会文化的多样性、多态性和乡土性的特点所决定的。全国的 55 个少数民族在西南都有分布,呈现出民族多样性特点,民族服饰、音乐舞蹈、风俗习惯,以及生产活动都有很大的差异。比如生产活动,坝区主要种植稻谷,山区主要种植玉米、马铃薯等,牧区主要饲养牛羊。此为多样性。解放前,西南民族地区经济发展不平衡,原始公社制、奴隶制、封建领主制,以及资本主义成分并存,就决定了西南民族社会的多态性。比如佤族、怒族等还处于原始社会末期,文字使用刻木记事,宗教上信仰万物有灵,耕作方式上是刀耕火种。而傣族、彝族等则已有文字,宗教上信仰一神,耕作方式上已是精工细作,此为多态性。费孝通指出,从基层上看去,中国社会是乡土性的。中国乡土社区的单位是村落,村与村之间的关系是孤立、隔膜的,人口的流动率小,社区之间的往来很少。因此,乡土社会的生活是富有地方性的。① 西南民族地区亦是如此,它是一个非常典型的乡土社会,不同民族的村寨之间是孤立、隔膜的,人口很少流动。此为乡土性。

西南民族地区农村不仅呈现出多样性、多态性和乡土性的特点,并且原有社会结构根深蒂固。在这种社会结构中,个体的力量是有限的,出于

---

① 费孝通:《乡土中国 生育制度》,北京大学出版社 1998 年版,第 6—11 页。

生存的考量,个体多依附于所生活的共同体,把自己的部分权利让渡于所依附的共同体,共同体利用公共权力和各种资源进行管理。在这种逻辑下,集中、统一与服从就成为必然。凉山地区彝族的奴隶制度,就属于这种社会结构,以权力为核心的政治力量远远大于经济力量和社会力量,政治权力的等级直接决定了经济和社会的层级;权力的运作体现为权力至上、自上而下的逐级管理;思维方式和行为方式上体现为权利意识缺乏、人治高于法律。显然这种社会结构的消极影响是深远的,它不仅会阻碍传统社会向现代化迈进,使得社会表现为非理性和非逻辑的特征,而且会扭曲先进理念,使得人潜移默化地形成等级和身份的价值取向和思维方式。①

改变这种社会结构或可通过两种方式:一种是疾风暴雨式的军事斗争和政治变革,另一种则是渐进式的改造。前者因其所造成的消极后果无法估量,中国共产党毅然选择了渐进式改造,它的特点是分阶段、分步骤、循序渐进,以实验和逐步过渡的方式推进改造。以此种方法对民族地区进行社会改造能达到减少阻力、稳步推进的目的。关于渐进式改造的重要意义,有的学者甚至认为:"人类社会历史的第一属性是渐进性,任何在短期历史进程中出现的异常现象都无法改变人类社会历史发展进化总趋势;文化可以融合,而不同的文明、处在不同发展阶段的文明必然会有冲突;人类社会进步或要以千年万年来计算。"②

新中国成立初期,中国共产党在构建西南民族地区农村社会稳定机制中,较好地贯彻了渐进式改造的方式。20 世纪 50 年代中叶,在对怒江傈僳族实行"直接过渡"的社会改造中,各级人民政权坚持"慎重稳进"的方针,与傈僳族头人"交朋友",帮傈僳族群众"做好事",助当地发展生产,进行卫生教育帮扶,为此后的改造提供了情感和物质基础。1953 年,

① 韩庆祥:《"社会层级结构理论"与"中国问题"》,《学习时报》2010 年 6 月 23 日。
② 杨奎松:《人类社会历史的第一属性是渐进性》,2015 年 6 月 13 日,见 http://culture.people.com.cn/n/2015/0613/c172318-27150166.html。

怒江傈僳族在经济发展的基础上首先建立了爱国生产小组,大力发展生产互助。1955年,怒江傈僳族民众移植和发展了内地的互助组,从而进入了土地合伙耕种、按土地及劳动分配产品的阶段。1956年,怒江傈僳族决定推行常年互助组,并逐步发展为初级合作社。从1953年到1956年的四年间,傈僳族从生产小组到互助组,再到合作社,完成了所有制的改造,"直接过渡"到社会主义社会。[1] 尽管怒江傈僳族是"直接过渡"到社会主义,但这里是一步走和千百步走的关系,"不搞民主改革好像是'一步走',在办社中,一点一点的消除其剥削因素和落后因素,实际上是千百步走。"[2]也就是说,即便是从社会形态上直接过渡为社会主义,但其中却是经过了细致的准备和复杂的步骤。因而,这也是一种渐进式的改造。

不过,到了1958年,怒江傈僳族改造背离了以往渐进式的路径,"'直接过渡'的有关政策措施遭到歪曲,强迫这些生产力极为落后、互助合作刚开始起步的民族搞'一步登天',和内地一起大办'人民公社'",[3]"跑步进入共产主义社会"。1958年,全州除独龙族外,基本上完成了合作化。[4] 在改造中,完全用"一步走"代替了"千百步走",最终建成了"一大二公"的所有制形式。其结果是大量边疆少数民族外逃、生产力遭到极大破坏、民族关系受到严重影响、政府的影响力和公信力受到损害,[5]这一点尤为值得反思。由此可见,在维护民族地区农村社会稳定的治理中,坚持渐进性的社会改造尤为重要。

二、民族政策推行防止"一刀切"

中国是一个民族众多、幅员辽阔的单一制国家,多层的科层组织结构

① 秦和平:《关于怒江傈僳族社会"直接过渡"的认识》,《民族学刊》2012年第3期。
② 王连芳:《王连芳云南民族工作回忆》,云南人民出版社1999年版,第247页。
③ 王连芳:《王连芳云南民族工作回忆》,云南人民出版社1999年版,第247页。
④ 张旭:《怒江傈僳族跳越几个世纪》,《民族工作资料月报》1958年第12期。
⑤ 秦和平:《关于怒江傈僳族社会"直接过渡"的认识》,《民族学刊》2012年第3期。

是其重要特点。在纵向五级的政府体制中,包括了中央、省(自治区、直辖市)、市、县(区)、乡(镇),其中向下授权是一种被普遍应用的治理方式,即上级机构向下级授予一定范围内的自由权力。不过,考虑到下级部门在处理具体事件时的谨小慎微,为求做事的不出错误,比较容易机械地执行上级部门的命令。同时,新中国成立以后,自上而下的运动式治理已为常态,不论是新中国成立初期的减租退押、土地改革、镇压反革命、"三反""五反"、合作化运动、"大跃进",还是之后的"四清""文化大革命",无不是中央自上而下进行推动。在这种背景下,民族政策的推行防止"一刀切"就显得尤为重要。可喜的是,在大部分时期内,中国共产党对待民族问题都能做到创新民族理论,灵活应用民族政策。

下面就以民族地区的土地改革为例进行说明。

中国共产党根据西南地区多民族杂居区的特点,将土地改革分为多种类型,主要包括与汉族地区相似的土地改革、云南和平协商的土地改革、四川三州更缓和的土地改革三种。

在以汉族为主地区的土地改革中,凡涉及少数民族,中国共产党坚持本民族事务由本民族解决的方针,充分尊重民族意愿,坚持条件成熟才进行土改。在土地分配上,尊重少数民族的风俗习惯,对少数民族的特殊用地、用树、用林、用畜、公共游乐场等,不予征收分配。① 在黔南地区,何时进行土地改革由各少数民族群众自己决定。在1952年的土地改革中,瑶麓瑶族不同意土改,瑶族群众对在瑶族内部划分敌对阶级的做法不理解。为此,荔波县委坚决贯彻"少数民族自己决定自己问题"的原则,"依靠少数民族自觉,同意一户改一户,同意两户改两户"的灵活政策,对不同意土改的瑶麓瑶族同胞明确宣布坚决不强迫他们土改的决定,把瑶麓问题作为特殊情况来看待。直到1955年9月,黔南地区的改造落后乡村运动

---

① 贵州省民族事务委员会编:《贵州民族工作五十年》,贵州民族出版社1999年版,第20页。

进入高涨之时,瑶麓瑶族韦老都等 27 名瑶民联名向瑶麓乡党支部提出申请,要求进行土改,该乡的土改工作才正式展开。[1] 在四川的羌族、苗族、土家族和其他少数民族地区,虽然按照全国土地改革的政策进行,但在具体到执行层面,要比汉族显得宽松。[2] 在云南,执行了汉族农民不分回族房屋等政策,原则上实行哪族没收哪族分配,哪村没收哪村分配。遇见重大问题,通过本民族大多数群众自觉自愿来加以解决。[3]

在云南和平协商的土地改革中,中国共产党在消灭封建制度并适当满足农民土地要求的前提下,对各民族的领主(土司)、地主在政治上和经济上给予适当照顾,实行更宽松的政策,采取和平的、协商的办法进行土地改革。[4] 协商土改于 1955 年初首先在条件较好、原为缓冲区的河口、江城、双江、镇康等县和凤庆县大雪山展开,随后又在澜沧、潞西等县 180 个乡分批铺开,此后又在德宏、西双版纳、红河等地区全面推行,1958 年 9 月全部结束。通过协商土改,废除了封建领主、地主的土地所有制和官租、地租、劳役、杂派、高利贷等剥削,实行了农民土地所有制。同时,协商土改还减小了土地改革的阻力,增加了中国共产党的公信力。毛泽东评价说,"通过和平协商的办法进行土地改革的,人民满意,土司也满意"[5]。在云南,还有部分阶级分化不明显、土地占有不集中尚未完全进入阶级社会的少数民族地区。在此类地区,中国共产党就没有进行土地改革,而是采取向社会主义"直接过渡"的办法,不搞没收分配土地和生产资料,不搞党政,而是通过建立生产文化站,渐进地改造原有的生产关

① 黄海:《建国初期荔波瑶族经济类型变革的回顾与反思》,见贵州民族研究所、贵州民族研究学会:《贵州民族地区脱贫之路调查专辑》,内部资料,1996 年,第 163 页。

② 曲木车和主编:《四川省民族工作五十年》,四川民族出版社 2004 年版,第 20 页。

③ 《云南民族工作四十年》编写组:《云南民族工作四十年》(上册),云南民族出版社 1994 年版,第 141 页。

④ 中共云南省委党史研究室编:《云南土地改革回忆录》,云南民族出版社 2008 年版,第 5 页。

⑤ 《毛泽东文集》第七卷,人民出版社 1999 年版,第 4 页。

系,依靠团结和教育民族上层人士,帮助群众解决生产生活中的实际困难,进而引导民众互助合作,发展集体经济,直接过渡到社会主义。

在四川三州(甘孜、阿坝、凉山)的土地改革中,中国共产党执行了更为缓和的土地改革政策。在具体步骤上,各地遵循了先试点再推广的办法,1955 年初,阿坝州组织了全州 30 多名民族上层人士到威州、雁门的试点乡参观,民族上层对不搞面对面的斗争、不挖底财和不算旧账的做法感到满意。① 1956 年 1 月,凉山州通过了《四川省凉山彝族自治州民主改革实施办法》,决定将试点的经验进行推广。由于执行了差别化的民族土改,四川彝族的和平协商土改进行得比较顺利。从 1956 年 2 月到 1958 年 3 月,彝族基本完成了民主改革。据统计,在民主改革中,凉山彝族自治州共解放奴隶 52 万人,没收、征收及征购奴隶主的土地 130 余万亩,征收、征购奴隶主的耕畜 23 万余头、农具 3 万件、房屋 8400 余间、粮食 1500 万斤。②

通过对西南民族地区土地改革多种类型的考量,我们发现中国共产党在民族地区土改和民族政策的推行中,并没有"一刀切"地机械执行汉族地区的土改方式,而是在民族平等、团结、自治、发展、繁荣的理念下,从中国民族地区的实际情况出发,把马克思主义理论同中国民族问题的实际相结合,灵活地应用民族政策,最终成功地实现了民族地区现代化的起步。

三、反对大汉族主义和地方民族主义

20 世纪 50 年代,针对被称为两种民族主义的大汉族主义和狭隘民族主义,中国共产党开展了持续而广泛斗争。大汉族主义主要表现为:不尊重少数民族的平等权利,侵犯少数民族利益,不尊重少数民族的自治权

---

① 曲木车和主编:《四川省民族工作五十年》,四川民族出版社 2004 年版,第 20 页。

② 秦和平、冉琳闻编著:《四川民族地区民主改革大事记》,民族出版社 2007 年版,第 18 页。

利、语言文字和风俗习惯,轻视和排挤少数民族干部,对少数民族经济发展重视不够等。地方民族主义主要表现为:只强调本民族暂时的、局部的利益,忽视各民族共同的长远的利益;在民族区域自治和少数民族聚居的地方,尊重汉族人民的利益不够。① 显然,这两种民族主义都不利于和谐民族关系的建立。

新中国成立以后,中国共产党即以法律法规的高度对两种民族主义进行了批判。在《中国人民政治协商会议共同纲领》的第 50 条中,就有"反对大汉族主义和狭隘民族主义,禁止民族间的歧视、压迫和分裂各民族团结的行为"的表述。② 在《中华人民共和国民族区域自治实施纲要》的第 35 条也规定:"上级人民政府应教育并帮助各民族人民建立民族间平等、友爱、团结、互助的观点,克服各种大民族主义和狭隘民族主义的倾向。"③1954 年《中华人民共和国宪法》再次强调:"在发扬各民族间的友爱互助、反对帝国主义、反对各民族内部的人民公敌、反对大民族主义和地方民族主义的基础上,我国的民族团结将继续加强。"④

不仅是法律法规的明文规定,中共中央领导人对两种民族主义也是反复提及,这种论述可以从三个角度进行理解:一是在谈到反对两种民族主义时,一般是两种民族主义同时出现,表明了大汉族主义和地方民族主义是和谐民族关系的两个极端对立面。如 1955 年毛泽东在《农业合作化的一场辩论和当前的阶级斗争》中提到:"要继续反对大汉族主义。大汉族主义是一种资产阶级思想……当然,少数民族中间会发生狭隘民族主义的,那也要反对。"二是在两种民族主义的关系中,重点是反对大汉族

① 姜春云主编:《党务管理工作指导》,山东人民出版社 1992 年版,第 644 页。
② 《中国人民政治协商会议共同纲领》,见《民族政策文献汇编》,人民出版社 1953 年版,第 1 页。
③ 《中华人民共和国民族区域自治实施纲要》,见《民族政策文献汇编》,人民出版社 1953 年版,第 169 页。
④ 《中华人民共和国宪法》(序言),见《民族政策文献汇编》(第 2 编),人民出版社 1958 年版,第 1 页。

主义。这一点在当时就已经十分明确。1955 年，毛泽东曾指出："大汉族主义是一种资产阶级思想。汉族这么多人，容易看不起少数民族，不是真心诚意地帮助他们，所以必须严格地反对大汉族主义。"邓小平在《关于西南少数民族问题》中也认为："在中国的历史上，少数民族与汉族的隔阂是很深的。由于我们过去的以及这半年的工作，使这种情况逐渐地在改变，但不是说我们今天已经消除了隔阂。少数民族要经过一个长时间，通过事实，才能解除历史上大汉族主义造成的他们同汉族的隔阂。"①三是两种民族主义属于人民内部矛盾。1957 年，毛泽东在《关于正确处理人民内部矛盾的问题》一文中强调："无论是大汉族主义或者地方民族主义，都不利于各族人民的团结，这是应当克服的一种人民内部的矛盾。"②两种民族主义被定性为人民内部矛盾的论断，对民族关系的实际操作具有重要的指导意义。

20 世纪 50 年代，曾先后开展的两次全国范围内的民族政策大检查，则从实践层面体现了党和政府反对大汉族主义的决心和勇气。1952 年 8 月，甘肃省靖远县发现当地一些汉族干部和群众有不尊重回民风俗习惯、不发放农业贷款、不让参加民兵、土改成果分配不公等现象。此事经由中共定西地委、甘肃省委、中共中央西北局，直至上报中共中央，从而引发了全国范围内的第一次民族政策大检查。1953 年 7 月，由毛泽东主持的中央政治局重点讨论了《中央统战部、民委关于在内蒙古、新疆、青海、甘肃等省、自治区执行民族政策情况的检查总结》（第四次全国统战工作会议起草）。在这次会议上，毛泽东充分肯定了《检查总结》，并以《关于过去几年内党在少数民族中进行工作的主要经验总结》转发全党。该文件特别强调了纠正一部分干部的大汉族主义和防止地方民族主义的重要意义和作用，在民族工作中起到了纲领性文件的作用。在第一次全国范围内

①　国家民委政策研究室编：《中国共产党主要领导人论民族问题》，民族出版社1994 年版，第 52 页。

②　《毛泽东文集》第七卷，人民出版社 1999 年版，第 227 页。

的民族政策大检查之后,毛泽东仍强调,"要继续反对大汉族主义"[1],特别是1956年2月在四川藏区和彝族接连发生叛乱事件,严重影响了和谐民族关系的建设和社会的稳定,由此引发了第二次全国性的民族政策大检查。第二次民族政策大检查始于1956年,终于1957年8月。期间,周恩来于全国人大民委和中央民族事务委员会共同召开的民族工作座谈会上,发表了《关于我国民族政策的几个问题》的讲话,全面阐述了中国民族政策的基本原则。两次民族政策大检查,都着眼于民族政策的教育,纠正工作中的偏差,使得各族干部群众受到了一次科学民族观的洗礼,这对改善民族关系和推进民族工作起到了积极的推进作用。反对两种民族主义的思想也为当前开展民族工作所继承,成为中国共产党治理民族地区社会稳定的宝贵历史经验。

第三节　基本公共服务建设的历史经验

西南民族地区农村的基本公共服务建设为民族地区农民提供了基本生存所具备的社会保障、农业生产,基本发展所具备的教育、医疗、文化,基本环境所具备的交通设施、传播媒介、贸易市场。即便这些基本公共服务建设是初步的,依然为后来的农村发展提供了宝贵的经验。这里以政府在少数民族公共服务建设中的主导作用、民族地区实施的倾斜政策、以公共服务来驱动民族地区的政治建设和社会改革为讨论对象。

一、坚持政府在少数民族公共服务建设中的主导作用

坚持政府在少数民族公共服务建设中的主导作用是新中国成立十七

---

[1]　国家民委政策研究室编:《中国共产党主要领导人论民族问题》,民族出版社1994年版,第115页。

年中国共产党从事基本公共服务体系建设的重要历史经验,也是由民族
地区的特殊性和"强国家、弱社会"的关系所决定的。一方面,新中国成
立前,民族经济落后,贫困人口多,基础设施差的特点决定了少数民族地
区必须进行公共服务体系建设。解放前的贵州曾是被人们称之为"地无
三里平、人无三分银"的不毛之地,交通闭塞,文化落后,生产力水平低
下,人民生活极为贫困。① 加之受到各地方军阀的盘剥,使得贵州生产凋
敝,商品经济极不发达。在解放前的十余年间,贵州有十余家官僚资本工
商企业,但规模很小,设备差,质量低,成本高,称不上现代工业。② 实际
上,贫困已为常态。比如物价问题就非常严重,高昂的物价使得普通民众
根本无法承受。抗战时期沈雁冰夫妇,王德馨、陈在韶等一群逃难记者进
入贵阳以后,感慨"这里的物价,连粮食在内,都非常的贵。人说贵州山
高,我说贵州物价比山更高"③。"山高路远、地广人稀"的贵州民族地区
更是如此。为此,就必须加强民族地区的基本公共服务建设。

　　另一方面,"强国家、弱社会"的关系也决定着政府在少数民族公共
服务建设中处于主导作用。传统的乡村社会是一个相对封闭的乡村共同
体。近代以来,随着基层市场的建立,国家与乡村之间的联系不断增强,
乡村的开放度也越来越大。新中国成立以后,国家权力开始全面介入乡
村社会,直接或间接地整合和改造着传统的乡村共同体,甚至私人生活领
域都受到了国家权力的强力影响。尤其在集体化时期,生产队取代家庭
成为生产组织功能的独立载体,严格的户籍限制把农民束缚在土地之上,
再加上复杂的婚姻调解机制,私人间的兴趣爱好、情感友谊、承诺信誉、习

---

① 国家民族事务委员会经济司、国家统计局国民经济综合统计司编:《中国民族统
计年鉴 1949—1994》,民族出版社 1994 年版,第 89 页。

② 贵州省政协文史资料研究委员会、贵州省军区党史资料征集办公室合编:《回顾
贵州解放》(三),贵州人民出版社 1984 年版。

③ 王新命:《贵阳印象》,见刘磊主编:《抗战期间黔境印象》,贵州人民出版社 2008
年版,第 34 页。

惯等非行政性调解都受到了国家行政调解的制约。① 在此背景下,政府理所当然地成为民族地区基本公共服务建设的最主要力量。

新中国成立十七年,在民间社会组织力量十分薄弱的情况下,民族地区的基本公共服务建设主要是依靠党和政府。1953 年至 1954 年,贵州特别拨了 130 亿元(旧人民币币值)的无偿农业专款,制发了大小铁质农具 80 余万件(其中包括山地犁、步犁、打谷机等数百件),发放到罗甸、雷山、台江、荔波、威宁、纳雍、册亨、望谟、紫云等少数民族聚居的 30 多个县份,有效地帮助了少数民族农民克服生产上的困难。② 为了扶助边疆山区各族人民发展生产,云南省人民政府专门划拨山区生产改造费 58.20 亿元(旧人民币币值),重点帮助各族人民改造山区。③ 实际上,新中国成立十七年民族地区公共服务建设都与中央和地方各级政府的指导思想及政策密不可分,政府在整个公共服务建设中起着主导性的作用。因为民族地区经济水平总体比较落后,文化科技也不发达,在公共财政上很难自立。此时,如若没有政府的主导支持,其难度可想而知。因此,加强少数民族公共服务建设是一项系统性工程,国家和政府层面的大力支持是重中之重。

目前,强化少数民族地区公共服务建设仍是各级政府的重要职能,在实践层面也有诸多方面有待改善。比如要规范财政转移制度;完善发达地区对民族地区的对口支援,杜绝制度上的随意性;转变民族地区各级政府职能,将提供公共产品和保障公共服务作为政府的基本职能,最终使得民族地区在中国共产党的领导下抓住机遇,克服困难,从而取得公共服务建设的关键性突破。

---

① 高兆明:《公共权力:国家在现时代的历史使命》,《江苏社会科学》1999 年第 4 期。
② 贵州省民族事务委员会编:《贵州民族工作五十年》,贵州民族出版社 1999 年版,第 273 页。
③ 云南省民族事务委员会编:《云南民族工作大事记(1949—2007)》,云南民族出版社 2008 年版,第 32 页。

二、坚持在民族地区实施倾斜政策

坚持在民族地区实施倾斜政策,给予少数民族以政策优惠,以此作为少数民族权利保护的重要组成部分,对促进和维护民族间的实质平等,确保少数民族特征得以延续和发展有着重要的意义。有的学者甚至将其与民族区域自治制度并列,称为我国民族政策的两大基石。[1] 在国家对民族地区优惠政策的制度安排下,针对公共服务体系建设所实施的财政优惠、贸易优惠、教育优惠、文化优惠等政策,缩小了因历史和地理原因所造成的民族差异,成为中国共产党试图实现各民族之间从形式上平等到事实上平等的重要举措。

1949 年以后,中共中央基于对民族地区自然条件差、地广人稀、各民族生活习俗差异明显等特点的考虑,决定在民族地区实行财政补助政策。从 1955 年开始,中央政府对民族地区先后实行的财政优惠政策,被统称为"民族地区三照顾"政策。一是 1955 年设立的"少数民族地区补助费",即中央财政每年专门预算一笔少数民族的补助费,作为民族地区的特殊性开支款项,同时民族地区上年结余的资金和当年预算执行过程中超收分成部分,都留给民族地区使用。二是 1964 年设立的"少数民族机动金"。三是 1964 年设立的"民族地区财政预备费",即民族地区财政预算的预备费要高于汉族地区,自治区按支出总额的 5%、自治州按 4%、自治县按 3%设置为预备费。[2]

民族贸易也是中国共产党对民族地区优惠政策的重要内容。在1951 年中央人民政府贸易部发布的关于《中央贸易部关于民族贸易会议的报告》中,就提出要"在少数民族地区积极建立与发展国营商业网"。[3]

---

① 陈建樾:《以制度和法治保护少数民族权利——中国民族区域自治的路径与经验》,《民族研究》2009 年第 4 期。

② 张序:《中国民族地区公共服务能力建设》,民族出版社 2011 年版,第 228 页。

③ 全国人民代表大会民族委员会:《中华人民共和国民族法律法规全书》,中国民主法制出版社 2008 年版,第 323 页。

1952 年的全国民族贸易工作会议决定,国家对民族贸易企业暂不规定上缴利润,民族贸易企业的资金也由国家投资。1962 年的第五次全国民族贸易工作会议又提出"民族贸易三项照顾政策",确定了对边远山区、边远牧区民族贸易企业,在自有资金、利润留成、价格补贴方面给予照顾。这些都是中国共产党在民族贸易方面对少数民族的政策倾斜。

　　教育优惠和文化优惠政策所涵盖的范围更加广泛,涉及民族地区的教育投入、多种形式的民族类学校、民族语言文字的帮扶等。新中国刚刚成立后不久,中国共产党就开始对民族地区教育设立专门的补助费用。1951 年,在教育部组织召开的第一次全国民族教育会议上,马叙伦指出:"各地人民政府除按一般开支标准,拨给教育经费外,应按各民族地区的经济情况和教育工作另拨专款,帮助解决少数民族学校的设备、教师待遇、学生生活等方面的特殊困难。"①创办民族院校也是中国共产党对民族地区教育的一种政策倾斜,办学类型不仅有单一民族学校,还有少数民族联合举办的学校。民族院校培养的大量少数民族人才,为民族地区经济发展提供了基本的人才和教育保障。

　　在文化政策方面,从 1951 年开始,中央人民政府政务院文化教育委员会就设立了民族语言文字研究指导委员会,专门用于指导和组织少数民族的语言文字。此后,国家又组织了 700 多人分别组成 7 个调查队,在16 个省(自治区、直辖市)对 33 种少数民族语言进行大规模调查,帮助少数民族先后创制了 16 种文字,从而保证了少数民族在参与国家政治事务、从事公共服务建设中使用本民族的语言和文字。

　　从财政、贸易、教育、文化等优惠政策的发展看,中国共产党从新中国成立伊始就已经开始对民族地区实行政策倾斜,给予少数民族以特殊照顾。目前,对少数民族的优惠政策仍为中国共产党所坚持,比如少数民族

---

　　①　《中央人民政府教育部关于第一次全国民族教育会议的报告》(1951 年 11 月 23 日马叙伦部长在政务院第一百一十二次政务会议上的报告,并经同次会议批准),《人民日报》1951 年 11 月 23 日。

的高考加分、生育政策的优惠等。从理论上看,这种民族地区的优惠政策体现了对人权的保护和"差别权利"。因为对少数民族的优惠政策是基于公民身份一体化的考虑,排除了恶意的"区别""排斥"等各种"区别对待",改变了弱势群体的不利处境,是某种程度上的纠偏。生育政策优惠是鼓励少数民族人口发展的重要措施。同时,优惠政策还是实现少数民族"差别权利"①的体现,这种差别是对少数民族权利的保护,是法律层面上对少数人的差别性优惠,更是少数民族这一特殊群体对整个人类文化多样性的贡献。

三、坚持以公共服务来驱动民族地区的政治建设和社会改革

在自然条件和社会环境方面,中国的民族地区(特别是西部民族地区)具有诸多特殊性,主要表现在:民族地区主要位于西部地区,气候恶劣、山地高原居多、自然灾害多发;少数民族特有的语言文字、传统文化和宗教信仰,构成了有别于汉族地区特殊的人文环境;民族地区经济发展水平较低,生态环境基础差,少数民族生活习俗和生活环境特殊,有的地区还面临着民族分离势力的挑战。加之新中国成立之初民族地区的党组织力量薄弱,还不具有维护稳定的组织基础。在此条件下,如果贸然进行政治建设和社会改革,或会引发民族地区的不稳定因素。因此,坚持以公共服务来驱动政治建设和社会改革,就可能成为民族地区农村社会治理的重要路径。

当人民解放军以磅礴之势进入大西南以后,中国共产党也确实是以公共服务来驱动政治建设和社会改革的。在土地改革过程中,中共中央

①　少数民族差别权利,又称为"少数族裔群体差异权利"或"族群差别权利",概言之,就是政治共同体内少数族裔群体及其成员,自然生发并得到国家承认尊重的,自由归属本族群文化和参与国家各项生活,在本国普遍性公民基本权利体系之外的,与多数民族公民差别化的权利体系。见王璇、赵树坤:《少数民族差别权利的逻辑阐释》,《甘肃行政学院学报》2014 年第 5 期。

西南局就组织过土改卫生工作队随土改工作团分赴农村开展卫生防疫工作。1951 年 1 月,川西区人民行政公署在绵阳、温江和眉山专区的 10 个县实现土改。为了配合土地改革,川西卫生厅从各直属单位、学校、成都市私立医院中,动员和抽调医师、护士、助产士和药剂人员 84 人,私人开业人员 27 人,共计 111 人,编成 3 个土改卫生工作队分赴各地农村。土改卫生工作队以卫生讲演,散发传单,张贴壁报,编写黑板报,演出短剧、秧歌、花鼓、金钱板,以及家庭访问等形式,向群众宣传卫生知识。在绵阳、温江和眉山专区,665 名当地卫生工作者被分成若干小组,分别负责一村或数村的卫生、防疫和医疗工作。土改卫生工作队帮助农村建立区、乡基层卫生组织;培训接生员和妇幼保健员,开展新法接生;培训种痘和预防注射人员,进行种痘和预防注射。为改善农村环境卫生,工作队还开展了水井、厕所的调查与改良,发动群众清除垃圾和消灭蝇蛆,进行婴儿出生、死亡和妇女病调查,诊治病人等。川西区在第一期土改期间即治疗病人 14659 人次,其中为贫雇农免费治疗 9658 人次。[①] 土改卫生工作队不仅为民族地区农民进行卫生防疫工作,而且以治病为切入点,推进了土改的顺利进行。

就公共服务建设与政治建设和社会改革的关系看,公共服务建设也能达到驱动政治建设和社会改革的目的。首先,在公共服务建设的过程中,中国共产党将民族地区政治建设和社会改革的理念和实践贯穿其中,静悄悄地达到了政治认同的目的。各级政府利用一切因素增加农民的政治认同:报纸、会议、广播等传播媒介,党员、干部、积极分子等传播主体,灾荒救济、农田水利、田间技术、基础教育、公共卫生、社会文化、交通运输等具体实践,无不渗透出政治建设和社会改革的理念。甚至在扫盲运动的教材中,都着力于社会主义政治认同的构建,由此将革命理念渗入乡村

---

① 欧阳彬主编,市、四川省医药卫生志编纂委员会编:《四川省医药卫生志》,四川科学技术出版社 1991 年版,第 313—314 页。

日常生活。其次,就实现手段、主体和目标而言,公共服务建设与政治建设和社会改革具有很大的共同点。在实现手段上,公共服务建设需要借助于社会动员,政治建设和社会改革也需要社会动员。在公共服务建设中,中国共产党将民族地区的民众充分地动员起来,为后来的政治建设和社会改革提供了人员上的准备。在主体上,公共服务建设的主体是国家,政治建设和社会改革的主体也是国家,公共服务建设与政治建设和社会改革都需要国家来掌舵。在目标上,公共服务建设与政治建设和社会改革的最终目的都是为了民族地区的稳定与发展。需要强调的是,先进行公共服务建设,后进行政治建设和社会改革,也符合中国共产党民族地区先稳定再改造的治理理念。中国共产党在民族地区的治理理念是稳定、改造与发展,因而制定了"慎重稳进"的民族工作方针,所实行生存服务、发展服务、环境服务的公共服务建设也是保持稳定的重要措施。此后,中国共产党逐渐对民族地区进行的政治建设和社会改革,则是印证了民族地区社会改造和发展的理念。简言之,公共服务建设与政治建设和社会改革有着重要的关联性,公共服务建设能够达到驱动政治建设和社会改革的目的。

第四节　法治探索的历史经验

在西南民族地区农村的法治探索中,中国共产党力图调适民族习惯与国家政策的关系,寻求国家法律在民族地区的适应性,动员少数民族参政议政,由此积累了丰富的历史经验。这里主要讨论以法律来保障少数民族的风俗习惯、依靠法律的契入来调和民族地区社会结构的二元性,以及避免用政治运动来代替法治建设等方面。

一、依靠法律保障少数民族的风俗习惯

民族地区的风俗习惯,是社会发展到一定历史阶段的产物,是以本民

族的自然条件和经济水平为基础逐渐形成的。因此,各民族的风俗习惯都是历史的产物。就其特点而言,少数民族的风俗习惯一般具有群众的广泛参与性和特定时空条件下的敏感性,如考虑到时代发展的局限性,风俗习惯还具有某些消极的特点。但不管怎样,仍需要尊重少数民族的风俗习惯,承认和坚持各民族拥有自己风俗习惯的自由。

新中国成立以后,中国共产党贯彻了以《共同纲领》为核心的民族平等和民族团结政策,特别是用法律法规的形式明确提出了对少数民族风俗习惯的尊重和保护,坚决摒弃历史上遗留下来的民族歧视。1949年的《共同纲领》规定:"各少数民族均有发展其语言文字,保持或改革其风俗习惯及宗教信仰的自由。"①1951年5月,中央人民政府专门发布了《关于处理带有歧视或侮辱少数民族性质的称谓、地名、碑碣、区联的指示》,明确规定:"为加强民族团结,禁止民族间的歧视与侮辱,对于历史上遗留下来的加于少数民族的称谓及有关少数民族的地名、碑碣、匾联等,如带有歧视和侮辱少数民族意思者,应分别予以禁止、更改、封存或收管。"②该《指示》有效地消除了民族歧视的有形痕迹。在基层社会的实践中,各级政府还制定了一系列具体的措施,包括民族节日放假、伙食和副食补贴、丧葬、民族生产等多个方面。尊重少数民族风俗习惯还落脚到对民族地区社会改造的方针上。也就是说,对待少数民族风俗习惯需要在政策上,要更宽松一些;在时间上,要更长一些;在方法和步骤上,要更稳妥一些。既要考虑到经济体制改革和政治体制改革的配套,又要考虑到少数民族的接受程度,妥善处理好尊重与改革之间的关系。

用法律的手段保障少数民族的风俗习惯在构建新型的民族关系上具有重要的意义。第一,保障少数民族风俗习惯体现了各民族平等权利和

---

①　中共中央文献研究室编:《建国以来重要文献选编》(第1册),中央文献出版社1992年版,第12页。

②　政务院:《关于处理带有歧视或侮辱少数民族性质的称谓、地名、碑碣、区联的指示》,《新华月报》1951年第6期。

民主权利。不论是保持或者是改革风俗习惯都由各个少数民族自己决定,这是各民族的平等权利和民主权利。在婚丧方面,根据《中华人民共和国婚姻法》的基本原则,结合当地民族婚姻习俗和家庭文化的实际情况,一些民族自治地方制定了《婚姻法》的变通或补充规定,充分尊重各少数民族的婚姻和丧葬习惯。新疆维吾尔自治区"对实行土葬的各信仰伊斯兰教民族,各地帮助他们建立了公墓,成立了殡葬服务所"①。第二,保障少数民族的风俗习惯有助于维护民族团结。1949 年,在第一届中国人民政治协商会议上,新疆代表向毛泽东献上维吾尔族的小帽和袷袢(维吾尔、塔吉克等族男子所穿的一种无领对襟长袍),表达新疆各族人民对领袖的尊重和热爱。毛泽东高兴地穿戴好,向全场鼓掌致意,虽然仅是微小的举动,但却不仅表达了对新疆各族人民的感谢,更体现了对维吾尔族风俗习惯的尊重。1961 年 4 月,周恩来到云南西双版纳傣族自治州视察时,正值"泼水节",他身穿傣族服装在澜沧江畔同群众一道观看赛龙舟、放高升;在曼厅寨一面敲着象脚鼓,一面合着节拍和群众共同欢舞;在允景洪街头,他还和群众一道相互泼水祝福。② 老一辈革命家对民族地区风俗习惯的尊重,极大地促进了各民族的团结互助。第三,保障少数民族的风俗习惯有助于繁荣民族文化。少数民族的风俗习惯是民族文化的重要组成部分,也正是少数民族风俗习惯的千差万别,才构成了民族文化的多姿多彩。少数民族风俗习惯体现在歌曲、舞蹈、体育等多方面,这些活动本身就是文化和艺术,许多少数民族文化艺术得以源远流长原本就得益于自身民族风俗习惯的保持。也正是基于风俗习惯的重要地位和作用,中国共产党历来将尊重少数民族的风俗习惯视为民族工作的重要内容,当然也是民族地区法治探索中的重要历史经验。

---

① 《当代中国的民族工作》编辑委员会编:《当代中国的民族工作》(上),当代中国出版社、香港祖国出版社 2009 年版,第 361 页。

② 《当代中国的民族工作》编辑委员会编:《当代中国的民族工作》(上),当代中国出版社、香港祖国出版社 2009 年版,第 362 页。

二、依靠法律调和民族地区社会结构的二元性

何谓"社会结构的二元性",就是在中国不仅有高度中央集权、要求一元化的政治体系,同时又存在疏离官僚体系、以家族伦理为基础的自发的村落组织形式,即体现在城乡的二元结构。对于民族地区而言,这种二元性的社会结构是指民族地区存在原生社会机制与外移植社会机制两种。原生社会机制指的是各个少数民族在历史发展的进程中,由于自身独特的自然环境、文化意识、经济水平等因素制约而形成的社会机制,在不同少数民族和历史发展的不同阶段都会呈现出完全不同的特点;外移植社会机制指的是各个民族在发展的进程中,由于外部力量的嵌入而形成,并有所发展的社会机制,其并不是少数民族自身发展的结果。假如某个民族在历史发展的进程中,如果外力的嵌入太过于强大,就会改变甚至中断这个民族原有的发展轨迹,使其产生跨越式进步或倒退。不过,这一民族在进步或倒退之后,原有的特征都会留下程度不同的痕迹,这是社会发展和社会延续的固有特点造成的。新中国成立以后,民族地区的原生社会机制与外移植社会机制始终并存,在某段时期前者占据支配地位,在另外时刻后者又起决定作用。如何去调适两种不同的社会机制,促使各民族共同发展与繁荣,始终是执政者必须面对的问题。现代社会要融合环境、文化、习俗、传统迥异的民族共同发展,主要应依靠制度与法律的嵌入,来规范各民族之间的关系,进而达到协调国家统一性和民族多样性的目的。就法制探索的实践看,民族区域自治制度和民族地区的法治建设是实现民族关系规范化、制度化、法律化,融合原生社会机制与外移植社会机制最为重要的两项内容。

实行民族法治的前提是实现民族区域自治制度,只有区域自治之后,民族法治才有实现的范围和依托的载体。新中国成立后,经过广泛征求各族各界人士的意见,中国共产党将民族区域自治写进了《中国人民政治协商会议共同纲领》,其中第51条规定:"各少数民族在聚居的地区,

应实行民族区域自治,按照民族聚居的人口多少和区域大小,分别建立各种民族自治机关。"1954年《中华人民共和国宪法》总纲和第53条也强调,"各少数民族聚居的地方实行区域自治"。从此,中国共产党将民族区域自治作为国家的基本政治制度确定下来。中国的民族区域自治理论需要有两个方面值得注意:一是中国的国家结构是单一制的人民共和国,二是民族区域自治不是民族自决,也唯有坚持这两点,才能做到坚持国家统一的原则,坚持自治形式灵活多样的原则,坚持自治权利广泛性的原则。正如邓小平所言:"解决民族问题,中国采取的不是民族共和国联邦的制度,而是民族区域自治的制度。我们认为这个制度比较好,适合中国的情况。我们有很多优越的东西,这是我们社会制度的优势,不能放弃。"①民族区域自治制度的推行不仅是对原生社会机制的某种认同,也为外移植社会机制的嵌入提供了制度支撑,一定程度上实现了两者的融合。实际上,民族区域自治制度是我国的一项基本政治制度,本身就是法律规定,是实现民族关系规范化、制度化、法律化的重要措施。

在民族区域自治制度确立之后,还需要依靠民族地区的法治建设来调和民族地区社会结构的二元性。民族地区的法治建设是国家法律体系的有机组成部分,表达了国家的权力与意志,是为外移植社会机制的嵌入。民族地区要遵守和贯彻国家颁布的各种法律法规,增强民族地区民众的法律修养和意识,进而将少数民族的生产生活全面纳入国家法治建设中。同时,在强化民族法治建设的过程中,也要充分考虑各民族在其发展过程中所形成的心理、习惯、宗教、文化等因素对法治建设的制约作用和排斥性,重视原生社会机制的力量,注意民族地区经济发展水平、文化积淀对民族法治建设的承受程度。最终,在不断的冲突和协调中,民族地区的法治建设步入成熟和完善。也就在不断的冲突和协

---

① 《邓小平文选》第三卷,人民出版社1993年版,第257页。

调中,民族地区的社会结构实现了规范化、制度化、法律化。从新中国成立十七年西南民族地区农村法治建设的实践看,民族地区的社会结构还未能实现规范化、制度化、法律化,原生社会机制与外移植社会机制的调和亦未完成。为此,坚持以依靠法律的契入来调和民族地区社会结构的二元性,也势必将成为中国共产党在民族地区长期坚持的法制化探索路径。

三、依靠制度建设促进法治建设

从民族地区农村社会的法治探索来看,厘清政治运动与法治建设的界限,依靠制度建设来促进法治建设也十分重要。新中国成立初期,涉及民族地区的多部法律陆续出台,寓意着追求政治合法性和法治现代化的双重意义。一方面是通过民族地区法律的颁布确立政治秩序的合法性,从而为国家的有效治理奠定了基础;另一方面是通过法律去建设一个现代化的国家,从而继承晚清就已经启动的法治现代化。新中国成立初期,一些涉及少数民族的法律陆续颁布,如《共同纲领》、1954年《中华人民共和国宪法》《中华人民共和国民族区域自治实施纲要》《民族自治地方财政管理暂行办法》等。同时,一系列为巩固政权、促进民族关系、进行社会变革的法规也得以制定,包括《培养少数民族干部试行方案》《筹办中央民族学院试行方案》等。这些法律法规为新中国成立初期中国共产党的制度建设提供了文本支撑。

不过,从新中国成立初期的立法高潮结束以后直到改革开放前,立法显然不是国家治理的主要任务。① 1949年,经过多年的战争,国民经济接近崩溃的边缘,如何集中有限的人力、物力和财力去发展现代工业和巩固新生的人民政权,成为中国共产党的当务之急。从国家生存发展与现代

---

① 李志明:《从"运动"到"法治"——中国法治转型的前历史考察》,《法学评论》2012年第5期。

化建设的角度看,发展现代工业和进行社会主义"三大改造",不仅是一个"经济"问题,更是一个"政治"问题。在此环境下,相比较法律法规的理性教育,以改革开放前的中国更加倾向于选择疾风暴雨式的政治运动来进行政治动员和民主训练,进而在政治运动中凝聚政治认同和改造民众心理。

只是一旦政治运动的方向发生偏离,领导者的错误判断加上民众的激情与狂热就会使民族地区社会治理陷入艰难。1958 年"大跃进"及以后的阶级斗争扩大化即使如此。随着"大跃进"浪潮的来袭,一些无视民族特点和地区特点,违背客观规律的事件时常发生,从而给刚刚建立的和谐民族关系带来一系列不良后果,尤其对民族地区"特殊论""落后论""渐进论"的批判,更是放弃了中国共产党一向倡导的实事求是、一切从实际出发的基本原则。边疆民族地区在 1957 年底入社农户不到 10% 的情况下,也在 1958 年跟全国一样开始了生产"大跃进"和人民公社化运动,"跑步"进入社会主义。① "文革"时期,阶级斗争扩大化更为严重,主要表现在:严重混淆了民族关系上两类性质不同的矛盾,用处理敌我矛盾的方法处理民族关系上的人民内部矛盾,使得民族工作领域出现大量冤假错案,严重损害了民族关系的健康发展。"文革"时期严重的阶级斗争扩大化,可谓说是民族工作的一场浩劫。在云南省从事民族事务领导工作的马曜曾言,"民族问题要以阶级斗争为纲、用阶级斗争的方法解决","导致了在统战、民族、宗教工作中检查、批判'投降主义、修正主义路线',在边疆民族地区搞民主补课,在'直过区'划阶级,甚至到没有阶级的独龙族和苦聪(拉祜族)人居住的原始森林中寻找阶级敌人。"② 频繁的政治运动带来的是法律和制度的破坏,阶级斗争扩大化严重阻碍了法

---

① 马曜:《序二》,见王连芳:《王连芳云南民族工作回忆》,云南人民出版社 1999 年版,第 15 页。

② 马曜:《建国以来云南民族工作规律初探(代绪论)》,见马曜:《民族学与民族工作论文集》,云南民族出版社 2001 年版。

治的探索,亦成为政治运动代替法治建设的明证。

改革开放以后,国家的治理策略发生重大转型,"发展社会主义市场经济"取代"以阶级斗争为纲"宣告了政治运动的告别和以市场的方式来重建法治,开始追求审慎和冷静,追求"远离激情的理性"。① 在应急时期向常规政治的日常时刻转型之后,国家的法律制度建设日渐凸显,1982年《中华人民共和国宪法》及《民族区域自治法》《民族乡工作条例》《城市民族工作条例》等一系列涉及民族地区的法律法规随之出台,标志着我国民族立法工作进入了新的黄金时期。时至今日,当我们反思新中国成立十七年西南民族地区农村的法治探索中,仍需注重法律法规的制度建设,以制度促进法治,确保民族地区法治建设的健康发展。

---

① [古希腊]亚里士多德:《政治学》,吴寿彭译,商务印书馆2008年版,第169页。

结语:民族地区农村社会治理的主线

　　民族地区的社会治理历来是中国共产党治理思想的重要组成部分。早在中国共产党成立之初,马克思主义传播者就已经展开了对民族地区的研究,并积极将马克思主义民族理论引入中国。李大钊、瞿秋白、陈独秀、蔡和森、李达、毛泽东等早期的中国革命者都作出了重要贡献。不过,这一时期的民族工作还处于探索阶段,苏俄的影响和照搬照抄的痕迹比较明显。从长征开始,随着革命实践与少数民族接触的增多,中国共产党的民族理论与实践也日渐成熟。1937 年 7 月,中共中央决定成立少数民族工作委员会,加之随后成立的西北工作委员会民族问题研究室,为中国共产党科学地制定民族政策提供了依据。[①] 专门的研究人员和机构,广泛的民族工作实践,都为这一时期民族工作的不断成熟创造了条件。

　　虽然解放以前中国共产党已经进行了民族工作和民族理论的探索,并日渐走向成熟,但真正在全国范围内付诸实践,还是在 1949 年以后。新中国成立之初,民族工作所面临的形势极其复杂:国民党残余势力和土匪的流窜严重威胁人民政权的安全和革命新秩序的建立;少数民族与汉族之间的隔阂深如鸿沟,民族之间互相戒备,疑心很大;在经济发展和生

---

　　① 李维汉也认为:"我们党从事少数民族工作的历史已很久,但是以马列主义关于民族问题的理论为武器,系统地研究国内少数民族问题并开展少数民族工作则是从西工委开始的。"见李维汉:《回忆与研究》,中共中央党校出版社 1991 年版,第 452 页。

活水平上,民族地区与汉族都有不小的差距;民族问题还和宗教问题交织在一起。尽管如此,中国共产党还是成功地实现了民族地区农村组织化的推进,社会稳定机制的构建,基本公共服务体系的建设,以及社会法治的探索。当我们回顾这段历史时,仍需要思考民族地区农村社会治理的思想脉络,这里将以中共领导人为中心进行梳理。

第一,稳定是民族地区社会治理的前提条件。

在复杂的民族工作面前,稍有不慎,就有影响民族关系的危险,尤其是针对曾在汉区工作并拥有相当工作经验的汉族干部来说,极容易照搬照抄汉族地区的一整套做法,致使民族工作陷入困境。如派到四川凉山彝族地区工作的一些汉族干部,出于单纯的阶级感情,不忍目睹那里买卖奴隶的现象,企图用行政命令的手段,禁止奴隶买卖,结果不但未能达到解放奴隶的目的,反而引起了民族关系的紧张。① 部分地区甚至引起了少数民族的暴动和仇杀事件。为了防止此类错误的发生,中央领导在慎重思考之后,明确了民族地区"慎重稳进"的治理原则。

实际上,中共中央领导的民族治理思想和方针经历了一个从"慎重缓进"到"慎重稳进"的演变过程。早在内蒙古自治区成立时,中共中央领导人就开始提出"慎重缓进"的方针。1947 年 6 月,李富春代表东北局在与时任内蒙古自治区政府主席乌兰夫和秘书长刘春会谈时指出,内蒙古"是东北的后方,现在我们还没有站稳,所以要努力把工作做好,要巩固,不要发生大乱子。处理问题要慎重,还不能是激进的,必须采取慎重缓进的方针"②。考虑到当时内蒙古正处于消除封建势力的发展阶段,这种"慎重缓进"的方针是符合实际需要的。新中国成立以后,"慎重缓进"的民族工作方针得到继续沿用和发展。1950 年 4 月 28 日,在中央人民政府政务院会议上,中央领导集体专门就民族工作问题和民族工作方针

---

① 黄光学主编:《当代中国的民族工作》(上),当代中国出版社 1993 年版,第 44—45 页。

② 刘春:《刘春民族问题文集·续集》,民族出版社 2000 年版,第 456 页。

进行了讨论,详细听取了乌兰夫关于民族问题的报告,该报告指出:"由于各少数民族地区政治、经济、文化发展的极不平衡。我们的一切工作必须采取慎重缓进的方针,稳步前进。一切性急的做法,必会犯严重的错误甚至造成严重的损失。这在新区,尤须特别注意。"①通过这次报告,民族工作的"慎重缓进""稳步前进"方针得到批准,并在全国范围内推行。此后周恩来在一次讨论少数民族工作的会议上,建议将原东北局领导人提出的内蒙古民族工作"慎重缓进"方针,修改为"慎重稳进",②并在欢迎参加国庆盛典的各民族代表的宴会上正式提出了"慎重稳进"这个用词。③ 至此,不论从精神内涵还是具体表述,新中国成立初期中共中央领导对民族地区的治理方针都实现了从"慎重缓进"向"慎重稳进"的转变。

新中国成立初期,"慎重稳进"一直是中共中央领导民族工作的主导思想。1950 年 6 月 6 日,在中共七届三中全会上,毛泽东就提出,"不要四面出击","绝不可树敌太多,必须在一个方面有所让步,有所缓和,集中力量向另一方面进攻"④。为了维持这种稳定状态,他还特别提醒全党,"团结少数民族很重要"。会后,根据党的七届三中全会的精神,以及民族地区因问题处理不慎而引发暴乱的情况,中共中央发出了由刘少奇负责起草、毛泽东修改审定的《中共关于处理少数民族问题的指示》,该《指示》明确指出:"为了在今后更加谨慎地处理有关少数民族问题,中央认为对于少数民族问题必须遇事向上级报告和请示,向各中央局、分局和

① 乌兰夫:《民族事务委员会关于当前民族工作问题报告大纲》,中央人民政府政务院秘书厅印:《中央人民政府政务院政务会议文件汇编》(第二册),内部资料,1954 年 6 月,第 379 页。

② 黄光学主编:《当代中国的民族工作》(上),当代中国出版社 1993 年版,第 56 页。

③ 国家民族事务委员会政策研究室编:《中国共产党主要领导人论民族问题》,民族出版社 1994 年版,第 65—66 页。

④ 《毛泽东文集》第六卷,人民出版社 1999 年版,第 75 页。

中央报告与请示,不许下级擅自处理,既不报告,又不请示。以后各级党委如有不经报告和请示,擅自处理有关少数民族问题,因而引起事变者,应该认为是严重的违犯纪律的事件并应受到应有的处分。以后各地有关少数民族问题,应集中由各中央局处理,重要的问题则报告中央处理。如遇紧急情况发生,各地除立即向上级报告和请示外,各地亦应只作防御和退却的处理,不得采取进攻的步骤。"①中央对民族问题的制度安排,不仅将民族问题的处理上升到国家安全的层面,更体现了"慎重稳进"的民族工作方针。在谈到民族地区的社会改革时,《指示》则要求"必须从缓提出","在少数民族中进行工作,必须首先了解少数民族中的具体情况,并从各少数民族中的具体情况出发来决定当地的工作方针和具体工作步骤。必须严格防止机械搬用汉人地区的工作经验和口号,必须严格禁止以命令主义的方式在少数民族中去推行汉人地区所实行的各种政策。"②可以说,这是新中国成立后中共中央制定的第一个关于民族工作的指导性文件,该文件如此强调"慎重稳进"地处理民族问题,充分展示了中共中央要实现民族地区稳定的治理思想。当时主政西南的邓小平在谈论西南少数民族工作时也强调,"要采取非常稳当的态度"。③ 可见,对少数民族地区采取"慎重""稳定"的治理方针是新中国成立初期中央领导集体的共识,实际上也只有稳定的社会环境,才能为民族地区社会的改造与发展提供前提条件。

在实践层面,中共中央也采取了一系列维护民族地区社会稳定的措施。首先是取得安定的社会环境。新中国成立初期,中国人民解放军就以强大的军事攻势与和平协商的方式相继解放了以维吾尔族为主体的新疆、以藏族为主体的西藏等各少数民族地区。同时,逐渐肃清了民族地区的匪乱。到1950年底,仅邓小平所处的西南局就剿匪近85万人、收缴枪

---

① 《建国以来刘少奇文稿》第二卷,中央文献出版社2005年版,第219页。
② 《建国以来刘少奇文稿》第二卷,中央文献出版社2005年版,第220页。
③ 《邓小平文选》第一卷,人民出版社1994年版,第164页。

支40余万支、炮700余门,并在西南各地普遍建立了人民武装自卫队。①民族地区的解放和匪乱的剿灭为少数民族地区提供了安定的社会环境。其次,打破民族隔阂,增进民族友谊,维持民族关系的稳定。中央人民政府政务院于1950年6月作出派遣中央访问团的决定后,先后组织了以刘格平为团长的中央西南访问团,以沈钧儒为团长的中央西北访问团,以李德全为团长的中央中南访问团,以彭泽明为团长的中央东北内蒙古访问团,访问团的足迹几乎遍及全国各地所有少数民族,对增进民族友谊产生了积极的影响。同时,中央和各级人民政府还分批组织少数民族的各方面人士到内地参观,不仅提升了少数民族上层对国家的政治认同,还可以"尽快地把自己所亲历、亲见、亲闻告知本族人民"。最后,为了扭转新解放少数民族的被动局面,各民族地区根据中央的指示,认真做好了三项工作,即尽可能解决群众生活和生产方面的困难、采取各种方式培养少数民族干部、尽可能争取和团结一切可以团结的民族宗教上层人士。这些都是扭转民族工作被动局面,维护民族地区社会安定的主要实践。

第二,改造是民族地区社会治理的必要手段。

在民族地区社会逐渐稳定之后,中共中央随即开始对民族地区进行社会改造。新中国成立初期的政权建设、自治区建立、土地改革、民主改革、社会主义改造和宗教改革都是民族地区社会治理的重要措施。

首先,政权建设和自治区建立是民族地区社会改造的重要载体。

在民族地区社会稳定之后,需要借助于改造这一手段才能实现中国共产党对民族地区社会治理的目标,而实现社会治理目标的重要载体是建设政权和建立自治区。对于政权和自治区建立的作用和重要性,时任中共中央西南局书记的邓小平就多次进行了强调,1951年3月28日,邓小平在批示中共西康区委报中共中央西南局的《康定地委三个月来工作

---

① 郎维伟:《邓小平与西南少数民族——在主持西南局工作的日子里》,四川人民出版社2004年版,第90页。

综合报告》中指出:"康定区因为建立了自治区人民政府,不但团结了藏族,而且各种工作都进行得比较顺利,这个经验在有少数民族的地区必须加以重视。"①5月14日,他又在《关于云南少数民族地区政权建设的指示》中强调:"建立专区级政府委员会的目的,是在于团结各族代表人物参与政事,便于使上级政令能在各族人民中顺利推行,又便于解决各族人民之间的问题,达到团结的目的。"②不仅如此,邓小平还对民族工作中没有向上级汇报之事提出批评,在《对成立东藏自治区域人民政府的指示》中,他强调,"在藏东早日成立自治区人民政府是完全必要的"。不过,康定地委"对于建立筹备委员会这样重大性质的问题,没有事先向区党委请示,是不慎重的、错误的,应在今后工作中引以为戒"。③

因为中共中央的重视,民族区域自治和民族民主联合政府的发展速度很快。1951年5月,刘格平在汇报中央民族访问团在西南地区的调查情况时,指出民族地区的政权和自治区建设速度很快,"西康省藏族自治区,西昌专区民族民主联合政府,西昌县红毛麻姑彝族自治区,贵州卢山县凯里苗族自治区,云南昆明县民族民主联合政府,和大凉山彝族调解委员会,先后相继成立。其他各少数民族地区,亦正在准备实行区域自治,或建立民族民主联合政府。"④到1951年10月,除内蒙古外,已建立了30个专属区级至乡级的民族自治区人民政府,51个专署区级至乡级的民族民主联合政府。⑤ 截至1952年6月,已经建立的民族自治区有130个,其中有的相当于专区或相当于县的,也有相当于区或相当于乡的。若干人

---

① 《在少数民族地区建立区域自治或联合政府的经验必须加以重视》(1951年3月28日),见《邓小平西南工作文集》,重庆出版社2006年版,第355页。

② 《关于云南少数民族地区政权建设的指示》(1951年5月14日),见《邓小平西南工作文集》,重庆出版社2006年版,第376页。

③ 《对成立东藏自治区域人民政府的指示》(1950年8月6日),见《邓小平西南工作文集》,重庆出版社2006年版,第225页。

④ 刘格平:《中央民族访问团访问西南各民族的总结报告》(1951年5月1日),见《民族工作文件汇编》(1),中央人民政府民委编,内部资料,1951年8月,第29页。

⑤ 《中国共产党主要领导人论民族问题》,民族出版社1994年版,第75页。

口很少的少数民族如内蒙古的鄂伦春族、西北的保安族,在其聚居区也实现了区域自治。已建立的民族民主联合政府有 200 多个。① 此后的改造工作都在民族地区的政权建设和区域自治中进行。

其次,社会制度改革是民族地区社会改造的重要实现形式。

新中国成立初期,在少数民族内部,地主、农奴主、奴隶主还广泛存在,社会制度改革的要求非常迫切。因此,在各少数民族中进行社会制度改革,使得少数民族摆脱阶级的压迫,并逐步走上各民族共同发展、共同繁荣的社会主义道路,是中国共产党必须完成的一项历史性任务,也是民族地区社会改造最为重要的实现形式。关于这一点,也成为中共中央领导人的共识,周恩来在《关于我国民族政策的几个问题》中指出:"我们新中国就是要帮助各民族发展,这就必须实行一个根本性的措施,就是进行社会改革。社会改革是我们中国各民族的共同性的问题。""我们所说的社会改革,最根本的是经济改革。"②"只有改革才能使民族繁荣。经济改革是各民族必须走的路。"③实现民族地区社会制度的变革也是毛泽东的一贯主张,毛泽东曾明确表示,少数民族"社会制度的改革必须实行"。④1952 年 3 月,新疆喀什疏附县帕哈太克里乡的维吾尔族农民通过土地改革实现了粮食的丰产,他们专门写信给毛泽东报喜。8 月 30 日,毛泽东在回信时谈道:"你们已经从地主阶级封建土地所有制的束缚中获得解放,希望你们在爱国丰产的口号之下,更加团结,努力生产,改善自己的物质生活。"⑤从这封回信中可以看出,毛泽东是希望通过土地制度的变革,来实现民族地区社会的根本改造。

关于少数民族社会制度改革的策略,中国共产党采取了"稳、宽、长"

---

① 刘格平:《三年来民族工作的成就》(1952 年 9 月 21 日),见《民族政策文件汇编》(第 1 编),人民出版社 1960 年版,第 92 页。

② 《周恩来选集》下卷,人民出版社 1984 年版,第 264 页。

③ 《周恩来选集》下卷,人民出版社 1984 年版,第 268 页。

④ 《毛泽东文集》第七卷,人民出版社 1999 年版,第 227 页。

⑤ 《建国以来毛泽东文稿》第三册,中央文献出版社 1989 年版,第 526—527 页。

的方针,即采取的措施和步骤更为慎重稳妥,采取的政策更为宽泛,改革的时间也更长。毛泽东曾说:"条件不成熟,不能进行改革。一个条件成熟了,其他条件不成熟,也不要进行重大的改革。"他还强调:"这并不是说不要改革。"必须具备哪些条件,才能够在少数民族地区实行社会改革呢?毛泽东将其归纳为三条,即"没有群众条件,没有人民武装,没有少数民族自己的干部,就不要进行任何带群众性的改革工作"①。民族地区的社会改革一般分两步走:"第一步是民主改革,即土地改革,第二步是实行社会主义改造。"②1956年9月,在《中国共产党第八次全国代表大会上的政治报告》中,刘少奇明确表示:"在国内的3500多万少数民族人口中,已经有2800万人口的地区基本上完成了社会主义改造,另有220万人口的地区正在进行社会主义改造,有近200万人口的地区正在进行民主改革,只有300万人口的地区还没有进行民主改革。"③少数民族中的民族改革和社会主义改造已经在大多数地区完成。

最后,宗教改革也是民族地区社会改造的重要内容。

对宗教中不合理的剥削制度进行改革,是社会发展中的必然选择,也是民族地区社会改造的重要内容。新中国成立以后,中国共产党明确强调宗教的信仰自由和宗教的积极作用。不过,这并不代表中国共产党对宗教放任自流,毛泽东强调:"暂时不动,不是永远不动。暂时不动,约法三章,我们有理。"④周恩来补充说,"约法三章"便是条件:寺庙不能支持或参加叛乱,对抗政府;枪支不动,但寺庙不能拿枪去为非作歹;差役不动,如果农民不愿去继续服役,寺庙不能强迫他们服役。⑤ 实际上,从

---

① 《毛泽东文集》第六卷,人民出版社1999年版,第75页。
② 《周恩来选集》下卷,人民出版社1984年版,第264页。
③ 《刘少奇选集》下卷,人民出版社2004年版,第250页。
④ 中央文献研究室等编:《毛泽东西藏工作文选》,中央文献出版社2001年版,第145页。
⑤ 中央统战部、中央文献研究室:《周恩来统一战线文选》,人民出版社1984年版,第326页。

1958 年开始,中国共产党就逐渐废除了宗教中的封建压迫和剥削制度。1958 年 6 月,李维汉在回族伊斯兰教问题座谈会上谈道:"宗教是不能同宪法和法律相抵触的。我国的喇嘛教、伊斯兰教,有许多东西是跟宪法不符合的,总有一天,这些抵触宪法的东西要被人民改革掉。"①"改什么呢? 宗教信仰不是改革的问题,我们不讲改革信仰,而是要改宗教制度。宗教制度是不是所有的东西都要改? 不是,是改那些在今天的条件之下,对回族的发展变成了阻碍、妨害比较大的,同国家法令相抵触的东西。"②李维汉的论述明确表明了中共领导人改造宗教制度的决心,此后的宗教革新运动即使证明。

第三,发展是民族地区社会治理的最终目标。

如果说稳定是民族地区社会治理的前提条件,改造是民族地区社会治理的必要手段,那么发展才是民族地区社会治理的最终目标。新中国成立初期,围绕民族地区经济的发展、社会的进步和文化的繁荣,中国共产党进行了艰苦的探索,使得民族地区的社会治理取得了长足的发展。

新中国成立初期,中国共产党的领导人毛泽东、刘少奇、周恩来、邓小平都对少数民族地区经济社会的发展进行过深入的思考。就中央领导集体而言,毛泽东的思想无疑是最具有代表性的。1953 年 10 月 18 日,毛泽东接见了西藏国庆观礼团、参观团代表,在谈到少数民族的发展时,他表示:"中央有什么东西可以帮助你们的一定会帮助你们。帮助各少数民族,让各少数民族得到发展和进步,是整个国家的利益。各少数民族的发展和进步都是有希望的。"③1956 年 4 月 25 日,毛泽东在《论十大关系》中又郑重表示:"我们要诚心诚意地积极帮助少数民族发展经济建设和文化建设。"他说:"天上的空气,地上的森林,地下的宝藏,都是建设社会主义所需要的重要因素,而一切物质因素只有通过人的因素,才能加以开

---

① 李维汉:《统一战线问题与民族问题》,人民出版社 1981 年版,第 508 页。
② 李维汉:《统一战线问题与民族问题》,人民出版社 1981 年版,第 514 页。
③ 《毛泽东文集》第六卷,人民出版社 1999 年版,第 312 页。

发利用。"因此,"我们必须搞好汉族和少数民族的关系,巩固各民族的团结,来共同努力于建设伟大的社会主义祖国。"①

作为政务院总理的周恩来则是关注民族地区经济发展最为全面的中央领导人。1950年4月,在中央民族事务委员会举办的藏族训练班上,周恩来就强调:"中央人民政府一定要扶持和帮助少数民族把政治、经济、文化发展起来,使少数民族生活改善。"②1957年8月,在全国人民代表大会民族委员会召开的民族工作座谈会上,周恩来又指出:"建设社会主义工业化的国家,是任何民族都不能例外的。我们不能设想,只有汉族地区工业高度发展,让西藏长期落后下去,让维吾尔自治区长期落后下去,让内蒙牧区长期落后下去,这样就不是社会主义国家了。我们社会主义国家,是要所有的兄弟民族地区、区域自治的地区都现代化。全中国的现代化一定要全面地发展起来。我们有这样一个气概,这是我们这个民族大家庭真正平等友爱的气概。我们不能使落后的地方永远落后下去,如果让落后的地方永远落后下去,这就是不平等,就是错误。"③

此外,刘少奇、邓小平也对民族地区经济发展作出过重要指示。在1954年的全国人大第一届一次会议上,刘少奇就于《关于中华人民共和国宪法草案的报告》中指出,各少数民族通过改造"已经获得了民族平等的权利,但是如果仅仅依靠他们自己的条件和力量,就还不能迅速地克服原来经济上和文化上的落后状况。"因此,他强调,"建设社会主义社会,这是我国国内各民族的共同目标。只有社会主义才能保证每一个民族都能在经济和文化上有高度的发展。我们的国家是有责任帮助国内每一个民族逐步走上这条幸福的大道的"。④ 其实,刘少奇已经非常明确地表示了改造之后的目标就是发展。

① 《毛泽东著作选读》(下),人民出版社1986年版,第733页。
② 《周恩来年谱(1949—1976)》(上卷),中央文献出版社1997年版,第36页。
③ 《周恩来选集》下卷,人民出版社1984年版,第266页。
④ 《刘少奇选集》下卷,人民出版社2004年版,第165—166页。

　　邓小平对少数民族的发展也十分重视,特别是在其主政西南期间。1950年7月,他在欢迎赴西南地区的中央民族访问团大会上,要求大家要"诚心诚意地为少数民族服务"。他举例说:"贵州的少数民族,大多住在山上,如果我们能够给他们解决吃盐的问题,那就一定能够得到他们的拥护。又如西康现在还不通汽车,怎样在经济上同内地沟通,从内地进什么货,他们的东西怎么运出来,价格如何,怎样使他们有利可得,这些都要妥善处置。"因此,"我们在贸易上实行等价交换,但是有时还要有意识地准备赔钱。我们帮助少数民族发展经济,很重要的一环是贸易,经济工作应当以贸易工作为中心。要帮助少数民族把自己的贸易活动组织起来,这不是我们能够包办的。贸易中要免除层层中间剥削,使他们少吃亏。这样经济就活了,他们的生活也就会好起来。"[1]

　　在具体措施方面,扶持少数民族地区发展的治理实践更为繁多。比如根据少数民族农牧区居民点比较分散,交通不方便的特点,新政权建立了大量适合民族地区特点的民族贸易机构。在凉山地区,随着军队的进入,昭觉县就建立了第一个贸易小组。1951年4月,昭觉县贸易公司成立,并在该县的竹核和俄尔角各设立了流动贸易小组,接着又在美姑和布拖成立固定贸易小组,1953年初和1955年底,上述贸易小组分别改为县贸易公司。1957年初,整个凉山彝族地区的14个县都设有国营贸易公司,县以下较大的区都设有县公司的营业部或购销组,比较大的乡也有流动的贸易小组。[2] 由于国家的大力支持,民族地区贸易有了较快的发展,1952年,西南民族地区收购的土特产品,已经从1949年的18种增到150种。[3] 1958年,民族地区的国营、合作社营商业零售总额已达到44亿多

　　[1] 《邓小平文选》第一卷,人民出版社1994年版,第167—168页。

　　[2] 全国人民代表大会民族委员会办公室编:《凉山彝族自治州民族贸易调查报告》,内部资料,1957年,第3页。

　　[3] 陈希云:《西南区三年来财政经济工作的成就》,见《西南区三年来工作的成就》,西南人民出版社1952年版,第60—61页。

元,比 1952 年增长了四倍多;1958 年,民族地区的国营、合作社营商业收购总额达到 29 亿多元,比 1952 年增加了五倍多。[①] 民族地区的经济发展呈欣欣向荣之势。

新中国成立十七年,中国共产党为了对民族地区农村社会进行有效地治理,采取了一系列措施和方法,包括解放、剿匪、派遣访问团、组织观光、解决群众生产生活困难、培养少数民族干部、团结民族宗教上层人士、政权建设、自治区建立、土地改革、民主改革、社会主义改造、宗教改革、发展民族贸易、兴办民族教育、卫生民族治理、新建交通等各个方面。总的来看,民族地区农村社会治理的实践基本上是按照稳定、改造、发展三个思想脉络进行推进的,其中稳定是民族地区社会治理的前提条件,改造是民族地区社会治理的必要手段,发展是民族地区社会治理的最终目标,三者关系具有承接和连续的特点。而稳定、改造、发展三个基本思想脉络又集中于精英人物身上,新中国成立初期就集中在以毛泽东为核心的中央领导集体身上。因为政党领袖,尤其是执政党领袖在国家治理的过程中可以起到决定性作用。因此,中国共产党领导人对民族地区社会治理的思想,也就成为民族地区社会治理思想的主线。

---

① 《十年民族工作成就》(1949—1959),民族出版社 1960 年版,第 101 页。

参考文献

一、档案文献资料

1. 档案资料

［1］四川省档案馆相关档案资料。

［2］贵州省档案馆相关档案资料。

［3］黔南布依族苗族自治州相关档案资料。

2. 民族问题五种丛书与地方志

［1］《云南省白族社会历史调查报告》，中国科学院民族研究所云南民族调查组、云南民族研究所，内部资料，1963 年。

［2］中国科学院民族研究所四川少数民族调查组编：《凉山彝族自治州番波、马边、峨边等县彝族社会调查资料汇编》，内部资料，1963 年。

［3］《民族问题五种丛书》贵州省编辑组、《中国少数民族社会历史调查资料丛刊》修订编辑委员会编：《苗族社会历史调查》（1），贵州民族出版社 1986 年版。

［4］《民族问题五种丛书》贵州省编辑组、《中国少数民族社会历史调查资料丛刊》修订编辑委员会编：《苗族社会历史调查》（2），贵州民族出版社 1987 年版。

［5］《云南苗族瑶族社会历史调查》，民族出版社 2009 年版。

[6]《西双版纳傣族社会综合调查》(1),民族出版社 2009 年版。

[7]《佤族社会历史调查》(1),民族出版社 2009 年版。

[8]《佤族社会历史调查》(2),民族出版社 2009 年版。

[9]《怒族社会历史调查》,云南人民出版社 1981 年版。

[10]《德宏傣族社会历史调查》(3),民族出版社 2009 年版。

[11]《景颇族社会历史调查》(1),民族出版社 2009 年版。

[12]《临沧地区傣族社会历史调查》,民族出版社 2009 年版。

[13]《西双版纳傣族社会综合调查》(1),民族出版社 2009 年版。

[14]《四川彝族历史调查资料、档案资料选编》,民族出版社 2009
年版。

[15]《四川省纳西族社会历史调查》,民族出版社 2009 年版。

[16]《四川省苗族傈僳族傣族白族满族社会历史调查》,民族出版社
2009 年版。

[17]《四川凉山彝族社会历史调查》(综合报告),民族出版社 2009
年版。

[18]《四川凉山彝族社会调查资料选辑》,民族出版社 2009 年版。

[19]《羌族社会历史调查》,民族出版社 2009 年版。

[20]《四川木里藏族自治县概况》,民族出版社 2009 年版。

[21]《金平苗族瑶族傣族自治县概况》,云南民族出版社 1990 年版。

[22]《彭水苗族土家族自治县概况》,民族出版社 2007 年。

[23]《峨边彝族自治县概况》,四川民族出版社 1989 年版。

[24]《云南寻甸回族彝族自治县概况》,民族出版社 2008 年版。

[25]《云南兰坪白族普米族自治县概况》,民族出版社 2008 年版。

[26]《文山壮族苗族自治州概况》,民族出版社 2008 年版。

[27]《凉山彝族自治州概况》,四川民族出版社 1985 年版。

[28]《黔南布依族苗族自治州概况》,贵州民族出版社 1985 年版。

[29]西南民族大学西南民族研究院:《川西北藏族羌族社会调查》,

民族出版社 2008 年版。

[30]中国科学院民族研究所、贵州少数民族社会历史调查组编:《苗族简志》(第二次讨论稿),内部资料,1959 年。

[31]贵州省地方志编纂委员会编:《贵州省志·司法行政志》,贵州人民出版社 1999 年版。

[32]贵州省地方志编纂委员会编:《贵州省志·公安志》,贵州人民出版社 2003 年版。

[33]贵州省地方志编纂委员会编:《贵州省志·审判志》,贵州人民出版社 1999 年版。

[34]贵州省地方志编纂委员会编,汪凡主编:《贵州省志·水利志》,方志出版社 1997 年版。

[35]贵州省地方志编纂委员会编:《贵州省志·民族志》(下),贵州民族出版社 2002 年版。

[36]黔东南苗族侗族自治州地方志编纂委员会编:《黔东南苗族侗族自治州志·民政志》,贵州人民出版社 2004 年版。

[37]黔东南苗族侗族自治州地方志编纂委员会编:《黔东南州志·农业志》,贵州人民出版社 1993 年版。

[38]《黔西南布依族苗族自治州志》编纂委员会编:《黔西南布依族苗族自治州志·司法行政志》,贵州人民出版社 2008 年版。

[39]黔南布依族苗族自治州史志编纂委员会编:《黔南布依族苗族自治州志·民族志》,贵州民族出版社 1993 年版。

[40]黔南布依族苗族自治州史志编纂委员会:《黔南布依族苗族自治州志·党群志》,贵州人民出版社 2003 年版。

[41]黔南布依族苗族自治州史志编纂委员会编:《黔南布依族苗族自治州志(上)》(简编本),贵州人民出版社 2007 年版。

[42]黔南布依族苗族自治州史志编撰委员会编:《黔南布依族苗族自治州志·农业卷》,贵州人民出版社 1998 年版。

[43]黔南布依族苗族自治州史志编纂委员会编:《黔南布依族苗族自治州志·教育志》,贵州人民出版社 1996 年版。

[44]《铜仁地区志·民政志》编委会编:《铜仁地区志·民政志》,贵州人民出版社 2006 年版。

[45]铜仁地区地方志编纂委员会编:《铜仁地区志·民族志》,贵州民族出版社 2008 年版。

[46]松桃苗族自治县教育局编:《贵州省松桃苗族自治县·教育志》,贵州人民出版社 2010 年版。

[47]云南省地方志编纂委员会总纂,云南省公安厅编撰:《云南省志·公安志》,云南人民出版社 1996 年版。

[48]云南省地方志编纂委员会主编:《云南省志·民族志》,云南人民出版社 2002 年版。

[49]魏存龙主编:《元江哈尼族彝族傣族自治县农牧志》,四川民族出版社 1993 年版。

[50]云南省巍山彝族回族自治县志编纂委员会编纂:《巍山彝族回族自治县志》,云南人民出版社 1993 年版。

[51]四川省地方志编纂委员会编:《四川省志·民族志》,四川人民出版社 2000 年版。

[52]四川省地方志编纂委员会编:《四川省志·检察审判志》,四川人民出版社 1996 年版。

[53]四川省地方志编纂委员会编纂:《四川省志·民政志》,四川人民出版社 1996 年版。

[54]《四川苗族志》编委会编:《四川苗族志》,巴蜀书社 2009 年版。

[55]新疆维吾尔自治区地方志编纂委员会:《新疆通志》,新疆人民出版社 1993 年版。

3. 报纸与刊物

[1]新华社:《陕甘宁边区政府明令禁杀耕牛》,《人民日报》1949 年 9

月 12 日。

[2]《基督教人士的爱国运动》,《人民日报》1950 年 9 月 23 日。

[3]李书城:《1950 年农业生产中的一些体验》,《人民日报》1951 年 1 月 18 日。

[4]《关于农民协会组织通则的几点解释》,《人民日报》1950 年 7 月 16 日。

[5]《中央人民政府政务院关于民族事务的几项决定》,《人民日报》 1951 年 3 月 22 日。

[6]《中央人民政府政务院关于地方民族民主联合政府实施办法的决定》(1952 年 2 月 22 日政务院第 125 次政务会议通过),《人民日报》 1952 年 8 月 14 日。

[7]《中央人民政府教育部关于第一次全国民族教育会议的报告》 (1951 年 11 月 23 日),《人民日报》1951 年 11 月 23 日。

[8]廖鲁言:《三年来土地改革运动的伟大胜利》,《人民日报》1952 年 9 月 28 日。

[9]贺龙:《迎接祖国的伟大建设——庆祝中华人民共和国成立三周年》,《新华日报》1952 年 10 月 1 日。

[10]《为什么不在少数民族地区贯彻婚姻法》,《人民日报》1953 年 4 月 5 日。

[11]《文化简讯》,《人民日报》1953 年 7 月 5 日。

[12]新华社:《在云南边疆的解放军抗疟队帮助五十多县人民防治疟疾》,《人民日报》1955 年 8 月 2 日。

[13]新华社:《贵州普遍检查民族政策执行情况 纠正合作化中忽视民族特点的现象》,《人民日报》1956 年 8 月 15 日。

[14]新华社:《云南省开始全面检查民族政策执行情况》,《人民日报》1956 年 6 月 7 日。

[15]新华社:《肯定成绩 批判缺点 一边检查 一边改进 云南检查民

族政策执行情况收效很大 干部和少数民族群众的积极性大为提高 公众领袖人物对党的民族政策更加依赖》,《人民日报》1957 年 2 月 21 日。

[16]《中华人民共和国户口登记条例》(1958 年 1 月 9 日全国人民代表大会常务委员会第 91 次会议通过),《人民日报》1958 年 1 月 10 日。

[17]《氨水》,《人民日报》1960 年 10 月 31 日。

[18]社论:《加快乡村邮电建设》,《大公报》1956 年 1 月 5 日。

[19]《我州民族干部队伍不断成长》,《红河日报》1959 年 10 月 19 日。

[20]《在党的关怀和培养下大批民族干部迅速成长》,《文山日报》1959 年 9 月 26 日。

[21]《农村党的基层组织是党在农村的战斗堡垒》,《文山日报》1959 年 9 月 27 日。

[22]《评所谓"民族问题的实质是阶级问题"》,《人民日报》1980 年 7 月 15 日。

[23]《城市户口管理暂行条例》,《人民公安》1951 年第 11 期。

[24]政务院:《关于处理带有歧视或侮辱少数民族性质的称谓、地名、碑碣、区联的指示》,《新华月报》1951 年第 6 期。

[25]谢觉哉:《关于人民民主建设工作报告》,《新华月报》1951 年第 6 期(总第 12 期)。

[26]《对接近与团结少数民族的体会》(1950 年 9 月 21 日),《西南工作》1950 年第 25 期。

[27]《川西隆兴乡实验划乡建政的经验介绍》(1952 年 1 月 12 日),《西南工作》1952 年第 85 期。

[28]《必须树立与少数民族上层人物长期合作的观点》,《西南工作》1952 年第 136 期。

[29]西南局:《关于基层选举工作的指示》,《西南工作》1953 年第 166 期。

[30]《西南民族事务委员会党组对今后民族工作的意见(草稿)》,《西南工作》1953 年第 186 期。

[31]李德全:《我国少数民族卫生工作》,《民族团结》1959 年第 10 期。

[32]肖方:《中国少数民族文字的创立》,《民族团结》1997 年第 7 期。

[33]周恩来:《国务院关于改变地方民族民主联合政府的指示》(1955 年 12 月 29 日),《中华人民共和国国务院公报》1956 年第 1 期。

[34]周恩来:《国务院关于建立民族乡若干问题的指示》(1955 年 12 月 29 日),《中华人民共和国国务院公报》1956 年第 1 期。

[35]周恩来:《国务院关于更改相当于区的民族自治区的指示》(1955 年 12 月 29 日),《中华人民共和国国务院公报》1956 年第 1 期。

[36]《西南区贯彻婚姻法运动委员会关于宣传贯彻婚姻法运动的初步总结》(1953 年 5 月 21 日),《西南政报》第 31 期。

[37]郑邵文:《关于民主建政工作的报告》,《中南政报》1952 年第 43 期。

[38]《关于严禁鸦片烟毒的通令》(1950 年 2 月 24 日),《云南政报》1950 年第 3 期。

[39]刘伯承:《西南区的工作任务——刘伯承主席在西南军政委员会第一次全体委员会上的报告》,《云南政报》1950 年第 3 期。

[40]中央选举委员会:《关于基层选举工作的指示》,《山西政报》1953 年第 7 期。

[41]《治安保卫委员会暂行组织条例》,《江西政报》1952 年第 8 期。

[42]中央人民政府委员会:《中华人民共和国全国人民代表大会及地方各级人民代表大会选举法》,《山西政报》1953 年第 7 期。

[43]《中央民族事务委员会第三次(扩大)会议关于推行民族区域自治经验的基本总结》,《江西政报》1953 年第 18 期。

[44]张旭:《怒江傈僳族跳越几个世纪》,《民族工作资料月报》1958年第 12 期。

[45]韩庆祥:《"社会层级结构理论"与"中国问题"》,《学习时报》2010 年 6 月 23 日。

4. 资料集与其他

[1]交通部公路总局西南公路工务局编:《西南公路史料》,内部资料,1944 年。

[2]《西南区三年来工作的成就》,西南人民出版社 1952 年版。

[3]《民族工作文件汇编》(1),中央人民政府民委编,内部资料,1951年 8 月。

[4]中共中央南局统一战线工作部编:《统一战线工作手册》(1),内部资料,1953 年 9 月。

[5]《中央人民政府政务院政务会议文件汇辑》(第 5 册),中央人民政府政务院秘书厅印,内部资料,1953 年 10 月。

[6]《民族政策文献汇编》,人民出版社 1953 年版。

[7]《中华人民共和国宪法》(1954 年 9 月 20 日第一届全国人民代表大会第一次会议通过),内部资料。

[8]中央人民政府司法部编辑:《人民调解工作手册》,通俗读物出版社 1954 年版。

[9]中央人民政府政务院秘书厅印:《中央人民政府政务院政务会议文件汇编》(第 2 册),内部资料,1954 年 6 月。

[10]华东政法学院民法教研组编:《中华人民共和国婚姻法学习参考资料》,华东政法学院出版社 1955 年版。

[11]全国人民代表大会民族委员会办公室编:《凉山彝族自治州民族贸易调查报告》,内部资料,1957 年。

[12]《中华人民共和国宪法》(第一届全国人民代表大会第一次会议制定),人民出版社 1954 年版。

[13]康藏公路修建司令部、修路史料编辑委员会:《康藏公路修建史料汇编》,内部资料,1955年12月。

[14]人民邮电出版社编:《乡村邮电建设文件汇编》,人民邮电出版社1956年版。

[15]水利部农田水利局:《农田水利增产实例汇编》(第1集),科学普及出版社1957年版。

[16]中国科学院民族研究所主编:《民族研究工作的跃进》,科学出版社1958年版。

[17]《十年民族工作成就》(上册),民族出版社1959年版。

[18]民族出版社编:《十年民族工作成就(1949—1959)》,民族出版社1960年版。

[19]《民族政策文件汇编》(第1编),人民出版社1960年版。

[20]农业部农田水利局编:《水利运动十年(1949—1959)》,农业出版社1960年版。

[21]政协思南县委员会文史资料研究委员会编:《思南文史资料选辑》(第4辑),内部资料,1983年2月。

[22]政协峨边彝族自治县委员会文史资料研究委员会:《峨边文史·黑彝木干专辑》(第13辑),内部资料,1993年。

[23]政协云南省怒江傈僳族自治州委员会文史资料委员会编:《怒江文史资料选辑》(第18辑),贡山独龙族怒族自治县文史专辑,内部资料,1991年。

[24]罗教喜:《渝北区户籍管理制度变迁》,见重庆市渝北区政协文史学习委员会编:《渝北文史资料》(第16辑),内部资料,2010年。

[25]国家民族事务委员会经济司、国家统计局国民经济综合统计司编:《中国民族统计年鉴1949—1994》,民族出版社1994年版。

[26]中共四川省委组织部等编:《中国共产党四川省组织史资料(1949—1987)》,四川人民出版社1994年版。

[27]中共贵定县委组织部、中共贵定县委党史研究室、贵定县档案馆:《中国共产党贵州省贵定县组织史料(1935—1987)》,内部资料,1991年。

[28]中共惠水县委组织部、中共惠水县委党史研究室、惠水县档案馆:《中国共产党贵州省惠水县组织史料(1935—1987)》,内部资料,1991年。

[29]中共德昌县委组织部、中共德昌县委党史研究室、德昌县档案局:《中国共产党四川省德昌县组织史资料(1950.3—1987.10)》,内部资料,1994年。

[30]中共中甸县委组织部等编:《中国共产党云南省中甸县组织史资料,云南省中甸县政权系统、军事系统、统战系统、群团系统组织史资料》(1948.1—1987.10),云南民族出版社1994年版。

[31]中共黔南州委党史研究室编:《中共黔南州历史大事记:1930—1989》,内部资料,1996年。

[32]中央人民政府法制委员会编:《中央人民政府法令汇编》(1951),法律出版社1982年版。

[33]《中华人民共和国法规汇编》(1955年7—12月),法律出版社1981年版。

[34]《当代中国的民族工作》编辑部:《当代中国民族工作大事记》(1949—1988),民族出版社1989年版。

[35]云南省民族事务委员会编:《云南民族工作大事记》(1949—2007),云南民族出版社2008年版。

[36]中共贵州省都匀市委党史研究室:《中共都匀市历史(第1卷)》(1931—1978),贵州人民出版社2006年版。

[37]中共中央文献研究室:《建国以来重要文献选编》(第1册),中央文献出版社1992年版。

[38]中共中央文献研究室:《建国以来重要文献选编》(第4册),中

央文献出版社 1993 年版。

[39]中共中央文献研究室:《建国以来重要文献选编》(第 5 册),中央文献出版社 1993 年版。

[40]中共中央文献研究室:《建国以来重要文献选编》(第 6 册),中央文献出版社 1993 年版。

[41]中共中央文献研究室:《建国以来重要文献选编》(第 7 册),中央文献出版社 1993 年版。

[42]中共中央文献研究室:《建国以来重要文件选编》(第 15 册),中央文献出版社 1997 年版。

[43]国家民族事务委员会《中国少数民族》编辑组:《中国少数民族》,人民出版社 1984 年版。

[44]中国人民政治协商会议西南地区文史资料协作会议编:《西南少数民族文史资料丛书·团结卷》,贵州人民出版社 1999 年版。

[45]《云南文史资料选辑第 48 辑·云南民族工作回忆录(三)》,云南人民出版社 1996 年版。

[46]国家民委经济司、国家统计局综合司:《中国民族统计》(1949—1990),中国统计出版社 1991 年版。

[47]贵州省军区、《贵州民兵》编写办公室:《贵州民兵(1949—1985)》,内部资料,1985 年。

[48]中共德宏州委党史征研室:《中共德宏州党史资料选编》(第 2 辑),德宏民族出版社 1991 年版。

[49]内蒙古自治区档案馆编:《内蒙古自治运动联合会档案史料选编》,档案出版社 1989 年版。

[50]阿坝藏族羌族自治州计划经济委员会编:《阿坝藏族羌族自治州经济社会发展四十年(1950—1990)》,四川民族出版社 1993 年版。

[51]中共天津市委党史研究室、天津市档案局编:《天津土地改革运动》,天津人民出版社 1998 年版。

[52]中华人民共和国农业委员会办公厅编:《农业集体化重要文件汇编(1949—1957)》(上),中共中央党校出版社1981年版。

[53]中共中央组织部调配局、中共中央统战部二局、国家民委人事局:《培养选拔少数民族干部》,中华工商联合出版社1994年版。

[54]刘景范:《中央贯彻婚姻法运动委员会关于贯彻婚姻法运动的总结报告》(1953年11月11日),《党的文献》2010年第3期。

[55]中国人民解放军历史资料丛书编审委员会编:《剿匪斗争·西南地区》,解放军出版社2002年版。

[56]中共贵州省委党史研究室、贵州省档案馆(局):《建国后贵州省重要文献选编》(1953—1954),内部资料,2009年。

[57]中共贵州省委党史研究室、贵州省档案馆(局):《建国后贵州省重要文献选编》(1955—1957),内部资料,2010年。

[58]中国社会科学院、中央档案馆编:《1949—1952中华人民共和国经济档案资料选编·农村经济体制卷》,社会科学文献出版社1992年版。

[59]中国社会科学院中央档案馆编:《中华人民共和国经济档案资料选编(1949—1952)·工业卷》,中国物资出版社1996年版。

[60]中央档案馆编:《解放战争时期土地改革文件选编》,中共中央党校出版社1981年版。

[61]西藏自治区党史资料征集委员会、西藏军区党史资料征集领导小组编:《和平解放西藏》,西藏人民出版社1995年版。

[62]广西壮族自治区民族事务委员会、广西壮族自治区档案局:《广西民族工作档案选编(1950—1965)》(上),内部资料,1998年。

[63]云南省编辑组:《中央访问团第二团云南民族情况汇集》(上),云南民族出版社1986年版。

[64]秦和平编:《四川民族地区民主改革资料集》,民族出版社2008年版。

［65］贵州省档案馆编:《解放初期贵州土地改革档案文献选编》,贵州人民出版社 2011 年版。

［66］黔南布依族苗族自治州《概况》编写组编:《黔南瑶族简介》(第9集),内部资料,1983 年。

［67］《布依族简史》编写组编写:《布依族简史》(修订本),民族出版社 2008 年版。

［68］贵州民族研究所、贵州民族研究学会:《贵州民族地区脱贫之路调查专辑》,内部资料,1996 年。

［69］《回顾贵州解放》(一),贵州人民出版社 1982 年版。

［70］《回顾贵州解放》(三),贵州人民出版社 1984 年版。

［71］民政部基层政权和社区建设司编:《婚姻登记管理资料汇编》,中国社会出版社 2003 年版。

［72］全国人民代表大会民族委员会:《中华人民共和国民族法律法规全书》,中国民主法制出版社 2008 年版。

［73］刘磊主编:《抗战期间黔境印象》,贵州人民出版社 2008 年版。

［74］姜春云主编:《党务管理工作指导》,山东人民出版社 1992 年版。

［75］张培田主编:《新中国婚姻改革和司法改革史料:西南地区档案选编》,北京大学出版社 2012 年版。

［76］马原主编:《新婚姻法及司法解释适用指南》,人民法院出版社 2002 年版。

［77］孙国华:《中华法学大辞典·法理学卷》,中国检察出版社 1997 年版。

［78］《政治经济学名词简释·社会主义部分》,江苏人民出版社 1977 年版。

［79］秦和平、冉琳闻编著:《四川民族地区民主改革大事记》,民族出版社 2007 年版。

西南民族地区农村的社会治理(1949—1966)

[80]云南省民族事务委员会编:《云南民族工作大事记(1949—2007)》,云南民族出版社2008年版。

二、专著与论文

1.经典著作

[1]《马克思恩格斯选集》第4卷,人民出版社1995年版。

[2]国家民族事务委员会政策研究室编:《中国共产党主要领导人论民族问题》,民族出版社1994年版。

[3]《毛泽东选集》第一卷,人民出版社1991年版。

[4]《毛泽东选集》第三卷,人民出版社1991年版。

[5]《毛泽东文集》第六卷,人民出版社1999年版。

[6]《毛泽东文集》第七卷,人民出版社1999年版。

[7]《建国以来毛泽东文稿》第三册,中央文献出版社1989年版。

[8]《建国以来毛泽东文稿》第五册,中央文献出版社1991年版。

[9]《毛泽东著作选读》(下),人民出版社1986年版。

[10]《毛泽东书信选集》,人民出版社1983年版。

[11]中央文献研究室等编:《毛泽东西藏工作文选》,中央文献出版社2001年版。

[12]《周恩来选集》下卷,人民出版社1984年版。

[13]中央统战部、中央文献研究室:《周恩来统一战线文选》,人民出版社1984年版。

[14]中共中央文献研究室:《周恩来年谱(1949—1976)》上卷,中央文献出版社1997年版。

[15]《刘少奇选集》(下),人民出版社2004年版。

[16]《建国以来刘少奇文稿》第二卷,中央文献出版社2005年版。

[17]《邓小平文选》第一卷,人民出版社 1994 年版。

[18]《邓小平文选》第三卷,人民出版社 1993 年版。

[19]《邓小平西南工作文集》,重庆出版社 2006 年版。

[20]李维汉:《回忆与研究》,中共中央党校出版社 1991 年版。

[21]李维汉:《统一战线问题与民族问题》,人民出版社 1981 年版。

[22]《谢觉哉文集》,人民出版社 1989 年版。

[23]《董必武选集》,人民出版社 1985 年版。

[24]《乌兰夫文选》(下册),中央文献出版社 1999 年版。

[25]刘春:《刘春民族问题文集·续集》,民族出版社 2000 年版。

[26]王连芳:《王连芳云南民族工作回忆》,云南人民出版社 1999 年版。

[27]马曜:《马曜文集》第五卷,云南人民出版社 2008 年版。

[28]马曜:《民族学与民族工作论文集》,云南民族出版社 2001 年版。

2. 翻译著作

[1][古希腊]亚里士多德:《政治学》,吴寿彭译,商务印书馆 2008 年版。

[2][英]亚当·斯密:《国富论》(下),郭大力、王亚南译,上海三联书店 2009 年版。

[3][法]孟德斯鸠:《论法的精神》(下册),孙立坚等译,陕西人民出版社 2001 年版。

[4][英]荣赫鹏:《英国侵略西藏史》,孙照初译,西藏社会科学院资料情报研究所,内部资料,1983 年。

[5][美]费正清、费维恺编:《剑桥中华民国史》(下卷),刘敬坤等译,中国社会科学出版社 1993 年版。

[6][英]安东尼·吉登斯:《民族—国家与暴力》,胡宗泽、赵力涛译,生活·读书·新知三联书店 1998 年版。

[7][英]安东尼·吉登斯:《现代性的后果》,田禾译,译林出版社 2000 年版。

[8][法]雅克·勒高夫、皮埃尔·诺拉主编:《史学研究的新问题、新方法、新对象》,郝名玮译,社会科学文献出版社 1988 年版。

[9][英]巴勒克拉夫:《当代史学主要趋势》,杨豫译,上海译文出版社 2006 年版。

[10][美]德怀特·希尔德·珀金斯:《中国农业的发展(1368—1968 年)》,宋海文等译,上海译文出版社 1984 年版。

[11][英]哈特:《法律的概念》,张文显等译,中国大百科全书出版社 1996 年版。

[12][美]韩丁:《翻身:中国一个村庄的革命纪实》,韩倞等译,北京出版社 1980 年版。

[13][美]韩丁:《深翻:中国的一个村庄的继续革命纪实》,《深翻》译校组译,中国国际文化出版社 2008 年版。

[14][加]伊莎白·柯鲁克、[英]大卫·柯鲁克:《十里店(二):中国一个乡村的群众运动》,安强、高建译,北京出版社 1982 年版。

[15][美]马若孟:《中国农民经济——河北和山东的农民发展(1890—1949)》,史建云译,江苏人民出版社 1999 年版。

[16][美]弗里曼、毕克伟、赛尔登:《中国乡村,社会主义国家》,陶鹤山译,社会科学文献出版社 2002 年版。

[17][美]杜赞奇:《文化、权力与国家》,王福明译,江苏人民出版社 1994 年版。

[18][美]黄宗智:《长江三角洲小农家庭与乡村发展》,程洪译,中华书局 1992 年版。

[19][美]黄宗智:《华北的小农经济与社会变迁》,叶汉明译,中华书局 1986 年版。

[20][美]詹姆斯·R.汤森、布兰特拉·沃马克:《中国政治》,顾速、

董方译,江苏人民出版社 2003 年版。

[21] [美] 李普塞特:《政治人:政治的社会基础》,张绍宗译,上海人民出版社 1997 年版。

[22] [美] 阿尔蒙德、鲍威尔:《比较政治学:体系、过程和政策》,曹沛林译,上海译文出版社 1987 年版。

[23] [美] 阿尔蒙德、西德尼·维伯:《公民文化——五个国家的政治态度和民主制》,徐湘林等译,华夏出版社 1989 年版。

[24] [美] 罗斯:《社会控制》,秦志勇、毛永政等译,华夏出版社 1989 年版。

[25] [匈] 阿格妮丝·赫勒:《日常生活》,衣俊卿译,重庆出版社 1990 年版。

[26] [美] 怀特:《街角社会——一个意大利贫民区的社会结构》,黄育馥译,商务印书馆 1994 年版。

[27] [加] 威尔·金里卡:《少数的权利:民族主义、多元文化主义和公民》,邓红风译,上海译文出版社 2005 年版。

[28] [英] 因尼斯:《解读社会控制:越轨行为、犯罪与社会秩序》,陈天本译,中国人民公安大学出版社 2009 年版。

[29] [美] 詹姆斯·C.斯科特:《弱者的武器》,郑广怀等译,译林出版社 2007 年版。

[30] [美] 詹姆斯·C.斯科特:《农民的道义经济学:东南亚的反叛与生存》,程立显、刘建等译,译林出版社 2001 年版。

[31] [美] 艾森斯塔得:《帝国的政治体系》,阎步克译,贵州人民出版社 1992 年版。

[32] [美] 西德尼·塔罗:《运动中的力量:社会运动与斗争政治》,吴庆宏译,译林出版社 2005 年版。

[33] [美] 本杰明·卡多佐:《司法过程的性质》,苏力译,商务印书馆 1998 年版。

［34］［美］萨托利:《民主新论》,冯克利、阎克文译,东方出版社 1993年版。

［35］［美］史蒂文·瓦戈:《社会变迁》,王晓黎等译,北京大学出版社 2007 年版。

［36］［美］伯尔曼:《法律与宗教》,梁治平译,中国政法大学出版社 2003 年版。

［37］［美］贺萧:《危险的愉悦——20 世纪上海的娼妓问题与现代性》,韩敏中、盛宁译,江苏人民出版社 2003 年版。

［38］［日］高见泽磨:《现代中国的纠纷与法》,何勤华、李秀清、曲阳译,法律出版社 2003 年版。

［39］［日］韩敏:《回应革命与改革:皖北李村的社会变迁与延续》,陆益龙、徐新玉译,江苏人民出版社 2007 年版。

［40］［日］松本真澄:《中国民族政策之研究:以清末至 1945 年的"民族论"为中心》,鲁忠慧译,民族出版社 2003 年版。

3.国内专著

［1］爱必达、张风笙著,杜文铎等点校:《黔南识略·黔南职方纪略》,贵州人民出版社 1992 年版。

［2］张廷玉等:《明史·土司传》(卷 310),中华书局 1974 年点校本。

［3］薛绍铭:《黔滇川旅行记》,中华书局 1937 年版。

［4］刘鸿文:《论国内民族问题》,河南人民出版社 1960 年版。

［5］林耀华:《凉山夷家》,云南人民出版社 2003 年版。

［6］章有义:《中国近代农业史资料》(第 3 辑),生活·读书·新知三联书店 1957 年版。

［7］毕淑敏:《红处方》,北京十月文艺出版社 1997 年版。

［8］刘磊主编:《抗战期间黔境印象》,贵州人民出版社 2008 年版。

［9］费孝通等:《贵州苗族调查资料》,贵州大学出版社 2009 年版。

［10］费孝通:《费孝通文集》(第 4 卷),群言出版社 1999 年版。

[11]费孝通:《论人类学与文化自觉》,华夏出版社 2004 年版。

[12]伍精华:《我们是这样走过来的》,民族出版社 2002 年版。

[13]费孝通:《乡土中国 生育制度》,北京大学出版社 1998 年版。

[14]胡伟:《政府过程》,浙江人民出版社 1998 年版。

[15]马长寿著,李绍明、周伟洲等整理:《凉山罗彝考察报告》(上),巴蜀书社 2006 年版。

[16]何高潮:《地主、农民、共产党:社会博弈论的分析》,牛津大学出版社 1997 年版。

[17]赵鼎新:《社会与政治运动讲义》,社会科学文献出版社 2006 年版。

[18]徐勇:《徐勇自选集》,华中理工大学出版社 1999 年版。

[19]张乐天:《人民公社制度研究》,上海人民出版社 2005 年版。

[20]吴毅:《小镇喧嚣:一个乡镇政治运作的演绎与阐释》,生活·读书·新知三联书店 2007 年版。

[21]王海光:《旋转的历史:社会运动论》,上海人民出版社 1995 年版。

[22]刘大椿主编:《中国人民大学中国人文社会科学发展研究报告 2004:问题意识和超越情怀》,中国人民大学出版社 2004 年版。

[23]温铁军:《中国农村基本经济制度研究》,中国经济出版社 2000 年版。

[24]周自强:《凉山彝族奴隶制研究》,人民出版社 1983 年版。

[25]申旭、刘稚:《中国西南与东南亚的跨境民族》,云南民族出版社 1998 年版。

[26]朱启臻等:《社会心理学原理及其应用》,中国社会科学出版社 2000 年版。

[27]胡绍华:《中国南方民族史研究》,民族出版社 2004 年版。

[28]翁独健主编:《中国民族关系史纲要》(下),中国社会科学出版

社 2005 年版。

[29]杨成志:《杨成志人类学民族学文集》,民族出版社 2003 年版。

[30]王文光、龙晓燕、陈斌:《中国西南民族关系史》,中国社会科学出版社 2005 年版。

[31]师晓霞:《中国共产党执政期间执政党与社会关系研究》,人民日报出版社 2010 年版。

[32]沈林:《中国的民族乡》,民族出版社 2001 年版。

[33]李军鹏:《公共服务学:政府公共服务的理论与实践》,国家行政学院出版社 2007 年版。

[34]袁军:《新闻媒介通论》,北京广播学院出版社 2000 年版。

[35]聂武主编:《广播电视广告播放管理办法实施手册》(1),国家行政学院音像出版社 2003 年版。

[36]杜润生:《杜润生自述:中国农村体制变革重大决策纪实》,人民出版社 2005 年版。

[37]宋士云:《新中国社会保障制度结构与变迁》,中国社会科学出版社 2011 年版。

[38]朱尔明、赵广和主编:《中国水利发展战略研究》,中国水利水电出版社 2002 年版。

[39]郎维伟:《邓小平与西南少数民族——在主持西南局工作的日子里》,四川人民出版社 2004 年版。

[40]林蔚然:《1946—1965 内蒙古民族贸易 20 年》,内蒙古人民出版社 1984 年版。

[41]沈桂萍:《少数民族民族干部教育研究》,民族出版社 2004 年版。

[42]陆益龙:《超越户口:解读中国户籍制度》,中国社会科学出版社 2004 年版。

[43][新加坡]崔贵强:《新加坡人:从开埠到建国》,新加坡教育文

化出版公司 1995 年版。

[44]张雷、程林胜:《转型与稳定》,学林出版社 1999 年版。

[45]沈桂萍:《少数民族干部教育问题研究》,民族出版社 2004 年版。

[46]曹端波等:《贵州东部高地苗族的婚姻、市场与文化》,知识产权出版社 2013 年版。

[47]张序:《中国民族地区公共服务能力建设》,民族出版社 2011 年版。

[48]蒋彬、罗曲、米吾作:《民主改革与四川彝族地区社会文化变迁研究》,民族出版社 2008 年版。

[49]国家民族事务委员会研究室:《新中国民族工作十讲》,民族出版社 2006 年版。

[50]中共中央党史研究室科研管理部、国家民族事务委员会民族问题研究中心等编:《中国共产党民族工作历史经验研究》(上),中共党史出版社 2009 年版。

[51]《当代中国》丛书编辑部:《当代中国的民族工作》(上),当代中国出版社 1993 年版。

[52]沈其荣编:《民族工作手册》,云南人民出版社 1985 年版。

[53]水利部农村水利司编:《新中国农田水利史略》(1949—1998),中国水利水电出版社 1999 年版。

[54]贵州省民族事务委员会编:《贵州民族工作 50 年》,贵州民族出版社 1999 年版。

[55]曲木车和主编:《四川省民族工作五十年》,四川民族出版社 2004 年版。

[56]《云南民族工作四十年》编写组编:《云南民族工作四十年》(上卷),云南民族出版社 1994 年版。

[57]贵州省文化厅编:《贵州文化事业六十年》,贵州人民出版社

2010 年版。

[58]中共云南省委党史研究室编:《云南土地改革回忆录》,云南民族出版社 2008 年版。

[59]刘洪康:《中国人口(四川分册)》,中国财政经济出版社 1988年版。

[60]贵州民族研究所、贵州民族研究学会:《贵州民族地区脱贫之路调查专辑》,内部资料,1996 年。

三、学术论文

1. 辑刊与论文集

[1][美]黄宗智主编:《中国乡村研究》(第 2 辑),商务印书馆 2003年版。

[2][美]黄宗智主编:《中国乡村研究》(第 3 辑),社会科学文献出版社 2005 年版。

[3][美]黄宗智主编:《中国乡村研究》(第 4 辑),社会科学文献出版社 2006 年版。

[4][美]黄宗智主编:《中国乡村研究》(第 5 辑),福建人民出版社 2007 年版。

[5][英]劳伦斯·斯通:《历史叙事的复兴:对一种新的老历史的反省》,《新史学·新文化史》(第 4 辑),大象出版社 2005 年版。

[6][美]贝林:《现代史学的挑战》,见《现代史学的挑战:美国历史协会主席演说集(1961—1988)》,上海人民出版社 1990 年版。

[7][美]杰瑞米·布朗:《从反抗共产党人到反抗美国——中国西南地区的内战与朝鲜战争(1950—1951 年)》,见《中国当代史研究》(第 1辑),九州出版社 2009 年版。

[8][美]裴宜理:《重访中国革命:以情感的模式》,见《中国学术》(第4期),商务印书馆2001年版。

[9][美]霍洛维茨:《减少民族冲突的优待政策》,见《西方民族社会学的理论与方法》,天津人民出版社1997年版。

[10][美]辛普森:《民族同化》,见《西方民族社会学的理论与方法》,天津人民出版社1997年版。

[11][日]田中恭子:《四十年代中国共产党的土地政策》,见《中国抗日根据地史国际学术讨论会论文集》,档案出版社1985年版。

[12]王明珂:《〈川西民俗调查记录〉导读》,见《川西民俗调查记录1929》,"中央研究院"历史语言研究所,2004年。

[13]周晓虹、谢曙光主编:《中国研究》(第1辑),社会科学文献出版社2005年版。

[14]南开大学历史系编:《中外学者论抗日根据地》,档案出版社1992年版。

[15]中国史学会、云南大学编:《21世纪中国历史学展望》,中国社会科学出版社2003年版。

[16]孙立平:《"过程—事件"分析与当代中国国家—农民关系的实践形态》,见《清华社会学评论》(第1辑),鹭江出版社2000年版。

[17]王海光:《征粮、民变与"剿匪"——以中国建政初期的贵州为中心》,见《中国当代史研究》(第1辑),九州出版社2009年版。

[18]徐忠明:《通过西方思考:法律与经济的互相解释》,载《南京大学法律评论》,1997年秋季号(总第8期)。

[19]公丕祥:《外部影响与内发力量——中国法制现代化的动因机理》,见《法律史论集》(第1卷),法律出版社1998年版。

[20]秦和平:《关于20世纪50年代云南怒江基督教活动的认识》,见《西南边疆民族研究》,云南大学出版社2007年版。

2. 论文

[1][美]黄宗智:《认识中国——走向从实践的社会科学》,《中国社会科学》2005年第1期。

[2][日]丸田孝志:《国旗、领袖像:中共根据地的象征(1937—1949)》,《亚洲研究》第50卷3号,2004年。

[3]李绍明:《大小凉山之彝族奴隶社会》,《当代史资料》2003年第4期。

[4]李绍明:《西南民族研究的回顾与前瞻》,《贵州民族研究》2004年第3期。

[5]杨荆楚:《自治机关民族化的几个问题》,《民族研究》1984年第6期。

[6]包茂宏:《论非洲的族际冲突》,《世界民族》1998年第4期。

[7]俞可平:《推进国家治理体系和治理能力现代化》,《前线》2014年第1期。

[8]孙立平:《实践社会学与市场转型过程分析》,《中国社会科学》2002年第5期。

[9]雷颐:《日常生活与历史研究》,《史学理论研究》2000年第3期。

[10]邓德礼:《建国初期贵州剿匪斗争中的铁壁合围》,《贵州民族研究》1999年第6期。

[11]高兆明:《公共权力:国家在现时代的历史使命》,《江苏社会科学》1999年第4期。

[12]王海光:《他山之石的启示:关于中国治史理路的认识》,《党史研究与教学》2005年第1期。

[13]王海光:《贵州接管初期征收一九四九年公粮问题初探》,《中共党史研究》2009年第3期。

[14]王海光:《农业集体化运动背景下的民族政策调整:以贵州省麻山地区"闹皇帝"事件的和平解决为例》,《中共党史研究》2013年第2期。

[15]徐勇:《"政党下乡":现代国家对乡土的整合》,《学术月刊》2007年第8期。

[16]杨奎松:《从"小仁政"到"大仁政"——新中国成立初期毛泽东与中央领导人在农民粮食问题上的态度异同与变化》,《开放时代》2013年第6期。

[17]陆益龙:《嵌入性政治对村落经济绩效的影响——小岗村的个案研究》,《中国人民大学学报》2006年第5期。

[18]辛逸:《农村人民公社所有制述论》,《山东师大学报》2001年第1期。

[19]项继权:《短缺财政下的乡村政治发展——兼论中国乡村民主的生成逻辑》,《中国农村观察》2002年第3期。

[20]贺雪峰:《生活与乡村治理研究》,《读书》2006年第11期。

[21]王笛:《不必担心"碎片化"》,《近代史研究》2012年第4期。

[22]王瑞芳:《"李四喜思想"讨论:建国初期中共教育农民的尝试》,《史学月刊》2006年第9期。

[23]孙晓莉:《中国现代化进程中的国家与社会走向》,《教学与研究》2000年第8期。

[24]李金铮:《20年来中国近代乡村经济史研究的新探索》,《历史研究》2003年第4期。

[25]李金铮:《向"新革命史"转型:中共革命史研究方法的反思与突破》,《中共党史研究》2010年第1期。

[26]李金铮:《问题意识:集体化时代中国农村社会的历史解释》,《晋阳学刊》2011年第1期。

[27]高永久、朱军:《论多民族国家中的民族认同与国家认同》,《民族研究》2010年第2期。

[28]周平:《边疆治理视野中的认同问题》,《云南师范大学学报》2009年第1期。

[29]周平:《中国的边疆治理:族际主义还是区域主义》,《思想战线》2008年第3期。

[30]郎维伟:《1950—1955年在民族政策治理下的四川康区社会》,《西藏研究》2008年第3期。

[31]郎维伟:《1955—1960年四川康区民主改革与社会结构变迁》,《西藏研究》2009年第1期。

[32]郎维伟、张朴、罗凉昭:《试论西南民族地区实行土地改革的实践》,《贵州民族研究》2004年第4期。

[33]秦和平:《关于怒江傈僳族社会"直接过渡"的认识》,《民族学刊》2012年第3期。

[34]秦和平:《建国初澜沧拉祜族基督教的调适活动》,《西南民族大学学报》(人文社科版)2008年第7期。

[35]秦和平:《区别对待宗教信仰和宗教社会制度——甘孜州民主改革中对藏传佛教制度的认识》,《西南民族大学学报》(人文社会科学版)2010年第1期。

[36]宋月红:《新中国成立初期民族自治地方行政建制研究》,《中共党史研究》2012年第11期。

[37]常明明:《云南德宏傣族景颇族自治州傣族地区和平协商土地改革研究》,《中国经济史研究》2011年第4期。

[38]洪鉴、徐学初:《建国初期四川的土地改革与乡村社会变动——当代四川农村现代化变革之个案分析》,《西南民族大学学报》(人文社会科学版)2010年第12期。

[39]马玉华:《建国初期贵州威宁民族杂居区的社会改革》,《云南师范大学学报》(哲学社会科学版)2011年第5期。

[40]嘉塔:《甘孜藏区1950—1959年党的民族政策实践》,《中国藏学》1996年第1期。

[41]嘉日姆几:《民主改革的思想历程——20世纪中叶中国共产党

少数民族社会改革思想研究》,《思想战线》2011 年第 2 期。

[42]张晓琼:《建国初期中国共产党分类指导少数民族地区民主改革略论——以云南为个案的历史考察》,《满族研究》2011 年第 2 期。

[43]齐霁、马晓丹:《建国初期云南的禁毒斗争及其成功经验》,《学术探索》2009 年第 5 期。

[44]宋春苓:《建国初期四川娼妓改造运动述评》,《重庆文理学院学报》(社会科学版)2013 年第 7 期。

[45]邓杰:《新中国的宗教政策与基督教教会的因应——以中华基督教会边疆服务运动为例》,《世界宗教研究》2012 年第 3 期。

[46]杨昌儒:《20 世纪 50 年代贵州民族关系构建的路径选择》,《贵州社会科学》2009 年第 11 期。

[47]曹维盟:《中缅边界少数民族无国籍人口问题研究——以建国初期云南省福贡县外流边民群体为中心》,《八桂侨刊》2013 年第 3 期。

[48]方素梅:《最近十余年的中国民族史研究》,《民族研究》2005 年第 2 期。

[49]竹立家:《着力推进国家治理现代化》,《中国党政干部论坛》2013 年第 12 期。

[50]虞崇胜、张静:《科学设定和全面推进国家治理现代化》,《学习与实践》2013 年第 12 期。

[51]高海清:《哲学的"创新"本性——〈理论思维与工程思维〉序》,《天津社会科学》2002 年第 4 期。

[52]黄伟:《民族自治地方政府与其他地方政府行政权力的比较研究》,《民族研究》2008 年第 3 期。

[53]伍雄武:《云南民族工作的历史经验:民族就是民族》,《云南民族大学学报》(哲学社会科学版)2005 年第 3 期。

[54]贺东航、谢伟民:《中国国家认同的历程与制约因素》,《马克思主义与现实》2012 年第 4 期

[55]胡兴东:《历史上西南少数民族地区族际纠纷解决机制研究》,《云南社会科学》2010 年第 4 期。

[56]李志明:《从"运动"到"法治"——中国法治转型的前历史考察》,《法学评论》2012 年第 5 期。

[57]王璇、赵树坤:《少数民族差别权利的逻辑阐释》,《甘肃行政学院学报》2014 年第 5 期。

[58]陈建樾:《以制度和法治保护少数民族权利——中国民族区域自治的路径与经验》,《民族研究》2009 年第 4 期。

[59]唐仁郭:《试论近代少数民族婚姻形态的宗法性》,《贵州民族研究》2007 年第 3 期。

[60]田钒平:《〈刑法〉授权省及自治区人大制定变通规定的法律内涵及合宪性辨析》,《民族研究》2014 年第 1 期。

[61]王立胜:《毛泽东"组织起来"思想与中国农村现代化社会基础之再造》,《现代哲学》2006 年第 6 期。

[62]杨林兴:《云南民族区域自治制度的建立》,《昆明党史》2011 年第 2 期。

[63]徐国普:《人民公社时期乡村权力结构的特征极其影响》,《江汉论坛》2004 年第 7 期。

[64]黄铸:《人民日报特约评论员〈评所谓"民族问题的实质是阶级问题"〉的由来》,《中南民族大学学报》(人文社会科学版)2003 年第 5 期。

[65]李里峰:《不对等的博弈:土改中的基层政治精英》,《江苏社会科学》2007 年第 6 期。

[66]张一平:《现代中国的土地改革与地权思想》,《上海财经大学学报》2008 年第 3 期。

[67]汤水清:《"离婚法"与"妇女法":20 世纪 50 年代初期乡村民众对婚姻法的误读》,《复旦学报》(社会科学版)2011 年第 6 期。

［68］吴晓燕：《农民、市场与国家：基于集市功能变迁的考察》，《理论与改革》2011 年第 2 期。

［69］贾德荣：《对民族习惯法与国家法冲突与调适的思考》，《西北民族大学学报》（哲学社会科学版）2012 年第 2 期。

［70］满永：《文本中的"社会主义新人"塑造——1950 年代乡村扫盲文献中的政治认同建构》，《安徽史学》2013 年第 4 期。

［71］马维强：《红与黑：集体化时代的政治身份与乡村日常生活——以平遥双口村为中心的考察》，《开放时代》2011 年第 8 期。

［72］邓宏琴：《反省：集体化时代塑造乡村干部群体的运作机制——以山西长治张庄为考察中心》，《开放时代》2009 年第 12 期。

［73］邓宏琴：《包夹：集体化时代乡村阶级斗争的运作机制》，《开放时代》2011 年第 12 期。

［74］伍小涛：《冲突与回应：建国初少数民族地区婚姻问题研究——以贵州省为例（1949 年—1956 年）》，《湖北民族学院学报》（哲学社会科学版）2009 年第 2 期。

［75］伍小涛：《新中国成立初期民族地区公共卫生工作——以贵州省为例（1949—1956）》，《中共党史资料》2009 年第 4 期。

［76］范连生：《建国初期新解放区农业税征收的历史考察（1949—1952）——以黔东南地区为例》，《党史研究与教学》2013 年第 4 期。

［77］范连生：《黔东南少数民族地区土地改革及其经济绩效》，《当代中国史研究》2013 年第 3 期。

［78］范连生：《新中国成立初期构建新型民族关系的实践——以黔东南地区为例》，《党的文献》2010 年第 5 期。

［79］范连生：《构建与嬗变——新中国成立初期〈婚姻法〉在黔东南民族地区的推行》，《当代中国史研究》2012 年第 6 期。

［80］范连生：《新中国成立初期黔东南地区的灾荒及其应对》，《党史研究与教学》2011 年第 2 期。

[81]范连生:《革命语境下的文化翻身——评建国初期黔东南少数民族地区农村的扫盲运动》,《贵州社会科学》2008 年第 11 期。

[82]李安峰:《论建国初期贵州农田水利工程的质量与管理》,《重庆科技学院学报》(社会科学版)2012 年第 7 期。

四、报纸与学位论文

[1]刘新成:《日常生活史:一个新的研究领域》,《光明日报》2006 年2 月 14 日。

[2]胡祖才:《推进基本公共服务均等化的内涵和路径(热点研究)》,《人民日报》2010 年 10 月 8 日。

[3]郝时远:《国家治理体系建设与民族工作》,《中国民族报》2013年 11 月 22 日。

[4]彭波:《电报往事》,《云南经济日报》2013 年 8 月 15 日。

[5]李康:《西村十五年:从革命走向革命——1938—1952 冀东村庄基层组织机制变迁》,北京大学博士学位论文,1999 年。

[6]陈翠玉:《西南地区实施〈土地改革法〉研究》,西南政法大学博士学位论文,2008 年。

[7]黄亦君:《中共对贵阳的接管与政权建设(1949—1952)》,上海大学博士学位论文,2011 年。

[8]方慧容:《"无事件境"与生活世界中的"真实"——西村农民土地改革时期社会生活的记忆》,北京大学硕士学位论文,1997 年。

[9]李放春:《历史、命运与分化的心灵:陕北骥村土改的大众记忆》,北京大学硕士学位论文,2000 年。

[10]任道远:《革命形势下的阶级斗争——从农民行动的角度看土改时期的阶级斗争》,北京大学硕士学位论文,2002 年。

［11］罗兰英:《建国初期四川的禁毒运动(1950—1952)》,四川师范大学硕士学位论文,2002年。

［12］孙耐雪:《建国初期中共西南局对"丰斯云思想"讨论的研究》,西南大学硕士学位论文,2013年。

后　记

　　人的一生充满变数,也许即将成功之时,结果却是失望的;或许悲观之余,才是柳暗花明,正所谓是"祸兮福之所倚,福兮祸之所伏"。

　　有位友人参加司法考试多年,均不中,不过他并没有放弃,最终成功。相比较一击即中的成功者,或许连他自己都觉得这是一种挫折。不过,从另一个角度看,也正因为他比别人花了更多的精力和功夫在基础知识的复习准备上——当然这是被迫的——才有了后来起步时的脱颖而出。其实,人生犹如一个行走者,如只为达到终点而健步如飞,或许会错失沿途的美丽风景。十分功利地试图达到某种目的时,即便最后成功,也会错失诸多锻炼的机会。

　　学科归属可能是当前学术研究者都必须面临的问题。当前的学术研究十分重视不同学科之间的交流与合作,融汇与贯通,或许站在你面前的一位人文社会科学著名专家,却是理工科出身的。但目前为止,学科之间的鸿沟和界限如故,不同的写作风格和价值追求,或能让你的成果一无是处。为此,你需要界定你自己的学科归属,寻找自己的学术圈子。

　　上述感受是我撰写书稿时的最大体会,文字之贫乏,语言之晦涩,结论之老套,或许是我目前,乃至将来的最大问题。但不管怎样,我还是尽了最大努力来完成这部书稿。因此,不为想说明什么,争辩什么,证明什么,只为给自己一个总结,画一个句号也好,逗号也好,总之是代表着过去,也代表了将来。生活就像历史一样,总是充满着困惑与选择。在失败面前,我常对自己说:"我还活着,还有几十年才退休,一切可以重新再来。"

感谢那些始终予我以鼓励和帮助的人们,不止是学术,更是生活。有时候一句简单的肯定,或是轻声的安慰,都有令人难以忘怀的效果。感谢陕西师范大学的黄正林教授、中共中央党校的李东朗教授,他们不仅是我的导师,还是我的长辈,更是我人生的导航灯。

感谢我的家人这么多年以来为我做的无私奉献,在我身上原本承载着儿子、女婿、弟弟、丈夫、爸爸等许多社会角色,但很愧疚的是没有哪一样是我做得很出色的。尤其是感谢妻子王璐璐,她的宽容、大度,以及理性都让急躁的我受益终身。

2017 年 5 月

责任编辑:吴广庆
封面设计:汪　阳
责任校对:吕　飞

图书在版编目(CIP)数据

西南民族地区农村的社会治理:1949—1966/李飞龙 著. —北京:
　　人民出版社,2019.12
ISBN 978-7-01-021336-1

Ⅰ.①西… Ⅱ.①李… Ⅲ.①民族地区-农村-社会-管理-研究-西南地区-
　　1949-1966 Ⅳ.①C912.82

中国版本图书馆 CIP 数据核字(2019)第 215432 号

西南民族地区农村的社会治理(1949—1966)
XINAN MINZU DIQU NONGCUN DE SHEHUI ZHILI (1949-1966)

李飞龙　著

人民出版社 出版发行
(100706　北京市东城区隆福寺街 99 号)

中煤(北京)印务有限公司印刷　新华书店经销

2019 年 12 月第 1 版　2019 年 12 月北京第 1 次印刷
开本:710 毫米×1000 毫米 1/16　印张:20.25
字数:280 千字

ISBN 978-7-01-021336-1　定价:69.00 元

邮购地址 100706　北京市东城区隆福寺街 99 号
人民东方图书销售中心　电话 (010)65250042　65289539